Paradox & Madhyamaka Logic

역설과 중관논리

반논리학의 탄생

집합론의 역설과 중관학의 반논리학
중관학과 불교논리학의 만남
중론 게송 제작의 비밀

김성철

도서출판 오타쿠

책머리에

『반야경』의 공(空)사상이나 용수(龍樹, Nāgārjuna, 150-250년경)의 중관논리(中觀論理)를 접한 사람들이 흔히 제기하는 의문이 있다. "모든 것이 공하다면, 그 말도 공할 텐데, 자가당착에 빠지지 않는가?" "중관논리를 통해서 논리의 세계에서 벗어난다고 하지만, 중관논리 역시 논리 아닌가?" 지금부터 1,800여 년 전, 『반야경』이 출현하여 공사상이 인도불교계에 널리 보급되고, 공(空)의 의미에 대해 논리적으로 해명하는 『중론(中論)』이 저술되었던 용수 당시에도 이와 똑같은 의문이 제기되었다. 논적(論敵)은 용수에게 다음과 같이 질문하였다. "만일 그 어디에든 모든 사물들의 실체가 존재하지 않는다면, 실체를 갖지 않는 그대의 말은 결코 실체를 부정할 수 없다(제1게). 만일 그 말이 자성을 갖고 있다면 앞에서의 그대의 주장은 파괴된다. 그런 경우에 불일치가 있으며, 특별한 이유가 말해져야 하리라(제2게)." 용수가 저술한 『회쟁론(廻諍論)』 서두에 실린 논적의 비판이다. 용수가 『중론』에서 구사하던 '역설(逆說) 논법'을 역이용하여, 논적은 "모든 사물에 실체가 없다."는 공사상을 비판하였던 것이다. 물론 용수는 뒤에 이어지는 게송에서 이에 대해 멋지게 반박하였다.

『회쟁론』의 산스끄리뜨 제목은 Vigrahavyāvartanī로 우리말로 쉽게 풀면 '논쟁을 되받아치기' 또는 '논쟁과 반박'이라는 의미가 된다. 총 70수의 게송과 말미에 실린 한 수의 귀경송(歸敬頌)으로 이루어져 있는데, 전반 20수에는 공사상에 대한 논적의 비판이 실려 있고, 후반 50수에는 그에 대한 용수의 반박이 실려 있다. 본서의 제목으로 삼은 「역설과 중관논리」는 이러한 『회쟁론』의 문답을 소재로 삼아 필자가 1997년 7월에 『가산학보』를 통해 발표했던 논문이다. 1993년 『중론』 청목소 역주본을 출간한 후 2년 뒤인 1995년, 필자는 중관학에 대한 정평 있는 개론서인 『불교의 중심철학』(T.R.V. Murti 지음)을 번역, 출간하였다. 이런 일련의 작업들을 높게 평가해 주신 가산불교문화연구원으로부터 1996년 제6회 가산학술상을 받으면서 작성한 논문이 「역설과 중관논리」였다. 주경야독 하듯이 치과진료와 불교공부를 병행하던 필자가 불교학계에서 처음 받은 상이었기에, 그에 대한 보답으로 기념비적인 논문을 써야 하겠다는 중압감 속에서 고심하면서 작성한 논문이었다. 버트란트 러셀(Bertrand Russell, 1972-1970)이 고안하여 서양수학의 역사에 파란을 일으켰던 집합론의 역설(Paradox)과, 용수가 개발한 중관논리의 양자 간에 무언가 공통점이 있을 것 같다는 직관으로, 논문을 구상하기 시작했다. 만 3일 동안, 운전을 하든, 진료를 하든, 밥을 먹든, 길을 걷든, 역설과 중관논리의 공통점을 찾기 위해 마치 화두를 들 듯이 고심했던 그 때가 아직도 기억에 선하다.

그러다가 마침내, 유레카(Eureka)! 양자의 공통점을 발견하였다. 넣을 수도 없고 뺄 수도 없는 역설의 논리 구조는 중관논리의 4구 비판 가운데 제1구 비판 및 제2구 비판과 그 논리구조가 같았다. 예를 들어 '낙서금지'라는 역설적 문구를 벽에 써놓았을 때, '낙서금지'라는 말 역시 낙서에 포함되기에 자가당착에 빠지고, 여기서 벗어나기 위해서 '낙서금지'라는 말만은 낙서가 아니라고 주장한다면 사실에 위배된다. 넣어도 틀리고 빼도 틀리다. 이럴 수도 없고, 저럴 수도 없는 진퇴양난의 궁지에 떨어진다. 이는 "비가 내린다."는 말의 의미를 면밀히 분석할 때, '내림을 갖는 비'가 내리기에 '내림'이 두 번 있게 되는 '의미 중복의 오류'가 발생하고(제1구 비판), 내림을 갖지 않는 비가 내린다면 그런 비는 존재하지 않기에 '사실 위배의 오류'가 발생하는(제2구 비판) 중관논리의 궁지와 다르지 않았다. 과문(寡聞)하긴 하지만, 「역설과 중관논리」는 불교의 중관논리와 수학의 집합론의 역설에서 논리적 구조의 공통점을 제시한 최초의 논문일 것이다. 이 논문은 1997년, 그러니까 박사학위를 받고나서 얼마 지나지 않아, 학문의 세계에 갓 입문한 초보연구자로서 구상하고 작성한 것이었다. 그러나 가산학술상 수상에 대한 감사한 마음에서 심혈을 기울여 공부하고 숙고하면서 작성한 논문이었고, 지금도 중관학 관련하여 대표 논문을 들라면 필자는 이 논문을 든다. 독자 여러분의 정독(精讀)을 청한다.

본서 제Ⅱ부에서는 '중관학과 불교논리학의 만남'이라는 제목으로 네 편의 논문을 모았다. 이 네 편은 인명학(因明學)이라고 불리는 '불교논리학'과 '중관학'의 관계, 영향, 공통점, 차이점 등에 대해 분석한 논문들이다.

첫 번째로 실은 「『중론』에 대한 인명학적 주석의 가능성」은 중관자립논증파(自立論證派)의 시조로 불리는 청변(淸辯, Bhāvaviveka)이 저술한 『반야등론(般若燈論, Prajñāpradīpa)』과 귀류논증파(歸謬論證派)를 대표하는 월칭(月稱, Candrakīrti)의 『정명구론(淨明句論, Prasannapadā)』에 실린 두 논사 간의 논쟁을 면밀히 검토한 논문이다. 주지하듯이 자립논증파나 귀류논증파라는 이름은 후대에 티벳에서 명명한 것이다. 그런데 이 논문을 쓰면서 두 논사에게 그런 학파적 의식이 없었다는 점, 통념과 달리 월칭 역시 『중론』을 주석하기 위한 자립적 논증식을 제시하기도 했다는 점 등을 새롭게 알게 되었다.

그 다음에 실린 「Sambandhaparīkṣāvṛtti와 『중론』」은 불교논리학의 거장 법칭(法稱, Dharmakīrti, 6-7세기)이 저술한 Sambandhaparīkṣāvṛtti(觀關係品註)에서 용수의 중관논리를 구사하고 있다는 점을 처음으로 밝힌 논문이다. 불교논리학 연구의 메카라고 불리는 비엔나대학의 슈타인켈너(Ernst Steinkellner, 1937~)는 법칭의 저술에서 중관학적 성격을 갖는 구절을 자신은 아직껏 본 적이 없다고 주장한 바 있는데, 이 논문에서 필자는 상기한 법칭의 저술에서 구사되는 중관논리를 드러냄으로써 이런 주장을 반박하였다.

세 번째 논문인 「무인(無因), 지비지(至非至)상사 논법에 대한 중관학적 수용과 인명학적 해석」은 참으로 심혈을 기울여 쓴 논문이다.

중관논리는 그 기원을 『방편심론』의 20가지 상응(相應)논법 또는 『니야야수뜨라(Nyāya Sūtra)』 제Ⅴ장에 실린 24가지 자띠(Jāti)논법에 둔다. 상응 또는 자띠 논법 모두 반(反)논리적인 논법이다. 용수의 저술로 포장되어 있는 『방편심론(方便心論)』에서는 상응논법을 정당한 논법으로 수용하는 반면, 외도인 『니야야수뜨라』의 저자는 자띠논법을 부당한 논법이라고 비판한다. 동일한 성격의 논법인데, 불교 측과 니야야학파 측에서 이 논법을 대하는 태도는 이렇게 상반되었다. 상응 또는 자띠 논법은 세친(世親, Vasubandhu, 4-5세기)의 『여실론(如實論)』이나 진나(陳那, Dignāga, 480-540년경)의 『인명정리문론(因明正理門論)』과 『집량론(集量論)』에도 소개되어 있는데, 이들 논서를 개관해 보면 세친이나 진나 모두 이들 논법을 부당한 논법으로 비판한 것 같아 보인다. 세친과 진나는 불교도임에도 불구하고 이들 논법에 대해 용수와 상반된 태도를 보인 듯하다. 그런데 자띠 또는 상응 논법 가운데 무인상사 논법이나 지비지상사 논법에 대한 세친과 진나의 설명을 보다 면밀히 조사해 보면, 존재론적 원인인 생인(生因)에 대해서는 이 논법을 구사할 수 있어도, 인식론적 원인인 현인(顯因)에 대해서는 구사하지 못한다는 설명이 발견된다. 즉 추론식에서 종(宗, 주장)을 뒷받침하는 인(因, 근거)에 대해 이들 논법을 사용하여 비판하는 것은 잘못이지만, 사물의 세계에서 과(果, 결과)를 산출하는 인(因, 원인)을 비판할 때 이들 논법을 사용하는 것은 정당하다는 것이다. 반논리학인 중관학과 불교논리학의 접점이다.

네 번째 논문인 「중관논리의 기원에 대한 기초적 연구」는 필자의 박사학위논문 『용수의 중관논리의 기원』을 준비하면서 시범적으로 작성한 논문이다. 『방편심론』의 저자를 추정해 보고, 그 구성을 개관하며, 『방편심론』의 상응논법과 『니야야수뜨라』의 자띠논법을 비교한 후, 시동상응(時同相應) 논법을 본보기로 삼아 용수의 『광파론(廣破論)』과 『회쟁론』에서 이 논법이 구사되는 모습을 조명해 보았다.

본서 제Ⅲ부에서는 '『중론』 게송 제작의 비밀'이라는 제목 아래 세 편의 논문과 이와 관계된 한 편의 번역을 모았다. 실린 차례대로 나열하면 「팔부중도(八不中道)사상의 시원으로서의 『도간경(稻芊經)』과 연기의 중도적 의미」, 「불설도간경」(번역), 「『중론』 귀경게 팔불의 배열과 번역」, 「중론 Śloka의 제작방식과 번역」의 네 편이다. 이 가운데 첫 번째 논문은 『중론』 귀경게 가운데 팔불게의 근거가 『도간경』에 있다는 점을 밝힌 논문이고, 두 번째는 그런 『도간경』 산스끄리뜨문의 우리말 번역이다. 세 번째 것은 『중론』 귀경게의 '불생, 불멸, 불상, 부단, 불일, 불이, 불래, 불거'의 팔불의 배열 순서가 산스끄리뜨 원문, 티벳어 번역문, 한역문에서 일치하지 않는 이유에 대해 밝힌 논문이고, 마지막은 슐로까(Śloka)라는 시(詩) 형식의 제약으로 인해, 또는 그에 부합하기 위해서 용수가 피치 못하게 『중론』의 산스끄리뜨 게송에 부가한 단어와 어순의 조작을 분석한 논문이다.

본서에는 이렇게 중관논리와 관계된 여덟 편의 논문과 번역문 한 편을 수록하였는데, 모두 필자의 순수한 학문적 욕구에서 치열하게 연구하여 작성한 것들이었다. 성격이 유사한 논문들을 세 그룹으로 묶어서 수록했는데, 논문의 작성 시기는 들쑥날쑥하겠지만, 시기적으로 앞선 것이라고 해서 격이나 질이 떨어지지는 않을 것이다. 게재 학술지 이름과 발간 시기는 각 논문의 말미에 적어 놓았다.

불교공부나 수행경력이 오래인 독자라고 하더라도, 중관논리(中觀論理)라는 용어를 처음 들어 보는 분이 적지 않을 것이다. 중관논리는 용수가 저술한 『중론』이나 『회쟁론』, 『광파론』과 같은 중관학(中觀學) 문헌에서 구사하는 논리로, 문자 그대로 '중도(中道)를 직관(直觀)케 하는 논리'다. 그런데 여기서 말하는 중도는 '가운데의 길'이 아니라 '양 극단에 대한 비판'을 의미한다. 따라서 중관논리는 흑과 백의 양 극단을 비판하는 논리이다. 다시 말해 이분법적(二分法的)으로 작동하는 우리의 논리적 사유(思惟)를 비판하는 논리가 바로 중관논리인 것이다.

우리는 논리적 사유를 통해 세상을 이해하고, 세상에 대해 갖가지 이론을 구성한다. 그런데 이러한 논리적 사유로 해결되지 않는 문제들이 있다. 나는 누굴까? 세상은 왜 존재하는가? 죽은 다음에 어떻게 될까? 내생이 있는가, 없는가? … 이와 같은 철학적, 종교적 의문들에 대해서 누군가가 답을 제시한다고 하더라도 그 답이 제각각이라서 어느 답이 옳은지 알 수가 없다. 불교의 중관학에서는 이런 의문들에 종지부를 찍어준다. 그런 형이상학적인 의문들에 대해 어떤 답을 도출해내는 것이 아니라 이런 의문을 만들어낸 논리적 사유의 문제점을 드러냄으로써 그런 의문들이 모두 허구의 의문임을 자각케 하여 의문을 '해소'시켜 준다. 중관논리는 '해소의 논리'인 것이다.

중관논리는 대승불교의 아버지라고 불리는 용수에 의해 창안되었지만, 그 사상적 연원을 『반야경』의 공(空)사상과 초기불전의 연기설(緣起說)에 둔다. 따라서 중관논리는 '공의 논리'이기도 하고, '연기의 논리'이기도 하다. 또 흑백논리적으로 작동하는 우리의 사유를 비판하기에 '중도의 논리'라고 부를 수도 있고, 중관논리를 통해 종교적, 철학적 번민에서 벗어나 마음의 평안을 얻기에 '열반의 논리'라고 부를 수도 있으며, 온갖 이론과 망상을 만들어내는 생각의 속박에서 해방되기에 '해탈의 논리'라고 부를 수도 있다. 또 인간 이성의 이율배반적 사유가 빚어낸 갖가지 이론의 허구성을 드러내기에 '해체의 논리'라고 부를 수도 있을 것이다. 요컨대 중관논리는 우리의 논리적 사유를 비판하는 '반논리(反論理, Counter Logic)'인 것이다. 우리는 중관학의 반논리학을 훈련함으로써 종교적, 철학적 의문에서 해방되며, 그 동안 내가 견지하던 인생관, 가치관, 세계관의 상대성을 자각하게 된다.

지금 우리사회에서는 세대, 이념, 계층 간 갈등의 골이 점차 깊어지고 있다. 이런 갈등의 표면적 이유가 무엇이든, 그 근원은 인간 사유의 이율배반적 속성에 있다 하겠다. 즉 동일한 어떤 사안에 대해 골

똘히 따져서 그 해답을 추구해 보면, 사람에 따라 전혀 상반된 결론을 도출하기도 하는데, 이 때 어느 한 쪽의 결론이 옳은 것이 아니다. 인간의 '따지는 힘'인 인간 이성(Reason)의 숙명적 한계로 인해 초래된 의견의 대립일 뿐이다. 중관학은 사유 그 자체가 안고 있는 이런 문제점을 드러냄으로써 우리로 하여금 생각과 마음의 문을 열게 한다. 따라서 중관학의 반논리학이 우리 사회에 널리 보급될 때, 다양한 갈등을 해소하는 데 일조할 수도 있을 것이다.

끝으로, 한 권으로 묶은 아홉 편의 글들을 꼼꼼히 읽으면서 교정도 보고 조언해 준 아내 길상화(吉祥華) 보살과, 본서의 출판 및 유통과 관련된 일들을 도맡아 필자의 수고를 덜어주는 차남 선중(宣中) 거사에게 고마운 마음을 전한다.

2019년 11월10일

慶州 寓居에서 圖南 金星喆 合掌

차 례

집합론의 역설과 중관학의 반논리학

역설(Paradox)과 중관논리

중관학과 불교논리학의 만남

중론에 대한 인명학적 주석의 가능성
- 청변(Bhavaviveka)의 시도와 월칭(Candrakīrti)의 비판 -

Sambandhaparīkṣāvṛtti와 『중론』

무인, 지비지상사 논법에 대한 중관학적 수용과 인명학적 해석

중관논리의 기원에 대한 기초적 연구
-『방편심론』의 '시동-상응' 논법에 대한 검토 -

『중론』 게송 제작의 비밀

팔부중도사상의 시원으로서의『도간경』과 연기의 중도적 의미

성스러운 도간이라는 대승경

『중론』 귀경게 팔불의 배열과 번역

『중론』 슐로까(Śloka)의 제작방식과 번역

집합론의 역설과
중관학의 반논리학

역설(Paradox)과 중관논리

Ⅰ. 역설이란?

그리스(Greece) 남쪽 바다 한 가운데에 크레타(Creta)라는 섬이 있다. 이 크레타 섬은 해상 무역의 중심지이기에 그 주민들은 대부분 장사꾼들이다. 그 주민 중 한 사람이 다음과 같이 말한다.

크레타 섬의 사람들은 모두 거짓말쟁이다.

이 말을 어떻게 이해해야 할까? 이 말도 크레타 사람이 한 것이기에 "이 말도 거짓말이라면 이 말은 거짓말이 아니어야 하고 이 말만은 거짓말이 아니라면 이 말은 거짓말이어야 한다." 이것이 역설(逆說, Paradox)이다.[1] 이는 근세 서양 철학자 러셀(Bertrand Russell, 1872-1970)이 고전적 집합론에서 발생하는 역설[2]을 설명하면서 함께

---

1) 에피메니데스(Epimenides, 기원전 500년경)의 역설: 김용운·김용국 공저, 『집합론과 수학』, 우성문화사, 1991, p.390 참조.

2) 이는 다음과 같이 풀이된다: 모든 집합은 두 가지로 종류로 나누어지는데 하나는 자기 자신을 원소로 하지 않는 집합(Ex: 도시들의 집합)이고 다른 하나는 자기 자신을 원소로 하는 집합(Ex: 도서관에 꽂힌 도서관의 장서 목록)이다. 전자를 보통의 집합이라고 부르고, 후자를 특수한 집합이라고 부를 경우 보통집합들 전체의 집합은 과연 보통의 집합일까, 아니면 특수한 집합일까? 만일 〈보통의 집합들 전체의 집합〉이 자기 자신을 원소로 하지 않는 〈보통의 집합〉이라면, 〈보통의 집합들 전체의 집합〉도 〈보통의 집합〉이고 그 원소인 〈보통의 집합들〉 역시 〈보통의 집합〉이기에 〈보통의 집합들 전체

들었던 예로 이 말을 한 당사자의 이름을 따서 '에피메니데스(Epimenides)의 역설'이라고 부른다. 서구의 논리철학자들은 이 이외에도 다양한 역설들을 고안해 낸 바 있다. '타서적(他敍的, heterological)'이라는 형용사가 타서적인지 여부를 묻는 데서 발생하는 그렐링(Grelling)의 역설(1908)[3], 우편엽서의 역설[4], 리샤르(Richard)의 역설(1905년)[5], 베리(Berry)의 역설(1906년)[6], 부랄리-포르티(Burali-Forti)의

의 집합〉의 원소에는 자기 자신도 포함되어 있기에, 결국 〈보통의 집합들 전체의 집합〉은 자기 자신도 원소로 하는 〈특수한 집합〉이 되고 만다. 이와 반대로 〈보통의 집합들 전체의 집합〉이 자기 자신을 원소로 하는 〈특수한 집합〉이라면 〈보통의 집합들 전체의 집합〉은 〈특수한 집합〉이나 그 원소는 〈보통의 집합들〉이기에 〈보통의 집합들 전체의 집합〉의 원소에는 자기 자신이 포함되어 있지 않는 꼴이 되며, 결국 〈보통의 집합들 전체의 집합〉은 자기 자신을 원소로 하지 않는 〈보통의 집합〉이 되고 만다. 즉, 〈보통의 집합 전체의 집합〉이 〈보통의 집합〉이라면 〈특수한 집합〉이 되어야 하고, 〈특수한 집합〉이라면 〈보통의 집합〉이 되고 마는 것이다(위의 책, p.387 참조).

3) 이는 다음과 같다: 형용사 A는 그 자신이 A라는 성질을 가질 때 '자서적(autological)'이라고 하고, 그러한 성질을 갖지 않을 때 '타서적(heterological)'이라고 한다. 그렇다면 '타서적(heterological)'이라는 형용사는 '타서적(heterological)'인가? 예를 들어, 'long(긴)', 'red(붉은)'란 형용사 자체는 전혀 길지도 않고 붉지도 않기에 타서적(heterological)이다. 그러나 'English(英語인)', 라는 형용사는 그 자체도 영어이고, 'four-syllabic(네 음절의)'이라는 형용사 역시 그 자체가 네 음절로 이루어져 있기에 이들 형용사는 자서적(autological)이다. 그러면 '타서적인(heterological)'이라는 형용사는 타서적인가, 자서적인가? 만일 '타서적인'이라는 형용사가 '타서적'이라면 타서적이라는 형용사는 자서적인 형용사이어야 하고, 그와 반대로 '타서적인'이라는 형용사가 '자서적'이라면 타서적이라는 형용사는 타서적인 형용사이어야 한다(위의 책,, p.388).

4) 우편엽서의 한쪽에는 〈이 엽서의 반대쪽에 있는 문장은 거짓이다〉라고 쓰여 있는데, 그 반대쪽에는 〈이 엽서의 반대쪽에 있는 문장은 참이다〉라고 쓰여 있는 경우(수잔 하크, 김효명 역, 『논리철학』, 종로서적, 1993, p.176 참조).

역설[7], 칸토르(Cantor)의 역설[8]등이 그 예들이다.

그런데 논리철학자나 수학자들이 고안한 위와 같은 예들 이외에도 우리의 일상생활에서는 역설적인 발화(發話)나 상황을 흔히 경험하게 된다. 이를 나열해 보자.

아이들이 떠드는 교실에서 한 아이가 "떠들지 마"라는 소리를 내는 것[9].

담벼락에 쓰인 "낙서금지"라는 문구[10].

사람이 붐비는 백화점에서 "집에나 있지, 왜들 나와?"라고 짜증을 내는 것.[11]

이런 역설적 상황이나 발화 행위들을 접할 경우, 이를 전혀 포착하

---

5) 특정한 정수(Ex: 소수, 완전제곱수)들을 정의한 문장들을, 각 문장의 길이의 장단과 알파벳 순서의 전후 관계에 따라 차례로 배열한 후, 각 문장들을 일련의 숫자에 대응시킬 때, 대응시킨 숫자의 성격이 그 문장이 의미하는 정의와 일치하지 않는 경우, 그 숫자를 '리샤르數'라고 정의하게 되는데, 이런 정의 역시 특정한 정수에 대한 정의(=리샤르수에 대한 정의)이기에 그에 대응되는 숫자가 있게 된다. 이 때 〈리샤르수에 대한 정의에 대응하는 수 n은 리샤르수인가?〉라고 묻는 경우 역설(paradox)이 발생하게 된다. 즉, n이 리샤르수라면 n은 리샤르수가 아니어야 하고 n이 리샤르수가 아니라면 n은 리샤르수이어야 하는 것이다(김용운·김용국, 앞의 책, pp.389-390에서 요약).

6) 수잔 하크, 앞의 책, p.176.

7) 김용운·김용국, 앞의 책, p.386.

8) 김용운·김용국, 위의 책,, pp.385-386.

9) "떠들지 마!"라는 소리를 냄으로써 더 떠들었기에 자가당착에 빠진다. 만일 그것이 더 떠든 것이 아니라면 사실에 위배된다.

10) "낙서금지"라는 낙서를 하였기에 자가당착에 빠진다. 만일 그것이 낙서가 아니라면 사실에 위배된다.

11) 자신도 백화점을 붐비게 만든 사람이기에 자가당착에 빠진다. 자신만은 백화점을 붐비게 만든 사람이 아니라면 사실에 위배된다.

지 못하는 경우도 있지만, 그 역설적 성격을 포착하여 "사돈 남 말하네!"라는 속담을 들어 비판을 가하는 경우도 있고, 그것들이 역설에 빠진 언행인줄 알면서도 그런 역설적 언행자들의 의도에 그대로 순응하는 경우도 있다. 이렇게 일상생활 속에서 역설적 상황을 대하는 우리의 다양한 태도는, 더 나아가면 역설에 대한 논리철학적 해결 방안에 그대로 대응된다.[12] 따라서 역설과 그 해결 방안의 문제란, 비단 수학이나 철학 이론에 국한된 문제가 아니라 우리의 일상생활 전반에 걸쳐 우리가 항상 접하며 대처해야 하는 문제이기도 한 것이다.

서양철학사 내에서도 역설적 상황이 철학자 자신의 입지를 궁지로 몰고 간 예들이 많이 발견된다. 명제(proposition)의 철학적 사용을 비판하는 비트겐슈타인(Wittgenstein) 철학의 자가당착[13], 로고스중심

12) 차후에 다시 논의하겠지만, 일상인들이 역설적 상황을 자각하지 못하는 태도는 '무한의 영역까지 집합론의 적용 대상으로 삼았던 칸토르(Cantor) 이전의 수학자들의 태도'에 대비되고, 역설에 대한 자각과 그에 대한 순응하는 태도는 '러셀 (Russell)의 계형이론, 타르스키(Tarski)의 이종언어론, 체르멜로(Zermelo)의 공리적 집합론의 해결 방안'과 맥을 같이한다고 볼 수 있다.

13) 비트겐슈타인은 『논리철학논고(*Tractatus Logico-Philosophicus*)』 6.53에서의 진술이 역설(paradox)에 빠짐을 인정하며 곧이어 6.54를 기술하여 이런 역설에서 빠져나가고자 하였다. 이를 인용해 본다: "6.53 철학하는 올바른 방법은 다음과 같을 것이다. 말할 수 있는 것 – 즉, 자연과학적인 명제들이나 철학과는 무관한 것 – 이외에는 아무것도 말하지 않을 것: 누군가가 형이상학적인 것에 대해 얘기하고자 할 때면 언제나, 그에게 그의 명제들 속에 있는 어떤 기호들에 아무런 의미도 부여하지 못했다는 사실을 입증해 주는 것. 이런 식의 방법이 다른 사람에게는 불만족스러울지 모르지만 – 그는 우리가 그에게 철학을 가르치고 있다는 느낌을 갖지 못할지도 모른다 – 오직 이런 식으로 하는 것만이 엄밀한 의미에서 올바른 방법일 것이다." → "6.54 나의 명제들은 다음과 같이 해명된다. 나를 이해하는 사람은, 나의 명제들을 이용하여 기어 올라가 나가 버리고 나면, 결국 그것들[=나의 명제들]이 무의미한 것임을 알게 된다. (사다리를 밟고 올라간 다음에는, 소위 그 사다리를 던져버려야 하는 것이다.) 그는 이 명제들을 극복해야 한다; 그 때

주의(logocentricism)적 서구사상사를 해체(deconstruction)시키고자 하는 데리다(Derrida) 자신의 로고스[14]에서 보듯이, 역설(paradox)이란 인간이 보편타당한 철학을 정립하려고 할 때 필연적으로 빠지게 되는 딜레마(dilemma)로, 단순히 철학자 자신의 논리 전개 과정의 결함으로 인해 야기되는 것이 아니라, 그렇게 논리를 전개하여 어떤 결론을 이끌어 내려고 하는 인간의 선천적(a priori) 사유 구조의 한계에 기인한다 하겠다.

뿐만 아니라 선가(禪家)의 수많은 명제들 역시 구조적으로 역설에 빠져 있음을 알 수 있다. "문자를 세우지 말아라(不立文字)", "입만 열면 그르친다(開口卽錯)", "마음을 비워라(無心)", "욕심을 내지 말라(無慾)", "모든 집착을 다 내려놓아라(放下着)"등의 말들 역시 모두 역설을 발생시킨다. 즉, 〈문자를 세우지 말라〉는 것 자체가 문자를 세운 것이고, 〈입을 열면 그르친다〉고 입을 열었으며, 〈마음을 비우라는 생각〉이 다시 마음을 채우게 되고, 〈욕심을 내지 않겠다〉는 욕심을 내게 되며, 〈모든 집착을 내려놓겠다〉는 집착을 갖게 되는 것이다.

이와 같이 수학적, 논리적, 철학적 영역은 물론이고, 우리들의 일상 생활이나 종교적 분야에 이르기까지 인간의 사고가 미치는 모든 영역에서 역설(paradox)적 상황이 발생함을 볼 수 있다.

그런데 대승불교의 확립자 용수(龍樹, Nāgārjuna: 서력기원 후 150-250경)의 논서를 보게 되면 도처에서 이런 역설(paradox)과 유사

비로소 그는 세계를 올바로 보게 된다."(Ludwig Wittgenstein, *Tractatus Logico-Philosophicus,* C. K. Ogden Trs., International Library of Psychology, Philosophy and Scientific Method, pp.187-189).

14) "흔히 있어온 데리다에 대한 표면적인 비판은 그가 '진리'와 '논리'의 가치에 대하여 의심을 품으면서 정작 자기 자신은 자기 주장의 진리성을 증명하기 위하여 논리를 이용하고 있다는 것이다.": 마단 사럽(Madan Sarup)외, 임헌규 편역, 『데리다와 푸꼬, 그리고 포스트모더니즘』, 인간사랑, 1995, p.48.

한 구조의 논법을 이용하여 토론 상대자를 논파하는 것을 볼 수 있다.

Ⅱ. 용수의 논서에서 발견되는 역설적 상황

그러면 용수가 토론 상대자의 주장에서 이런 역설적 상황을 포착해내어 논파하는 실례를 들어 보겠다.

> 만일 존재하고 있는 것만이 부정될 수 있는 것이라면, 이와 같은 공성적(空性的) 부정은 존재하는 것 아닌가? 왜냐하면 그대는 '[공성적 부정인] 사물에 자성(自性)이 없다는 것'을 부정하기 때문에.[15)]

> 만일 그대가 공성을 부정하고, 또 그런 공성은 존재하지 않는다면 존재하는 것에 대해서만 부정이 있을 수 있다고 하는 그대의 이런 말은 파괴된다.[16)]

즉, 적대자가 "존재하고 있는 것만이 부정될 수 있는 법이니 자성이 없는 것을 부정하는 용수의 논의는 옳지 못하다"[17)]는 의미의 비판

---

15) sata eva pratiṣedho yadi śūnyatvaṃ nanu prasiddham idam/ pratiṣedhayate hi bhavān bhāvānāṃ niḥsvabhāvatvam//: 『회쟁론』, 제61송.
16) pratiṣedhayase 'tha tvaṃ śūnyatvaṃ tacca nāsti śūnyatvam/ pratiṣedhaḥ sata iti te nanveṣa vihīyate vcādaḥ//: 『회쟁론』, 제62송.
17) 집에 항아리가 존재하지 않는다는 부정은 [항아리가] 존재하는 경우에 있을 수 있는 것이기 때문에, 그대가 자성을 부정하는 것은 [자성이 원래] 존재하기 때문에 있을 수 있는 것이다(sata eva pratiṣedho nāsti ghaṭo geha ityayaṃ yasmāt/ dṛṣṭaḥ pratiṣedho 'yaṃ sataḥ svabhāvasya te tasmāt//: 『

을 가하자 이를 재비판하는 과정에서 위와 같은 역설의 논법이 사용되고 있는 것이다. 즉, 존재하는 것만이 부정되는 법이라면 공성에 대한 그대의 부정 역시 존재하는 것을 부정하는 것일 테니 그대의 부정 대상인 공성은 존재하여야 한다는 말이다. 또, 그와 반대로 공성이 존재하지 않는 것이라면 "존재하는 것만이 부정된다."는 애초의 그대의 주장은 훼손된다는 것이다. 이는 다음과 같이 정리된다.

* 실재론자의 원 주장: 부정이란 존재하는 것에 대해서만 가능하기에 존재하지 않는 것에 대한 그대의 부정은 옳지 않다.

* 용수의 반박: 옳지 않다는 그대의 부정 역시 옳지 않다.
① 옳지 않다는 그대의 부정이 타당하려면, 그대의 부정은 〈존재하는 것에 대한 부정〉이어야 한다. 따라서 〈존재하지 않는 것에 대한 부정〉은 존재해야하기에 그대의 주장은 오류에 빠진다.
② 그와 반대로 〈존재하지 않는 것에 대한 부정〉을 부정하는 그대의 부정이 존재하지 않는 것에 대한 것이라면, 부정은 〈존재하지 않는 것〉에 대해서만 가능하다는 그대의 주장에 예외가 있는 꼴이 되어 그대의 주장은 오류에 빠진다.

이는, 상대의 비판 역시 그런 비판의 대상에 속하기에 상대의 비판은 오류에 빠진다는 것으로, 〈자기 부정을 포함하는 전체〉[18]라는 구조를 갖는 전형적 역설을 이용한 비판 논법이다.

다른 예를 들어 보자. 용수의 저술로 포장되어 있는 『대지도론(大智度論)』[19]을 보게 되면 붓다 자신도 이러한 역설적 상황을 이용하여

회쟁론』, 제11송).

18) 末木剛博, 『記號論理學』, 김인수·정위섭 공역, 學文社, 서울, 1993, p.151 참조.

상대를 비판하였음을 알게 된다. 사리불의 외숙인 장조범지(長爪梵志)를 교화하는 장면이 바로 그것이다. 사리불의 출가에 분개한 장조범지는 붓다와 대면하게 되자 자신은 "그 어떤 법도 인정하지 않는다(一切法不受)"고 주장하게 되는데 그에 대해 대응하면서 붓다는 역설(paradox)을 이용하고 있는 것이다. 이를 인용해 보자.

> 〈장조범지〉: 고따마여, 나는 그 어떤 법도 인정하지 않는다.
> 〈붓다〉: 장조여, 그대가 말하는 '그 어떤 법도 인정하지 않는다'는 그런 견해는 인정하는가?
> 〈장조범지〉: 고따마여, '그 어떤 법도 인정하지 않는다'는 이런 견해 역시 인정하지 않는다.
> 〈붓다〉: 그대가 말하는 '그 어떤 법도 인정하지 않는다'는 이런 견해 역시 인정하지 않는다면 인정하는 것이 아무것도 없는 꼴이니 뭇사람들과 다를 게 없는데 어째서 스스로 뽐내면서 잘난 체하느냐?[20]

즉, "그 어떤 법도 인정하지 않는다."는 주장만은 인정한다면 '그 어떤 법'이라는 주어의 범위에 예외가 있는 꼴이 되어 오류에 빠지고, 그와 반대로 그런 주장 역시 인정하지 않는다면 자신이 내세운 주장을 파기하는 꼴이 되니 오류에 빠지고 만다.

이처럼 용수는 물론이고 전통적으로 불교 내에서는 이러한 역설(paradox)을 이용하여 적대자를 논파해 왔던 것이다.

---

19) 『대지도론』은 산스끄리뜨 원문이나 티벳역본도 없을 뿐만 아니라 번역자 구마라습의 가필인 듯한 구절들이 많이 발견되기에 그 저자의 정체에 대해 논란이 많지만 전체적인 내용은 용수의 진찬으로 인정되는 다른 논서의 사상에 그대로 부합된다.

20) 瞿曇我一切法不受 佛問長爪 汝一切法不受 是見受不 … 瞿曇一切法不受 是見亦不受 … 汝不受一切法是見亦不受則無所受與衆人無異 何用自高而生憍慢: 大正25, 『대지도론』, p.62a.

그런데 다음과 같은 예는 전형적 역설 구조는 아니지만 크립키(Kripke)가 소개한 최소의 고정점(fixed-point)을 갖지 못하는 근거 없는(non-grounded) 개념을 비판한 것이라고 볼 수 있다.[21] 『중론』 제7 관삼상품(觀三相品)을 보자.

> 생, 주, 멸에 있어서 또다른 유위법의 상이 있다면 그야말로 무한하게 된다. (반대로) 만일 없다면 그것들(=생, 주, 멸)은 유위법이 아니다.[22]

아비달마 논사들은 생(生), 주(住), 멸(滅)의 삼상이 유위법 중 심불상응행법(心不相應行法)에 속하며 그와 동시에 모든 유위법은 삼상의 특징(lakṣaṇa)을 갖는다고 주장한다. 즉, 제행은 무상하기 때문에 그 어떤 유위법이건 생겨나면(生) 머물다가(住) 소멸하고(滅) 만다는 것이다. 그런데 여기서 역설(paradox)이 발생한다. 아비달마 이론에 의하면 생, 주, 멸은 모두 무상한 유위법에 속하므로 생, 주, 멸 자체도 다시 생, 주, 멸의 삼상을 띠어야 한다. 또, 그런 생, 주, 멸의 삼상 역시 유위법이기에 다시 생, 주, 멸의 삼상을 띠어야 하며 결국 무한한 삼상이 필요하게 된다. 무한소급은 논리적 오류이다. 즉, 그 정체성(identity)의 확립을 위해 무한소급을 야기하는 개념은 최소의 고정점(fixed-point)을 갖지 못하는 근거 없는(ungrounded) 개념이다. 그와 반대로 생, 주, 멸이 다시 삼상의 특징을 갖지 않는다면 생, 주, 멸은 유위법의 범위 밖에 있는 꼴이 되어 애초의 아비달마적 주장을 훼손시킨다.[23]

---

21) 수잔 하크, 앞의 책, pp.188-193 참조.

22) utpādasthitibhaṅgānāmanyatsaṃskṛtalakṣaṇam/ asti cedanavasthaivaṃ nāsti cette na saṃskṛtāḥ// 若謂生住滅 更有有爲相 是卽爲無窮 無卽非有爲: 『중론』, 〈7-3〉.

23) 이 예는 “이 명제는 거짓이다”의 경우와 같은 전형적 역설과 그 형식이 다

다른 예를 들어 보자. 용수는 『광파론(廣破論, Vaidalyaprakaraṇa)』 제4절과 『회쟁론(廻諍論, Vigrahavyavartani)』 제32, 33송을 통해, '근거 있음(groundedness)'의 부재를 근거로 들어 인식수단(pramāṇa, 量)의 실재성에 대해 비판을 가하고 있다. 『회쟁론』의 비판을 인용해 보자.

> 실재론자의 원 주장: 모든 대상은 '인식수단'을 통해 확립된다.
>
> 용수의 반박: 그런 '인식수단'은 무엇에 의해 확립되는가?[24]
> ① 만일 다른 인식수단에 의해 인식수단이 성립하게 된다면 이는 무궁하게 된다. 그런 상황에서는 최초의 성립도, 중간도, 끝도 존재하지 않는다.[25]
> ② 그것[=인식수단]이 만일 인식수단 없이 성립한다면 논의는 깨어진다. 거기에 불일치함이 있다. 또, 특별한 이유가 말해져야 한다.[26]

전형적 역설은 아니지만 이렇게 역설적 상황을 이용하여 상대의 주

르다. 오히려 "이 명제는 참이다"라는 명제의 근거(ground)의 무한소급적 성격이 이 예의 역설 구조에 대응된다고 보겠다(수잔 하크, 앞의 책, pp.188-193). 어떤 주장의 진위의 근거가 어느 고정점(fixed point)에서 멈추게 될 경우는 그 주장은 근거 있는 주장이지만 그렇지 못한 경우 무한소급의 오류에 빠지게 되어 위와 같은 근거 없는 주장이 되고 마는 것이다.

24) 또, 만일 그대에게 있어서 갖가지 대상들이 인식방법에 토대를 두고 성립한다면, 그대에게 있어서 그 인식방법들은 다시 어떻게 성립하는지 말하거라(yadi ca pramāṇaste teṣāṃ teṣāṃ prasiddhirarthānām/ teṣāṃ punaḥ prasiddhiṃ brūhi kathaṃ te pramāṇānam//): 『회쟁론』, 제31송.

25) anyairyadi pramāṇaiḥ pramāṇasiddhirbhavettadanavasthā/ nādeḥ siddhistatrāsti naiva madhyasya nāntasya//: 『회쟁론』, 제32송.

26) teṣāmatha pramāṇairvinā prasiddhirvihīyate vādaḥ/ vaiṣmikatvaṃ tasminviśeṣahetuśca vaktavyaḥ//: 『회쟁론』, 제33송.

장을 논파하는 예가 용수의 논서 도처에서 눈에 띈다. 아니 더 나아가 이러한 역설 구조 자체는 용수의 논법의 중핵을 이루고 있다고 볼 수 있다.

Ⅲ. 중관논리와 역설의 구조

〈중관논리〉는 한 마디로 '사구(四句) 비판의 논리'라고 부를 수 있을 것이다.[27] 그런데 이러한 중관논리의 구조는 역설의 논리적 구조와 동일하다.

먼저 역설의 논리적 구조에 대해 고찰해 보기로 하겠다. 어떤 크레타 사람이 "크레타 사람들은 모두 거짓말쟁이다."라는 말을 할 경우 이 말도 크레타 사람에 의해 발화된 것이기에 이 말이 거짓말이라면 크레타 사람은 모두 거짓말쟁이가 아니어야 하고, 그와 반대로 이 말만은 참말이라면 예외가 하나 있는 꼴이 되어 '모두'의 의미가 훼손되는 것이다. 따라서 이런 발화는 거짓말이라고 할 수도 없고 거짓말이 아니라고 할 수도 없는 것이다. 다시 말해 "모든 크레타 사람들"이라는 주어에 이 말을 한 당사자가 〈내포(inclusion)〉되어 있기에 자가당착의 오류에 빠지게 되고, 그와 반대로 이 말을 한 당사자만은 주어의 의미에서 〈배제(exclusion)〉되어 있다면 사실에 위배되기에 예외가 발생하는 오류에 빠지고 마는 것이다.

또 다른 예를 들어보자. '자기 자신을 원소로 하지 않는 보통집합들의 집합은 보통집합인가, 아니면 자기 자신을 원소로 하는 특수집합인

27) 이에 대한 자세한 논의는 필자의 박사학위논문 『용수의 중관 논리의 기원』(동국대학교 박사학위논문, 1996)의 내용 중 pp.187-209를 참조하기 바람.

가?'를 묻는 〈집합론의 역설〉의 경우도 위와 마찬가지로 〈내포〉와 〈배제〉의 딜레마(dilemma)에 빠져 있다. 즉, 〈보통집합들의 집합〉 역시 보통집합에 내포될 수도 없고 배제될 수도 없는 것이다. 〈보통집합들의 집합〉이 보통집합에 내포된다면 특수집합으로 배제되어야 하고, 그와 반대로 보통집합에서 배제되는 특수집합이라면 보통집합에 내포되어야 하는 것이다.

앞 장에서 예로 들었던 생, 주, 멸 삼상(三相)에 대한 비판과 인식수단에 대한 비판은 "근거 있음(groundedness)"의 부재를 통해 상대의 주장을 비판하는 논법이기에 전형적 역설 논법은 아니지만 그 구조는 역설의 논리적 구조와 동일하다. 인식수단의 예를 들 경우, 인식수단이 모든 대상을 확립시킨다면 그런 인식수단 역시 모든 대상에 〈내포〉되어야 하기에 "무한 소급의 오류"에 빠지게 되고 그와 반대로 〈배제〉시키면, 예외를 인정하게 되니 애초의 주장이 훼손되고 마는 것이다. 즉, 전형적 역설의 경우와 마찬가지로 〈내포〉시킬 수도 없고 〈배제〉시킬 수도 없는 딜레마에 빠지게 된다.

그런데 『중론』을 보면 용수가 실재론적 세계관을 논파하는 많은 게송들도 이러한 논리 구조를 갖고 있음을 알게 된다. 예를 들어 보자.

> '가는 작용'이 없는 '가는 자'가 실로 성립하지 않는다면 '가는 자'가 간다고 하는 것이 도대체 어떻게 성립되겠느냐?(『중론』, 〈2-9〉)[28]

> 만일 '가는 자'가 간다면 '가는 작용'이 둘이라는 오류에 빠진다. '가는 자'라고 말하는 것과, 존재하는 '가는 자', 그 자가 다시 간다는 사실에 의해서.(『중론』, 〈2-10〉)[29]

---

28) gantā tāvadgacchatīti kathamevopapatsyate/ gamanena vinā gantā yadā naivopapadyate// 若言去者去 云何有此義 若離於去法 去者不可得

29) gamane dve prasajyete gantā yadyuta gacchati/ ganteti cocyate yena ga

> 가는 자가 간다고 하는 주장, 그런 주장을 한다면 다음과 같은 오류에 빠진다. 가는 작용 없이 가는 자가 있고 (또 그) 가는 자의 가는 작용을 추구하(게 되는 오류에 빠지)는 것이다.(『중론』, 〈2-11〉)[30]

여기서 〈2-9〉의 게송과 〈2-11〉의 게송은 동일한 논리 구조를 갖는 것이라고 볼 수 있으며 양자가 함께 〈2-10〉 게송의 논리 구조에 대립된다. 결론적으로 말하면, 〈2-10〉은 〈내포의 오류〉를 노래한 게송이고 〈2-9〉와 〈2-11〉은 〈배제의 오류〉를 노래한 게송이다. "가는 자가 간다."는 분별이 있을 경우 '간다'는 술어(predicate)의 의미가 '가는 자'라는 주어(subject)의 의미에 이미 내포되어 있는 것이기에 〈가고 있는〉 가는 자가 〈다시〉 간다는 말이 되어 감이 두 번 중복되는 오류에 빠진다는 비판을 기술한 것이 〈2-10〉 게송이고, 그와 반대로 〈간다〉는 술어의 의미가 배제된 〈가지 않는〉 가는 자가 〈어딘가에 있어서 그 자가〉 간다고 보는 경우에는 사실에 위배되는 오류에 빠지고 만다는 것이다.

원 문장: 가는 자가 간다.
제1구[31]적인 이해: 가고 있는 가는 자가 간다.
→ 주어와 술어에 각각 두 개의 감이 있게 된다.
제2구적인 이해: 가지 않는 가는 자가 간다
→ 주어가 성립될 수 없다.

---

ntā sanyacca gacchati//(梵頌 2-11) 若去者有去 則有二種去 一謂去者去 二謂去法去

30) pakṣo gantā gacchatīti yasya tasya prasajyate/ gamanena vinā gantā ganturgamanamicchataḥ//(梵頌 2-10) 若謂去者去 是人則有咎 離去有去者 說去者有去

31) 이는 중관논리의 비판 대상인 사구분별 중 제1구적인 분별을 의미한다.

이를 좀 더 쉬운 예에 대입하여 설명해 보기로 하자. 우리는 일상생활 가운데 “비가 내린다.”는 문장을 스스럼없이 사용한다. 그러나 이 명제는 “가는 자가 간다.”는 명제와 동일한 논리적 오류에 빠져 있다. 이 문장은 ‘비’라는 주어(subject)와 ‘내린다’는 술어(predicate)로 이루어져 있는데 ‘비’라는 주어에는 이미 ‘내린다’는 술어의 의미가 내포되어 있다. 왜냐하면 이 세상에 내리지 않는 비는 없기 때문이다. 따라서 “비가 내린다.”는 말을 할 경우 내리고 있는 비에 대해 다시 내린다는 표현을 쓰게 되니 비가 두 번 내리는 꼴이 된다. 마치, 꿈을 꾼다고 말을 하면 꿈을 두 번 꾸는 꼴이 되고 얼음이 언다고 말을 하면 얼음이 두 번 어는 꼴이 되듯이. 그렇다고 해서 그와 반대로 ‘비’라는 주어에 ‘내린다’는 술어의 의미가 내포되어 있지 않다면 내리지 않는 비가 있다는 말이 되는데 이는 사실에 위배된다. 이를 정리하면 다음과 같다.

원 문장: 비가 내린다.
제1구적인 이해: 내리고 있는 비가 내린다.
→ 비가 두 번 내리는 꼴이 된다.
제2구적인 이해: 내리지 않는 비가 내린다.
→ 내리지 않는 비는 그 어디에도 없다.

용수는 『중론』을 통해 “가는 자가 간다.”는 명제 이외에도 수많은 명제들을 이와 동일한 구조에 의해 논파하고 있다. 다른 예를 들어보자. 다음과 같은 게송에서도 동어반복적 중복의 오류가 지적되고 있다.

> 만일 불이 연료에 의존한다면 성립된 불이 [또다시] 성립[되는 꼴이]된다. 이와 같은 존재라면 불 없는 연료 역시 존재하리라.[32)]

이는 불과 연료의 관계에 대한 제1구적인 이해에 내재하는 오류를 지적하는 게송으로 "불이 연료에 의존하여 성립한다."는 진술의 경우 '불'이라는 주어를 발화한 순간 이미 '불'이 성립되어 있어야 하므로 그것이 "연료에 의존하여 성립한다."고 하게 되면 불이 두 번 성립되는 오류에 빠진다는 것이다. 이와 반대로 어떤 사태(fact)에 대한 제2구적인 이해에 내재하는 오류를 지적하는 게송들은 다음과 같다.

> 아무것도 보고 있지 않는다면 능견(能見)은 존재하지 않는다. 그런데 능견(能見)이 본다는 것이 도대체 어떻게 타당할 수 있겠는가?33)

> 어떤 무상(無相)의 존재도 어디에건 존재하지 않는다. 무상(無相)인 존재가 없다면[=일체가 상을 갖고 있다면] 상은 어디서 [없다가 생기는 식으로] 나타날 수 있겠는가?34)

> 만일 고(苦)가 개체 스스로에 의해 지어진 것이라면, 그렇다면 고를 스스로 짓는 어떤 개체가 고를 떠나서 존재하는 것이겠는가?35)

---

32) yadīndhanamapekṣyāgniragneḥ siddhasya sādhanam/ evaṃ satīndhanaṃ cāpi bhaviṣyati niragnikam// 若因可燃燃 則燃成復成 是謂可燃中 則謂無有燃: 『중론』, 〈10-9〉

33) nāpaśyamānaṃ bhavati yadā kiṃ cana darśanam/ darśanaṃ paśyatītye vaṃ kathametattu yujyate// 見若未見時 則不名爲見 而言見能見 是事則不然: 『중론』, 〈3-4〉.

34) alakṣaṇo na kaścicca bhāvaḥ saṃvidyate kva cit/ asatyalakṣaṇe bhāve kramatāṃ kuha lakṣaṇam// 是無相之法 一切處無有 於無相法中 相則無所相: 『중론』, 〈5-2〉.

35) svapudgalakṛtaṃ duḥkhaṃ yadi duḥkhaṃ punarvinā/ svapudgalaḥ sa k atamo yena duḥkhaṃ svayaṃ kṛtam// 若人自作苦 離苦何有人 而謂於彼人 而能自作苦: 『중론』, 〈12-4〉.

"능견(能見)이 본다.", "존재가 상(相)을 띤다.", "어떤 개체가 고(苦)를 짓는다."는 판단을 하는 경우, 보기 전에는 능견은 존재할 수 없고, 상을 띠기 전에는 그 어떤 존재도 무의미하며, 오음성고(五陰盛苦)와는 별도의 개체가 있을 수 없다는 비판을 함으로써 그런 모든 판단들이 오류에 빠져 있음을 지적해 내는 것이다.

이렇게 중관논리에서는 어떤 사태에 대해서건 제1구적인 분별을 해도 오류에 빠지고 제2구적인 분별을 해도 오류에 빠진다는 점을 보여주고 있다. 즉, 어떤 문장이건 〈주어〉의 의미 속에 이미 〈술어〉의 의미가 내포되어 있기에 그 문장을 발화한 순간 〈술어〉의 의미가 〈중복〉되는 오류에 빠지며, 그와 반대로 〈술어〉의 의미를 〈주어〉의 의미에서 배제시킨다면 사실에 위배되는 오류에 빠진다는 것이다.

이는 앞에서 고찰해 보았던 역설(paradox)의 논리적 구조와 일치한다. 즉, 어떤 하나의 사태에 대해 언급하면서 분별해 낸 두 개념 쌍을 상호 연관시키게 되면, 어느 한 쪽이 이미 다른 한 쪽을 〈내포〉하고 있기에 오류에 빠지게 되고, 그와 반대로 어느 한 쪽에서 다른 한 쪽이 〈배제〉되어 있다면 그 어느 한 쪽의 개념이 성립하지 않는 오류에 빠지게 되는 것이다. 『대지도론』에 등장하는 〈장조범지의 오류〉와, 『회쟁론』의 〈인식수단의 오류〉 및 『중론』의 〈가는 작용의 오류〉의 논리적 구조를 상호 비교하여 정리하면 다음과 같다.

<u>〈장조범지의 오류: [전형적]역설(paradox)〉</u>

원 주장: 나는 그 어떤 이론(法)도 인정하지 않는다.

내포의 오류: 원 주장도 하나의 이론이기에 원 주장 역시 성립하지 않아야 하기에 오류에 빠진다.

배제의 오류: 원 주장만은 이론이 아니라면 사실에 위배되는 예외가 있는 꼴이 되어 원 주장은 오류에 빠진다.

〈인식수단의 오류: 근거의 부재(ungroundedness)〉

원 주장: 인식수단은 모든 것을 확립시킨다.

내포의 오류: 그런 인식수단 역시 인식수단에 의해 확립되어야 하기에 제2, 제3, … 의 인식수단이 필요하게 되어 무한소급의 오류에 빠진다.

배제의 오류: 인식수단만은 그 스스로 확립되는 것이라면 예외가 있는 꼴이 되어 원 주장은 오류에 빠진다.

〈가는 작용의 오류: 동어반복(tautology)〉

원 주장: 가는 자가 간다.

내포의 오류: 간다는 작용을 갖는 가는 자가 간다면 가는 작용이 두 개 있게 되는 오류에 빠진다.

배제의 오류: 간다는 작용을 갖지 않는 가는 자가 간다면 사실에 위배되기에 오류에 빠진다.

Ⅳ. 역설적 상황이 야기되는 이유

그러면 위와 같은 역설적 상황이 발생하는 이유는 무엇일까? 러셀(Russell)은 '자기-지칭(self-reference)'[36]이라고 말하며, 이런 자기-지칭으로 인해 일종의 악순환(vicious-circle)이 야기된다고 주장하였다.[37] "크레타 섬의 사람들은 모두 거짓말쟁이다."라는 에피메니데스의 역설의 경우, 다른 모든 크레타 사람은 물론 이 말을 한 당사자인 에피메니데스 역시 이 말의 지칭 대상이 되어야 한다.

36) 〈자기 언급〉(김용운·김용국, 앞의 책, p.393), 또는 〈자기 부정을 포함하는 전체〉(末木剛博, 앞의 책, p.151).

37) Russell & Whitehead, *Principia Mathematica* Ⅰ, London, 1925, p.37.

그런데 많은 학자들은, 자기지칭적이라고 해서 모두 역설에 빠지는 것은 아니며 역설에 빠진다고 해서 모두 자기지칭적인 것은 아니라고 러셀의 주장을 비판한다. 즉, "이 문장은 검은 잉크로 쓰여 있다."와 같은 문장은 자기지칭적인 문장이지만 역설에 빠지지 않으며, '우편엽서의 역설'[38]과 같이 자기지칭적이 아닌 경우에도 역설에 빠질 수 있다는 것이다.[39] 그러나 엄밀히 분석해 보면 이런 예들도 철저한 의미에서 자기지칭적 역설에서 벗어날 수 없음을 알게 된다.

"이 문장은 검은 잉크로 쓰여 있다."는 자기지칭적인 문장은 물론이고, 하나의 사태(fact)를 주어(subject)와 술어(predicate)로 구분하여 발화되는 모든 문장들은, 전형적 역설은 아니지만, 앞 장에서 예로 들었던 '동어반복(tautology)적 역설'을 야기한다. 즉, '〈가는 자〉가 〈간다〉'와 같이 위의 문장은 '〈검은 잉크로 쓴 이 문장〉은 〈검은 잉크로 쓰여 있다〉'는 동어반복적인 문장일 뿐이다. 뿐만 아니라, 외견상 자기지칭적이지 않은 듯이 보이는 "꽃이 핀다."는 문장 역시 "피어 있는 꽃이 핀다."는 식의 동어반복적 문장이다. 칸트(Kant)의 술어를 빌려 표현하면, 이 문장은 종합판단이 아니라 분석판단인 것이다. 중관적으로 조망해 보면 칸트가 말하는 종합판단도 일종의 분석판단일 뿐이다.[40] 칸트는 "모든 물체는 연장적(延長的)이다."와 같은 명제는 분석

---

38) 본고, 각주4 참조. 또는 다음과 같은 문장: "이 다음 문장은 거짓이다. 이 앞 문장은 참이다."

39) 수잔 하크, 앞의 책, pp.181-181. 참조.

40) 콰인(W. V. O. Quine)의 역시 「경험주의의 두 가지 도그마(*Two Dogmas of Empiricism*)」라는 논문을 통해 종합판단과 분석판단을 구분하는 것은 근거 없는 독단이라고 비판하고 있다: "… 더욱이 경험에 근거하여 우연히 성립하는 종합적 진술과 어느 경우에나 성립하는 분석적 진술간의 경계를 찾는 것은 어리석은 일이 된다. 어떤 진술이든지 우리가 체계 내의 여러 곳을 충분히 철저하게 조정한다면 경우에 상관없이 참이라고[=Tautology적인 분석판단이라고] 주장될 수 있다. …"(W. V. O. 콰인, 『논리적 관점에서(*From*

판단이고, "모든 물체는 무게가 있다."와 같은 명제는 종합판단이라고 설명한다.[41] 그러나 『중론』 제2 관거래품 제11게에 대한 월칭(月稱, Candrakīrti)의 설명을 보면 칸트가 말하는 종합판단도 분석적 성격을 갖는 것으로 해석될 수 있음을 알게 된다. 『중론』 제2 관거래품 제11게에서 용수는 "가는 자가 간다."는 명제는 〈동어반복의 오류〉에 빠진다[두개의 가는 작용이 있게 됨]는 의미의 설명[42]을 하고 있는데 적대자는 이 게송을 비판하면서 "그러면 데바닷따가 간다."고 하면 된다고 반박한다. 그러자 월칭이 다음과 같이 재비판을 가하고 있는 것이다. 이를 인용해 보자.

> [문] 여기서 이제 묻는다. 가령 그렇다고 하더라도 "데바닷따가 간다."고 하는 표현이 존재하기 때문에 가는 작용은 존재한다.
> [답] 그렇지 않다. 왜냐하면 데바닷따에 의지하여 [다음과 같은] 이런 생각이 있는 것이기 때문이다. 이것은 도대체 [다음의 세 가지 중] 어떤 것인가? [①] 존재하는 가는 자가 가는 것인가, [②] 그렇지 않으면 가지 않는 자가 가는 것인가, [③] 아니면 그런 두 가지와 다른 그 어떤 자가 가는 것인가? 그런데 이 모든 경우 중 그 어떤 것도 불합리하다.[43]

---

a Logical Point of View)』, 허라금 역, 서광사, 1993, p.62)

41) 칸트, 『순수이성비판』, 윤성범 역, 을유문화사, 1983, pp.58-60.

42) 만일 '가는 자'가 간다면 '가는 작용'이 둘이라는 오류에 빠진다. '가는 자'라고 말하는 것과, 존재하는 '가는 자', 또, 그 자가 간다는 사실에 의해서(gamane dve prasajyete gantā yadyuta gacchati/ ganteti cocyate yena gantā sanyacca gacchati// 『중론』, 〈2-10〉): 若去者有去 則有二種去 一謂去者去 二謂去法去(〈2-11〉)

43) atrāha/ yadyapyevaṃ tathāpi devadatto gacchatīti vyapadeśasadbhāvādgamanamastīti// naivaṃ/ yasmāddevadattāśrayaivaiṣaiva cintā kimasau gantā san gacchati uto 'gantā gacchati tadvyatirkito veti sarvathā ca nopapadyata iti yatkiṃ cidetat//: Candrakīrti, *Prasannapadā*, de la Vallée Poussi

즉, "가는 자가 간다."는 분석판단의 동어반복적 외형을 지우기 위해, 적대자는 이를 "데바닷따가 간다."는 식의 종합판단으로 바꾸었지만, 이는 "가는 데바닷따가 간다."는 의미이어야 하기에, 위와 같은 논리에 의해 비판받게 되며, 결국 분석판단적 성격에서 벗어나지 못하는 것이다. 물론 분석판단 역시 동어반복의 오류에 빠지고 만다. 사실 종합판단, 또는 경험적 판단이란 〈실재론(Realism)〉적 세계에서나 가능한 것이다. 즉, 하나의 사태(fact) 속에서 각각의 개념(conception)들이 독립적인 실체성을 갖고 관계한다는 세계관이 전제되어야 〈종합판단〉이 있을 수 있는 것이다. 다시 말해, 각각의 개념들이 엄정한 선(線)에 의해 오려질 수 있어야 그렇게 오려진 개념들을 서로 관계시켜 경험적 판단을 구성할 수 있을 것이다. 그러나 하나의 사태 내의 개념들은 그렇게 분할되지 않는다. 우리의 눈앞에서 누군가가 걸어가고 있다고 하자. 그런 하나의 사태(fact)를 어떻게 〈가는 자〉와 〈가는 작용〉으로 오려낼(scissor out) 수 있겠는가? 즉, 분할(partition) 또는 분별(vikalpa)할 수 있겠는가? 따라서 "모든 물체는 무게가 있다."는 명제는 "무게를 갖는 모든 물체는 무게가 있다."는 분석판단일 뿐이고, "이 문장은 검은 잉크로 쓰여 있다."는 문장은 "검은 잉크로 쓰인 이 문장은 검은 잉크로 쓰여 있다."는 동어반복(tauotology)적인 분석판단일 뿐이다.

따라서 "자기지칭적이긴 하지만 역설에 빠지지 않는 경우도 있다."는 비판의 경우, 그 때 말하는 역설이 서구논리학에서 말하는 전형적 역설이라면 타당할지 몰라도, 중관적 조망 하에서 본다면 부당한 비판이다. 이와 같이 자기지칭적인 문장은 물론이고, 주어와 술어로 이루어진 모든 문장들이 동어반복적인 분석판단인 것이다. 즉, 주어의 의미에 이미 술어의 의미가 내포되어 있는 판단이란 말이다. 다시 말해, 어떤 하나의 사태에 대한 판단은 술어를 이미 지칭하고 있는 주어가

---

n Ed., Bibliotheca Buddhica Ⅳ, 1977, p.99.

다시 술어와 조합되는 것이기에 외견상 자기지칭적이지 않은 문장도 그 의미 구조는 자기지칭적이지 않을 수 없는 것이다.

다른 예를 들어보자. 문장으로 이루어져 있지는 않지만 자기지칭적임에도 불구하고 역설을 야기하지 않는 사태가 있다. 즉, 자기 자신을 포함하는 집합이 그것이다. 집합은 '도시의 집합'이나 '사람의 집합'과 같이 그 집합 전체는 그 원소에 포함되지 않는 집합도 있고 '도서관의 장서 목록'과 같이 자기 자신도 그 원소에 포함되는 집합도 있다.[44] 여기서 후자의 성격이 자기지칭적이다. 어떤 도서관에 있는 장서들의 이름을 모두 기입해 놓은 〈도서관의 장서 목록〉이라는 장서에는 그 자신의 이름도 기입되어 있다. '도서관의 장서 목록'의 존재는 이렇게 자기지칭적 성격을 갖는 사태이지만 논리적 오류에 빠지지는 않는다고 한다. 그러나 여기서 문제가 되는 것은 〈장서의 이름〉이란 도대체 무엇을 말하는가라는 점이다. 겉표지가 상실되어 이름을 모르는 장서도 있을 수 있고 동일한 이름의 장서이지만 그 내용이 상이한 장서도 있을 수 있다. 따라서 각 장서들의 엄밀한 자기-정체성(self-identity)을 확보하기 위해서는 각 〈장서의 이름〉 란에 각 장서의 내용 전체를 기입해야 할 것이다. 이렇게 해서 〈도서관의 장서 목록〉이 만들어지게 되면 이 목록에는 도서관에 있는 모든 장서의 내용이 모두 기입되어 있어야 하고 그 장서 중에는 〈도서관의 장서 목록〉이라는 그 책 자체의 내용 역시 모두 기입되어야 하기에 결국 무한소급의 오류에 빠지고 만다. 이는 '근거 부재의 오류'에 해당하는 역설적 상황이다. 그러면 이런 오류가 발생하지 않도록 먼저 장서 목록의 개념을 정의한 후 장서 목록을 만들면 되지 않을까? 그러나 그런 정의 과정에는 반드시 자의성(恣意性)이 개입되기에 "자기지칭적 성격을 갖는 사태이지만 논리적 오류에 빠지지는 않는 것이 있다."는 명제의 무한-보편적 타당성이 훼손되고 마는 것이다.[45]

---

44) 김용운·김용국, 앞의 책, p.387.

이제 '역설에 빠진다고 해서 모두 자기지칭적인 것은 아니다'라는 비판에 대해 검토해 보자. 우편엽서의 한쪽에는 '이 엽서의 반대쪽에 있는 문장은 거짓이다'라고 쓰여 있는데, 그 반대쪽에는 '이 엽서의 반대쪽에 있는 문장은 참이다'라고 쓰여 있는 경우[46], 각 문장은 자기를 지칭하지 않지만 역설을 야기한다고 한다. 또, "이 다음 문장은 거짓이다. 이 앞 문장은 참이다."라는 형식의 역설의 경우에도 앞, 뒤의 그 어느 문장도 자기를 지시하지 않는다고 한다.[47]

이제 이런 비판이 부당한 이유에 대해 검토해 보기로 하겠다. 위에 인용한 두 가지 예에 등장하는 앞, 뒤의 문장이 역설을 야기하기 위해서는 두 문장이 불가분리적으로 관계해야 한다. 즉, "이 엽서의 반대쪽에 있는 문장은 거짓이다."라는 문장은 그 문장 하나만으로는 결

45) 이 경우는 물론이고, 우리가 사용하는 모든 개념들의 의미는 확률적으로 규정되는 것이다. 개념의 내포(intension)와 외연(extension)에 대한 규정이 가변적이라는 점도 이러한 '개념의 확률적 의미 규정'의 임의성에 기인한다. 확률론의 정규분포도에서 밀도함수에 대응하는 확률변수 x가 $-\infty < x < \infty$의 범위를 갖는 데서 보듯이, 우리가 쓰는 어떤 하나의 개념의 의미가 원래는 무한으로 열려 있지만, 세속언설(vyavahāra)의 세계에서는 잠정적인 규약에 의해 x의 의미를 자의적으로 설정하고 어떤 판단이나 추론을 구성하는 것이다. 따라서 위에서 예로 든 '장서목록'이나 '도서관'이라는 개념의 의미 규정도 원칙적으로는 무한으로 열려 있다고 보아야 한다. 이것이 화엄 교학에서 말하는 '일즉일체 다즉일'의 원리이다. 즉, 무한-보편타당하게 정의하자면 '모든 것(一切)이 도서관(一)'이고 '모든 것(一切)이 장서 목록(一)'인 것이다. 따라서 '도서관의 장서 목록'이라는 사태가 자기지칭적(self-referent)임에도 역설(paradox)에 빠지지 않기 위해서는 '도서관'이나 '장서 목록'이라는 개념의 의미에 대한 의미 규정이 선행해야 한다. 그러나 그러한 의미 규정은 임의성에서 벗어날 수 없다. 따라서 '자기지칭적임에도 불구하고 역설을 야기하지 않는 사태가 있다.'는 주장은 보편타당한 설득력을 갖지 못하는 것이다.

46) 수잔 하크, 앞의 책, p.176 참조.

47) 수잔 하크, 위의 책,, p.181.

코 위와 같은 형식의 역설을 야기할 수 없다. “이 엽서의 반대쪽에 있는 문장은 참이다.”라는 문장과 결합하고 있어야만 역설이 발생한다. 즉, 역설을 야기 시키는 구조 전체를 놓고 보면 앞, 뒤의 각 문장은 자기가 소속되어 있는 〈결합된 두 문장 전체〉 중 일부를 가리키는 것이기에 자기-지칭적이라고 볼 수 있는 것이다. ‘이 말은 거짓말이다’라는 ‘거짓말쟁이의 역설’의 경우도 ‘이 말은’이라는 주어와 ‘거짓말이다’라는 술어가 결합됨으로써 역설이 발생하는 것이지, 만일 ‘이 말은’이라는 주어와 ‘거짓말이다’라는 술어를 결합시키지 않고 어느 한 쪽만 보게 되면 역설이 될 수는 없는 것이다. 또, ‘이 말은 거짓말이다’라는 문장에서, 역설을 발생시키는 것은 이 문장 전체가 아니라 이 문장의 일부인 ‘거짓말이다’라는 술어이다. 따라서 전형적인 ‘자기지칭적 문장’이라고 해도 전체 중 그 일부를 지칭하는 것이지 전체 모두를 지칭하는 것은 아니다. ‘English’나 ‘검은(black)’과 같은 자서적(自敍的 autological) 형용사[48]의 경우도 이는 마찬가지다. ‘English’라고 하더라도 ‘English’라는 것 전체를 가리키는 것이 아니다. 그 〈색깔〉[49]이나, 〈철자의 수〉[50]가 아니라 그 〈의미〉만이 ‘English’이다. ‘검은(black)’의 경우는 그 〈의미〉나 〈철자의 수〉가 아니라 그 〈색깔〉이 ‘검은(black)’ 것이다. 따라서 ‘우편엽서의 역설’의 경우, 어느 한 면에 쓰인 문장이 반대 면에 쓰인 문장을 지칭하고 있기는 하지만 이는 ‘자기가 속한 분할 불가능한 전체’ 중 일부를 지칭하는 것이기에 ‘거짓말쟁이의 역설’과 똑같이 ‘자기지칭적’이라고 보아야 하는 것이다.

지금까지 논의해 보았듯이 ‘자기지칭적이라고 해서 모두 역설에 빠

---

48) ‘English’는 ‘영어의’라는 뜻을 갖는 ‘영어’이기에 그 자체도 지칭하며, ‘검은(Black)’이라는 형용사는 그 자체도 검은 색이기에 이 역시 그 자체도 지칭하기에 自敍的(autological)인 형용사라고 한다.

49) 검은 색.

50) 일곱 글자.

지는 것은 아니며 역설에 빠진다고 해서 모두 자기지칭적인 것은 아니다'라는 비판은 부당하다. 즉, 역설(paradox)이란 러셀(Russell)의 지적과 같이 어떤 명제(proposition)나 사태(fact)의 '자기-지칭(self-reference)'에서 야기된다고 보아야 한다. 더 범위를 넓히면, 러셀의 〈전형적 역설〉은 물론 크립키(Kripke)의 〈근거의 부재(ungroundedness)〉, 중관논리의 〈동어반복(tautology)적 역설〉등, 논리적 모순을 초래하는 모든 역설적 상황들이 '명제나 사태의 자기지칭적 성격'에 기인한다 하겠다.

그러면 어째서 자기지칭적인 명제나 사태에서 역설이 발생하게 되는 것일까? 아니 어째서, 비단 전형적 역설을 야기하는 명제나 사태뿐만 아니라 물론 주어와 술어로 이루어진 모든 문장들이 역설적 상황[51]에 빠지게 되는 것일까? 한 마디로 말하면, '분할 불가능한 전체를 분할을 했기 때문'이다.

먼저, 〈전형적 역설〉에 대해 검토해 보기로 하자. 러셀(Russell)의 착안과 같이 '자기 부정을 포함하는 전체'가 전형적 역설의 발생 원인이다.[52] "크레타섬의 사람들은 모두 거짓말쟁이다."라는 에피메니데스의 역설의 경우 '크레타섬의 사람들'과 '이 명제의 발화자'는 결코 분할될 수 없는 하나인데, 이를 분할하여 '크레타섬의 사람들'을 주어로 삼았기 때문에 결국 자기지칭적 발화가 되고 만다. 그런데 전형적 역설의 경우는, 자기지칭에서 멈추는 것이 아니라 그 주어에 대해 부정적 의미의 서술을 하게 된다. '거짓말쟁이다'라는 술어가 그것이다. 따라서 이 명제는 자기-부정적 명제가 되고 만다. 다른 것을 부정(타자

---

51) 논자는 러셀 등이 예로 들었던 '전형적 역설(paradox)'은 물론, 크립키(Kripke)적 '근거 없음(ungroundedness)'과, 중관논리의 '동어반복적 역설'까지를 모두 포괄하여 역설적 상황이라고 부르고자 한다. 왜냐하면 내포시의 오류와 배제시의 오류가 발생한다는 점에서 삼자의 성격이 공통되기 때문이다.

52) 末木剛博, 앞의 책, p.151.

-부정)하기 위해 그 다른 것을 주어로 삼아 어떤 명제를 진술하였는데, 그 다른 것 속에 발화 당사자도 내포되어 있기에 그것이 결국 자기-부정적 역설이 되고 마는 것이다. "이 말은 거짓말이다."라는 '거짓말쟁이의 역설'의 경우, '이 말'과 '거짓말'이 분할 불가능한 전체임에도 이를 분할하여 발화하면서 부정적 진술을 덧붙였기에 자기지칭적 부정으로 귀결되어 역설에 빠지고 마는 것이다.

그러면, 〈근거 부재(ungronundedness)〉의 오류에 대해 검토해 보자. 본고 제2장에서 고찰해 보았듯이, 용수가 『광파론(Vaidalyaprakaraṇa)』 제4절이나 『회쟁론(Vigrahavyavartani)』 제32, 33송에서 〈인식수단(pramāṇa)〉의 실재성을 논파하는 논법이 이에 해당된다. "모든 대상은 인식수단에 의해 확립된다."고 주장하는 경우, 그 인식수단 을 확립시키기 위한 근거로서 제2의 인식수단이 요구되고, 제2의 인식수단을 확립시키기 위한 근거로서 다시 제3의 인식수단이 요구되며, 결국 무한한 인식수단이 필요하게 되는 오류에 빠지고 만다. 이런 비판법이 〈근거 부재〉의 오류를 이용한 논법이다. 그런데 이 역시 전형적 역설의 경우와 마찬가지로 〈분할 불가능한 전체〉를 분할했기에 발생한 것임을 알 수 있다. 〈모든 인식대상〉 속에는 그것을 인식하는 〈인식수단〉 역시 포함되지 않을 수 없는 것이다. 즉, 인식의 세계에서 인식수단과 인식대상은 분할 불가능한 전체인데, 이를 분할하여 하나를 '작용의 도구'로, 다른 하나를 '작용의 대상'으로 삼아 그런 도구가 대상에 작용한다고 보는 경우, 그 도구는 자기 자신에게도 작용하지 않을 수 없게 된다. 그래서 무한소급에 빠지는 것이다. 이 역시 자기지칭적 사태이다.

마지막으로, 중관논리적 〈동어반복의 오류〉에 대해 고찰해 보겠다. 이해의 편의를 위해 "가는 자가 간다."는 『중론』 제2 관거래품의 문장과 동일한 구조를 갖는 "비가 내린다."는 문장을 예로 든다. "비가 내린다."는 문장의 경우, '내린다'는 작용과 분리된 '비'라는 존재는 이 세상 어디에도 있을 수 없다. 즉, 내리고 있어야만 '비'라는 호칭을 부여할 수 있는 것이다. 그런데 실재론자(Realist)들과 같이 '비'라는 주체와 '내린다'는 작용을 별개의 존재로 간주하게 되면 "비가 내린다."는 발화는 동어반복의 오류에 빠지고 만다. 즉, 내리고 있는 비가 다시 내려야 하는 것이다. "비가 내린다."는 사태는 〈분할 불가능한 전체〉인데, 여기서 '비'라는 주체와 '내린다'는 작용을 오려 내어(scissor out), 즉 분할하여 문장을 구성하기에, 〈동어반복의 오류〉가 발생한다. '비'라는 개념에는 이미 '내린다'는 개념이 내포되어 있기 때문이다. '비'라는 주어와 '내린다'는 술어의 양 개념은, 결코 종합판단적으로 관계 맺어지는 독립된 타자일 수는 없는 것이다. '비'라는 주어를 타자인 '내린다'는 술어와 관계 지으려고 하지만 '내린다'는 술어는 타자가 아니라 '비'라는 주어 자신의 일부이기에, '비가 내린다'는 발화는 '자기지칭적 중복 진술'이 되고 만다.

지금까지 고찰해 보았듯이 〈분할 불가능한 전체[53]〉를 분할하려고 하는 경우, 자기-지칭적 명제나 사태가 야기되고, 결국 역설적 상황에 빠지고 만다.[54] 그런데, 서양 논리학에서는 〈전형적 역설〉이나, 〈근거 부재〉의 상황만을 논리적 오류라고 간주한 반면, 용수는 그런 두 가지 오류는 물론이고, 모든 일상적 문장에서도 〈동어반복〉이라는 논리적 오류를 간파해 내어 자신의 논리로 이용하고 있는 것이다. 이렇게, 〈분할 불가능한 전체〉를 분할하려고 하기 때문에 전형적 역설의 〈자기지칭적 부정의 오류〉나, 근거 부재(ungroundedness)시 발생하는 〈자기지칭적 무한소급의 오류〉, 또는 중관논리적인 〈자기지칭적 동어반복의 오류〉에 빠지고 마는 것이다. 그리고 본고 제3장에서 고찰해

53) 一圓相(○)

54) 이는 비단 논리의 영역뿐만 아니라 윤리의 영역에도 적용된다. 불교적 윤리설인 인과응보설도 남에게 끼친 해악이나 이익이 다시 나에게 돌아온다는 역설적 구조를 갖고 있는 것이다. 이에 대한 논의는 차일로 미룬다.

보았듯이 이 세 가지 모두, 자기지칭적 사태나 명제에서 〈내포(inclusion)〉와 〈배제(exclusion)〉의 딜레마가 야기됨으로써 발생되는 오류인 것이다.

Ⅴ. 역설의 해결

〈분할 불가능한 전체〉를 분할함으로써 야기되는 역설적 상황을 이용하여 적대자의 주장을 논파하는 것이 중관논리의 요체이다. 그러면, 용수 자신의 진술들은 그런 역설적 상황에서 빠져 나와 있다고 볼 수 있는가? 『회쟁론』 서두의 다음과 같은 비판이 이런 의문을 대변한다.

> 만일 '그 어디서건 모든 사물에 자성이 없다'면 자성이 없는 그대의 말은 자성을 부정할 수 없다(제1송).[55]

> 이와 달리, 만일 이 말이 자성을 갖고 있는 것이라면 그대의 앞에서의 주장은 깨어진다. 일치하지 않는 것이 있기에 거기에 특별한 이유가 설명되지 않으면 안 된다(제2송).[56]

즉, 용수가 실재론자의 세계관을 논파하면서 모든 존재들〈제법(諸法 : sarvabhāvāḥ)〉의 공성(=無自性性)을 이야기하자, 실재론자는 그러한 공성 역시 공해야 하기에 자가당착에 빠지게 된다고 용수를 역공격하는 것이다.

---

55) sarveṣāṃ bhāvānāṃ sarvatra na vidyate svabhāvaścet/ tvadvacanamasvabhāvaṃ na nivartayituṃ svabhāvamalam//: 『회쟁론』, 제1송.
56) atha sasvabhāvametadvākyaṃ pūrvā hatā pratijñā te/ vaiṣamikatvaṃ tasmin viṣeśahetuśca vaktavyaḥ//: 『회쟁론』, 제2송.

만일 러셀 (Russell)이었다면 이에 대해 답하면서 '모든 것은 자성이 없다'는 명제만은 모든 것에 포함되지 않는 제2계(階)의 명제로 보아야 한다고 주장했을 것이다. 러셀의 계형이론(階型理論, type-theory)에서는 역설(paradox)의 발생을 피하기 위해 언어의 계층을 구분하고 있기 때문이다. 그러나 이는 구성된(constructed) 것이다. 언어의 계층을 구분해야 한다는 것은 수학의 공리(axiom)와 같은 약속일뿐이기에, 그런 약속의 토대 위에서 이루어진 명제들의 진리성은 그 약속 바깥의 세계에서는 보편타당성을 잃고 만다.

역설(paradox)에 대한 러셀 의 해결방안과 유사하지만 보다 향상된 방법이 타르스키(Tarski)에 의해 고안된 바 있다. 러셀은 '에피메니데스의 역설'이나 '리샤르(Richard)의 역설', '부랄리-포르티(Burali-Forti)의 역설', '집합론의 역설'등이 모두 같은 구조를 갖는다고 보았지만[57], 램지(Ramsey)는 이를 비판하면서 〈언어상의 역설〉[58]과 〈논리상의 역설〉[59]을 구분할 것을 제안하였다.[60] 즉, '에피메니데스의 역설'과 같은 것은 〈언어상의 역설〉에 속하고 '집합론의 역설'과 같은 것은 〈논리상의 역설〉에 속한다는 것이다. 타르스키는 램지의 이런

57) 러셀 은 원칙적으로 모든 역설이 악순환의 원리(V.C.P.: vicious circle principle)를 어긴 것에 기인한다고 본다(수잔 하크, 앞의 책, p.183 참조).

58) 〈의미론적 역설(semantic paradox)〉, 또는 〈인식론적 역설(epistemological paradox)〉이라고도 하며, 거짓말쟁이 역설과 그 변형들, 그렐링의 역설, 베리의 역설, 리샤르의 역설 등이 이에 속한다(수잔 하크, 위의 책,, p.179. 참조).

59) 〈논리적 역설(logical paradox)〉이라고도 하며, 러셀 의 역설, 칸토르(Cantor)의 역설, 부랄리-포르티(Burali-Forti)의 역설등이 이에 속한다(수잔 하크, 위의 책,, p.179.).

60) 러셀 역시 논리상의 역성를 해결하기 위해서는 계형(type)의 개념을 쓰고, 언어상의 역설을 해결하기 위해서는 차원(order)의 개념을 쓰고 있기에 램지(Ramsey)적 분류를 암묵적으로 인지하고 있었다고 볼 수는 있다(末木剛博. 앞의 책, p.150. 참조).

분류법을 계승하면서 이 중 〈언어상의 역설〉의 문제는 논리 체계 내부에서 해결되지 않는다고 주장한다. 즉, 러셀 이 고안한 계형이론은, 논리 체계 내부에서 명제의 자기지칭(self-reference)을 금지시킴으로써, 역설을 해결하려 한 것이었으나, 타르스키는 명제에 대한 진위(眞僞)를 기술하는 가치 개념을 논리 체계 밖에 있는 것으로 보아야 한다고 말한다. 즉, 〈우리가 그것을 써서 이야기하는 언어(die Sprache von der wir sprachen)〉와 〈반성된 언어(die betrchtete Sprache)〉를 구분함으로써 역설에서 벗어나고자 한 것이다. 전자를 〈고차언어(Meta-sprache)〉, 후자를 〈대상언어(Objekt-sprache)〉라고 부르기도 하는데, 〈대상언어〉란 '연구의 대상이 되는 언어'이고 〈고차언어〉란 '대상언어 중의 명제나 추리 등을 설명하고 해석하고 가치판단하기 위하여 쓰여지는 언어'이다.[61] 예를 들어 '눈은 희다'는 표현은 〈대상언어〉에 해당되고 '눈은 희다는 참이다'는 표현은 〈고차언어〉에 해당된다는 말이다.[62] 즉 명제의 체계와 그 명제에 대한 가치 판단의 체계를 구별함으로써 역설에서 벗어날 수 있다고 보았다. 이를 위에 인용한 『회쟁론』의 예에 적용하면, "모든 사물에 자성이 없다."는 용수의 말은 '반성된 언어(die betrchtete Sprache)인 〈고차언어(Meta-sprache= meta-language)〉'에 해당되고, 이 말에 의해 비판되는 '사람에게는 자성이 있다', '지·수·화·풍 사대에는 자성이 있다'와 같은 말들은 '우리가 그것을 써서 이야기하는 언어인 〈대상언어(Objekt-sprache= object-language)〉'에 해당된다고 보아야 할 것이다. 이렇게 되면 "모든 것은 자성이 없다."는 말 속에 이 말만은 포함되지 않는 것으로 보아야 하기에 역설은 발생하지 않는다. 그러나 수잔 하크(Susan Haak)의 지적과 같이 이와 같은 해결책은 형식적 해결책은 될지언정 철학적인 해결책은 아니다. 즉, 그 유용성은 있다고 하더라도, 이와 같은 해결이

61) 末木剛博, 앞의 책, p.307.
62) 위의 책, p.310.

직관적으로 정당화될 수 있을지는 의문스럽다는 말이다.[63)]

비근한 예를 들어, 담벼락에 '낙서 금지'라는 글씨가 쓰여 있을 때, 그 글씨만은 결코 낙서의 범주에 들지 않는 것이라고 말할 수 있을까? '불립문자'라는 말을 썼을 때 이 문자만은 결코 문자가 아니라고 말할 수가 있을까? 결코 그럴 수는 없을 것 같다. 이 세상은 타르스키나 러셀 이 만든 〈논리학의 장기판(chess board of logic)〉보다 그 넓이가 넓다.

이렇게, 역설(paradox)에 대한 러셀(Russell)이나 타르스키(Tarski)의 해결책은, 자의적 성격에서 벗어나질 못했다.

본고 제2장과 제3장에서 고찰해 보았듯이 용수는 논쟁 상대가 봉착한 역설적 상황을 드러내 줌으로써 적대자의 주장을 논파하고 있다. 즉, 〈중관논리〉에서는 역설적 상황을 인간 사고의 한계로 보는 것이다. 그런데 여기서 한 가지 의문이 생기게 된다. 그렇게 상대를 논파하는 용수의 중관논리 역시 역설에서 벗어날 수는 없지 않은가? 이런 의문에 토대를 둔 비판이, 본장 서두에 인용한 『회쟁론』 제1송과 제2송에 기술되어 있는 것이다.

그런데 용수는 이런 비판을 피해 나간다. 그리고 용수의 논의 역시 역설에 빠져 있음에도 불구하고 유의미하게 쓰일 수 있는 모습을 통해, 우리는 〈공의 교설〉이라는 것이 진정 무엇을 의미하는지 알게 된다.

먼저 용수는 "모든 것에 자성이 없다."는 자신의 말 역시 자성이 없다고 시인한다. 즉, 이 명제의 의미 속에는 이 명제 자체도 포함되어 있다고 보는 것이다. 이 점에서 용수의 해결 방안은 러셀이나 타르스키와 다르다. 적대자인 실재론자는 다음과 같이 여섯 갈래의 논의(ṣaṭkoṭiko vādaḥ)[64)]를 나열하며 용수가 역설에 빠져 있음을 조목조

63) 수잔 하크, 앞의 책, p.187.

64) 상대의 주장을 역설에 빠뜨려 비판하는 경우 〈자띠(jāti) 논법〉 중의 〈無

목 지적한다.

① 그런데 만일 모든 존재가 공하다면, 그에 의해 그대의 말은 공하다. 모든 존재에 포함되기 때문이다. 공한 그것[=말]에 의해 부정함은 성립하지 않는다[A]./ 거기에서는 모든 존재들이 공하다고 부정하는 것, 그것은 성립되지 않는다[B]./
② 만일 모든 존재들이 공하다는 부정이 성립한다[~B]면, 그에 의해 그대의 말은 공하지 않다./ 공하지 않기 때문에 이에 의해 부정함은 성립하지 않는다[C]./[65]
③ 만일 모든 존재들은 공하고, 부정을 행한 그대의 말은 공하지 않다[~C]면, 그에 의해 그대의 말은 모든 곳에 포함되지 않는 것이 된다[D]./ 여기서는 실례(實例)에 위배됨이 있다./

窮·反喩 相似(prasaṅga-pratidṛṣṭānta-sama)〉 논법과 같이 두 갈래의 논의만 제시하는 것이 보통이다. 이는 서양 논리학의 전형적 역설의 경우도 마찬가지이다. 그러나 〈여섯 갈래의 논의(ṣaṭkoṭiko vādaḥ)〉에서는 꼬리를 물며 이어지는 〈圓環 構造〉를 가진 논의들을 나열함으로써 비판을 가하고 있는 것이다. 즉, 위의 인용문에 표시하였듯이 논의가 A→B, ~B→C, ~C→D, ~D→E, ~E→F, ~F→A로 이어진다. 이런 〈여섯 갈래의 논의(ṣaṭkoṭiko vādaḥ)〉의 구조에 대한 연구는 앞으로의 과제로 남긴다.

65) 〈여섯 갈래의 논의〉 중 이 문장에 한해서 티벳역본과 한역본의 내용이 다르다. 위의 梵本은 그 내용이 한역본과 일치한다. 티벳역본과 한역본의 원문과 그 번역은 다음과 같다: gal-te ḥthad-pa yin-no she-na/ dṅos-po thams-cad ni stoṅ-pa-yin-no shes bkag-pas des-na khyod-kyi tshig kyaṅ stoṅ-pa-yin-la/ stoṅ-pa-ñid yin-paḥi phyir des ni ḥgog-pa mi ḥthad-do(만일 인정함이 있다고 한다면/ 모든 사태는 공하다고 하는 억제에 의해, 그로 인해 그대의 말도 공하며/ 공성이기 때문에, 그에 의해 소멸함은 인정되지 않는다), 台北版, p.380, 243葉, 1째줄-2째줄. ; 又若相應言語能遮一切法體 一切法空語則不空 語若不空遮一切法則不相應(또, 만일 말이 모든 법들의 실체를 부정할 수 있다는 것이 상응한다면, 모든 존재는 공하다는 말은 공하지 않은 것이다. 말이 만일 공하지 않다면 모든 법들을 부정하는 것은 상응하지 않는다.), 고려대장경, 권17, p.758a-b.

④ 그런데 만일 그대의 말이 모든 곳에 포함되고 또 모든 존재가 공하다[~D]면, 그에 의해 그것[=그대의 말]도 역시 공하다./ 공하기 때문에 이[=그대의 말]에 의해 부정함은 존재하지 않는다[E]./
⑤ 만일 공하고 이에 의해 모든 존재들이 공하다는 부정이 존재한다[~E]면, 이에 의해 공한 모든 것들도 〈작용을 할 수 있는 것들(kāryakriyāsamarthā)〉이 되리라[F]. 그러나 이는 기대되지 않는다./
⑥ 만일 실례(實例)에 위배됨을 없애려고 생각해서 공한 모든 것들은 〈작용을 할 수 있는 것들(kāryakriyāsamarthā)〉이 되지 않는다[~F]고 한다면, 공한 그대의 말에 의해 모든 존재의 자성을 부정함은 성립하지 않는다[A]./66)

이런 비판에 대해 용수는, 공한 것들도 그 작용(kārya)을 하는 경우에는 어떤 역할을 한다(√vṛt)고 다음과 같이 반박하고 있다. 즉, 위에 인용한 ⑤, ⑥의 논의를 정면으로 부정하는 것이다.

또, 연기성이기 때문에 자성이 공한 수레와 옷감과 물단지등도 각각의 작용(kārya)인 나무와 풀과 흙을 운반하는 경우에, 꿀과 물과

66) [1] cetpunaḥ śūnyāḥ sarvabhāvāstena tvadvacanaṃ śūnyaṃ sarvabhāvāntargatatvāt/tena śūnyena pratiṣedhānupapattiḥ/ tatra yaḥ pratiṣedhaḥ śūnyaḥ sarvabhāvā iti so 'nupapannaḥ/ [2] upapannaścetpunaḥ śūnyāḥ sarvabhāvā iti prtiṣedhastena tvadvacanamapyaśūnyam/ aśūnyatvādanena pratiṣedho 'nupapannaḥ/ [3] atha śūnyāḥ sarvabhāvāstvadvacanaṃ cāśūnyaṃ yena pratiṣedhaḥ, tena tvadvacanaṃ sarvatrāsaṃgṛhītam/ tatra dṛṣṭāntavirodhaḥ/ [4] sarvatra cetpunaḥ saṃgṛhītaṃ tvadvacanaṃ sarvabhāvāśca śūnyāstena tadapi śūnyam/ śūnyatvādanena nāsti pratiṣedhaḥ/ [5] atha śūnyamasti cānena pratiṣedhaḥ śūnyāḥ sarvabhāvā iti tena śūnyā api sarvabhāvāḥ kāryakriyāsamarthā bhaveyuḥ na caitadiṣṭam/ [6] atha śūnyāḥ sarvabhāvā na ca kāryakriyāsamarthā bhavanti mā bhūd dṛṣṭāntavirodha iti kṛtvā, śūnyena tvadvacanena sarvabhāvasvabhāvapratiṣedho nopapanna iti /: 『회쟁론』, 제2송에 대한 주석.

> 우유를 담는 경우에, 추위와 바람과 더위를 막는 경우에 역할들을 한다(vartante). 이와 같이 이러한 연기성이기 때문에 무자성한 나의 말도 사물들의 무자성성을 증명하는 역할을 한다(vartate). 이런 상황에서, 무자성성이기 때문에 그대의 말은 공성이라고 말했던 것, 또 그것이 공성이기 때문에 그것에 의해 모든 존재의 자성을 부정함은 성립되지 않는다고 말했던 것, 그것은 옳지 않다.[67]

마치 꼭두각시(nirmitaka)가 다른 꼭두각시를 제압하고 허깨비(māyāpuruṣa)가 스스로의 마술로 만들어낸 다른 허깨비를 제압(pratiṣedha)하듯이, '모든 사물은 공하다'는 자성이 없는 말에 의해, 자성이 없는 모든 것의 자성을 부정(pratiṣedha)하는 작용(kārya)을 할 수 있다는 것이다.[68] 이런 부정은, 꼭두각시 여인에 대해 진짜 여인이라고 잘못 파악하는 경우 다른 꼭두각시가 이를 시정해 주는 것과 마찬가지다.[69] 즉, 꿈을 꿀 때, 꿈속에서 어떤 사람이 나타나 이것은 생시가 아닌 꿈이라고 알려주는 것과 같이 공성의 교설 역시 공하지만 그 작용이 있을 수 있는 것이다. 이것이, 공성의 교설이 역설에 빠짐에도 불구하고 유의미(significant)할 수 있는 첫 번째 이유이다.

더욱이 용수는 공성의 교설이 무엇을 주장하는 것도 아닐 뿐만 아

67) yathā ca pratītyasamutpānnatvāt svabhāvaśūnyā api rathapaṭaghaṭādayaḥ sveṣu sveṣu kāryeṣu kāṣṭhatṛṇamṛttikāharaṇe madhūdakapayasām dhārane śītavātātapaparitrāṇaprabhṛtiṣu vartante, evamidaṃ madīyavācanaṃ pratītyasamutpānnatvān niḥsvabhāvamapi niḥsvabhāvatvaprasādhane bhāvānāṃ vartate/ tatra yaduktaṃ niḥsvabhāvatvāt tvadīyavacanasya śūnyatvaṃ, śūnyatvāttasya ca tena sarvabhāvasvabhāvapratiṣedho nopapanna iti tanna/: 『회쟁론』, 제22송 주석.

68) nirmitako nirmitakaṃ māyāpuruṣaḥ svamāyayā sṛṣṭam/ pratiṣedhayeta yadvat pratiṣedho 'yaḥ tathaiva syāt//: 『회쟁론』, 제23송.

69) athavā nirmitakāyāṃ yathā striyāṃ strīyamityasadgrāham/ nirmitakaḥ pratihanyāt kasyacidevaṃ bhavedetat//: 『회쟁론』, 제27송.

니라 무엇을 부정하는 것도 아니라고 말한다. 먼저 주장이 아니라는 점에 대해 살펴보자. 적대자는 공성의 교설을 역설적 상황에 빠뜨림으로써 비판한 후,70) 자신의 그런 비판 역시 동일한 논리에 의해 비판받을 수 있다고 할 용수의 항변을 예상하여 다음과 같이 말한다.

> [空性的] 부정을 [실재론자가] 부정하는 것도 역시 그와 같[이 역설에 빠진]다고 하는 생각이 있겠지만 그것은 없다. 그와 같이 그 특징으로 인해 망쳐지는 것은 그대의 주장이지 나의 것이 아니다.71)

이 게송의 의미는 다음과 같이 풀어 쓸 수 있을 것이다.

"모든 것의 자성은 부정되지 않는다."고 "모든 것의 자성은 부정된다."는 말을 부정한다면 "모든 것의 자성은 부정된다."는 말의 자성도 부정되지 않을 것이고, 이와 반대로 이 말의 자성 역시 부정된다면 "모든 것의 자성은 부정되지 않는다."는 말에 예외가 있는 꼴이 되어 옳지 못하다.

그러나 적대자는, 자신은 "모든 것의 자성은 부정되지 않는다."는 주장을 내세운 적이 없으며, 이 논쟁은 애초에 용수가 "모든 것의 자성은 부정된다."는 주장을 내세웠기 때문에 이루어진 것이라고 반박하는 것이다. 이에 대해 용수는 다음과 같이 답변한다.

> 만일 무엇인가가 나의 주장이라면 그로 인해 그런 과오는 나의 것이리라. 그러나 나의 주장은 없다. 그러므로 나의 과오는 없다.72)

---

70) 『회쟁론』, 제1송, 제2송.
71) pratiṣedhapratiṣedho 'pyevamiti mataṃ bhavettadasadeva/ evaṃ tava pratijñā lakṣaṇato dūsyate na mama//: 『회쟁론』, 제4송.
72) yadi kācana pratijñā syānme tata eṣa me bhaveddoṣaḥ/ nāsti ca mama pratijñā tasmānnaivāsti me doṣaḥ//: 『회쟁론』, 제29송.

즉, "모든 것이 자성이 없다."는 명제는 용수의 주장이 아니라는 것이다. 이것이 도대체 무슨 말일까? 분명 용수는 도처에서 모든 것이 자성이 없다는 말을 하고 있는데 그것이 자신의 주장이 아니라니 …. 그러나 이것이, 공성(śūnyatā)의 교설이 역설(paradox)에 빠짐에도 불구하고 유의미(significant)할 수 있는 두 번째 이유이다.

세 번째로, 용수가 제시하는 명제는 그 어떤 것도 부정하는 것이 아니라는 점에 대해 고찰해 보자. 적대자는 '어떤 존재를 부정하려면 부정되기 이전에 그것이 존재하고 있었어야 하는 것'이라고 말하며, 모든 사물은 자성이 없다는 용수의 공성의 교설을 비판한다.

> 존재하기 때문에 항아리가 집에 없다는 부정, 이것이 있으므로, 그러므로 그대의 이런 자성 부정은 존재하기 때문에 보여지는 것이다.[73]

"집에 항아리가 없다."는 부정이 가능하려면 항아리가 실제로 존재하고 있어야 한다는 것이다. 따라서 "모든 사물에 자성은 없다(sarveṣām bhāvānāṃ na vidyate svabhāvaś)."는 부정은 자성이 원래 있어야 가능하다고 용수를 비판한다. 이에 대해 용수는 먼저 상대를 역설에 빠뜨림으로써 논파한다.[74] 즉, 존재하는 것만이 부정될 수 있는 것이라면, 공성에 대한 적대자의 부정도 그런 부정의 대상인 공성이 존재해야 가능할 것이기에, 오히려 공성의 교리를 인정하는 꼴이 된다.[75] 또, 그와 반대로 공성의 교리는 부정되지만 공성은 존재하지 않

---

73) sata eva pratiṣedho nāsti ghaṭo geha ityayaṃ yasmāt/ dṛṣṭaḥ pratiṣedho 'yaṃ sataḥ svabhāvasya te tasmāt//: 『회쟁론』, 제11송.

74) 이는 〈자띠(jāti) 논법〉 중 〈無窮·反喩 相似(prasaṅga-pratidṛṣṭānta sama)〉 논법에 해당된다.

75) 만일 존재하기 때문에 부정이 있는 것이라면 오히려 이런 공성은 성립한다. 왜냐하면, 그대가 사물의 무자성성을 부정하고 있기 때문이다(sata eva p

는 것이라고 한다면, '어떤 존재를 부정하려면 부정되기 이전에 그것이 존재하고 있었어야 하는 것'이라는, 자신이 내세운 애초의 주장에 위배되는 사례(反喩: pratidṛṣṭānta)가 하나 있는 꼴이니 오류에 빠진다는 것이다.[76] 이어서 용수는 다음과 같이 말한다.

> 나는 무엇인가를 부정하지 않는다. 또 무엇인가 부정되는 것도 없다. 그러므로 "당신은 부정한다."는 비방, 이것은 그대에 의해 지어진 것이다.[77]

그러나 여기서 "나는 무엇인가를 부정하지 않는다."는 말 자체가 "용수는 무엇인가를 부정한다."는 말을 부정한 자가당착에 빠진 말 아닌가? 즉, 스스로 부정적인 표현을 쓰고 있음에도 불구하고 용수는 그것이 부정이 아니라고 한다. 이것을 도대체 어떻게 보아야 할까? 상대를 역설에 빠뜨림에 의해 상대를 비판하면서 그 스스로도 역설에 빠져 있는 모습이 분명한데도 자기 자신은 역설에 빠지지 않는다고 하는 용수의 언명은 어떻게 이해해야 할 것인가?

바로 이로 인해 중관논리의 특징이 명확히 드러나는 것이다. 역설에 빠져 있음에도 불구하고 역설에서 벗어날 수 있는 방법을 발견하는 일 – 이렇게 불가능해 보이는 목표를 달성하기 위해 러셀 이후 서구 논리학자들은 각고의 노력을 기울여 왔다. 러셀(Russell)의 계형

---

ratiṣedho yadi śūnyatvaṃ nanu prasiddham idam/ pratiṣedhyate hi bhavān bhāvānāṃ niḥsvabhāvatvam//): 『회쟁론』, 제61송.

76) 만일 그대가 공성을 부정하고 또 공성이 존재하지 않는다면, 존재하는 것을 부정한다는 그대의 이런 논의는 오히려 무너진다(pratiṣedhayase 'tha tvaṃ śūnyatvaṃ tacca nāsti śūnyatvam/ pratiṣedhaḥ sata iti te nanveṣa vihīyate vādaḥ//): 『회쟁론』, 제62송.

77) pratiṣedhayāmi nāhaṃ kiṃcit pratiṣedhyamasti na ca kiṃcit/ tasmātpratiṣedhayasītyadhilaya eṣa tvayā kriyate//: 『회쟁론』, 제63송.

이론(type theory), 타르스키(Tarski)의 이종(二種)언어론, 체르멜로(Zermelo)의 공리적 집합론(axiomatic set theory)등이 모두 이런 노력의 일환으로 이루어진 연구 성과들인데 이런 이론들 모두 구성적(constructive) 성격에서 벗어나지 못한다. 즉, 이런 해결 방안들이 형식적으로는 유용할지 몰라도 철학적으로 역설의 문제를 보편타당하게 해결했다고 볼 수는 없는 것이다. 비유적으로 설명한다면, 이 넓은 세상에서, 역설의 발생을 금지시킨 하나의 '장기판(chess-board)'을 고안한 것일 뿐이다.

그럼 용수는 어떻게 해서 역설에서 벗어난 것일까? 먼저 명기하여야 할 것은 서구의 논리학자들이 고안했던 모든 종류의 역설에서 벗어나는 방법을 용수가 제시한 것이 결코 아니며, 그럴 필요도 없다는 점이다. 오히려 용수는 역설을 인간 사고의 한계로 보았다. 따라서, 그렐링(Grelling)의 역설(1908), 우편엽서의 역설, 리샤르(Richard)의 역설(1905년)등 모든 역설들을 해결하는 방법을 이 자리에서 모색할 필요는 없다. 다만, 그렇게 분별 행위를 비판하는 용수의 논의만은, 어째서 역설의 덫에 걸리지 않고 유의미할 수 있는지 고찰해 보는 일만 과제로 남는다.

그 어떤 분별을 하더라도 역설이 발생하기에, 모든 사유와 명제는 무의미하다는 것이 중관논리의 핵심인 것이다. 그러나 용수가 중관논리를 구사하는 공성의 교설만은, 그 독특한 성격으로 인해, 자가당착적 역설에 빠지지 않고 유의미할 수 있다. 그러면 그 독특한 성격은 무엇일까? 한 마디로 말하면, 〈대기설법(對機說法, 상대의 수준에 맞추어 법을 설함)적 성격〉이다. 즉, 공성의 교설은 〈응병여약(應病與藥, 질병에 맞추어 약을 줌)〉과 같은 성격을 지닌 것이기에 역설을 피해 유의미할 수 있다는 것이다.

그러면, 『회쟁론』에서 공성의 교설에 대한 실재론자의 비판에 대해, 용수가 항변하며 제시하는 비유들을 열거해 보자.

① 꼭두각시(nirmitaka)가 다른 꼭두각시를 제압하고 허깨비(māyāpuruṣa)가 스스로의 마술로 만들어낸 다른 허깨비를 제압(pratiṣedha)하듯이, 이런 부정도 그와 같으리라.[78]
② 혹은, 만일 [어떤 사람이] 꼭두각시 여인에 대해 [진짜] 여인이라고 잘못 파악하는 경우, 어떤 다른 꼭두각시가 [이를] 시정해 주게 되는데 이것은 그와 같으리라.[79]
③ 그것은 마치 데바닷따가 존재하지 않는 집에서, [잘못된 인식을 가진 누군가가] '데바닷따가 집에 있다'고 하는, 그런 경우에 [올바른 인식을 가진] 어떤 사내가 이에 대해 '[데바닷따가 집에] 없다'고 말하는 것과 같다. 이 말은 〈데바닷따의 없음〉이라는 사물(bhāva)을 만들어내는 것이 아니라, 다만 데바닷따가 집에 존재하지 않는다는 것을 알려줌(jñāpayati) 뿐이다. 그와 같이 '사물(bhāva)들은 자성이 없다'는, 이런 말은 사물(bhāva)들의 무자성성을 만들어내는 것이 아니라, 모든 사물들에 자성이 없음을 알려주는 것이다(jñāpayati).[80]

이 세 가지 비유 모두, '모든 사물은 자성이 없다'는 공성의 교설의 정당성을 옹호하기 위해 쓰인 것이다. 여기서 용수는 〈공성의 교설〉을 〈다른 꼭두각시〉를 제압하는 꼭두각시, 〈다른 허깨비〉를 제압하는 허깨비, 〈다른 꼭두각시 여인에 대한 착각〉을 시정해 주는 꼭두각시,

---

78) nirmitako nirmitakaṃ māyāpuruṣaḥ svamāyayā sṛṣṭam/ pratiṣedhayeta yadvat pratiṣedho 'yaḥ tathaiva syāt//: 『회쟁론』, 제23송.
79) athavā nirmitakāyāṃ yathā striyāṃ strīyamityasadgrāham/ nirmitakaḥ pratihanyāt kasyacidevaṃ bhavedetat//: 『회쟁론』, 제27송.
80) tadyathā kaścidbrūyādavidyamānagṛhe devadatte 'sti gṛhe devadatta iti/ tatrainaṃ kaścitpratibrūyān nāstīti/ na tadvacanaṃ devadattasyāsadbhāvaṃ karoti kiṃtu jñāpayati kevalamasaṃbhavaṃ gṛhe devadattasya/ tadvan nāsti svabhāvo bhāvānāmityetadvacanaṃ na bhāvānāṃ niḥsvabhāvatvaṃ karoti kiṃtu sarvabhāveṣu svabhāvasyābhāvaṃ jñāpayati/: 『회쟁론』, 제67송의 주석.

〈'데바닷따가 집에 있다'는 오해〉를 제거해 주는 '데바닷따가 집에 없다'는 말에 비유한다. 이들 비유를 보면 그 어느 경우건, 〈다른 꼭두각시〉, 〈다른 허깨비〉, 〈다른 꼭두각시 여인에 대한 착각〉, 〈'데바닷따가 집에 있다'는 오해〉등, 비판의 대상이 선행한다는 점이다.

따라서, '모든 사물에는 자성이 없다'는 공성의 교설의 경우도, '모든 사물에는 자성이 있다'는 〈잘못된 판단〉의 〈병〉이 선행하는 상황에서, 그런 판단을 〈치료〉해 주기 위한 〈도구〉로서 용수에 의해 발화된 것임을 알 수 있다. 어느 누가 그 어떤 주장도 하지 않고 있는데 무턱대고 용수가 '모든 사물은 자성이 없다'고 〈주장〉한 것은 결코 아니다. 만일 후자와 같은 경우라면, 공성의 교설 역시 자가당착에 빠지지 않을 수 없을 것이다.

서구 논리철학에서 공리적(公理的, axiomatical)으로 해결하려한 전형적 역설과, 역설적 성격을 갖고 있음에도 불구하고 유의미할 수 있는 공성의 교설의 성격을 비교하여 정리하면 다음과 같다.

전형적 역설	공성의 교설
① 발화의 선행조건이 없다.	① 선행조건이 있는 경우에 한해 발화된다(응병여약).
② 발화된 명제를 주장으로 본다.	② 발화된 명제를 도구로 본다(방편성).

이렇게 공성의 교설은 무턱댄 주장이 아니라, 〈선행하는 잘못된 판단〉을 비판해 주는 〈도구〉인 것이다. 즉, 동일한 발화라고 하더라도, 어떤 선행하는 〈주장〉이 있는 경우에 한해 그것을 비판하는 〈도구〉로 쓰였기에 용수의 발화는 유의미할 수 있다. 그러나 러셀(Russell)등은, "크레타 사람들은 모두 거짓말쟁이다."라는 '에피메니데스의 발화'

가 나오게 된 〈선행조건〉이나 언어의 〈도구적 성격〉에 대해서 주의를 기울이지 않았다.

그러면 '에피메니데스의 발화'가, 공성의 교설과 같이 유의미할 수 있는 상황을 설정해 보자. 크레타 섬은 그리스 남쪽의 지중해상에 위치한 섬으로 해상무역의 중심지였기에 그 주민의 대부분이 장사꾼들이었으며 거짓말도 잘했다. 그래서 그들이 모두 거짓말쟁이라는 사실은 누구나 알고 있는 공공연한 사실이었다. 그런데 그 주민 중 한 사람이 "우리 크레타 섬의 사람들은 모두 진실하다."는 뻔한 거짓말을 한다. 이것을 보고 같은 크레타 섬 사람인 에피메네스가, "아니다! 크레타 사람들은 모두 거짓말쟁이다."라는 말을 한다면 이 말로 인해 앞의 말은 비판된다. 여기서 '에피메니데스의 발화'는 유의미할 수 있는 것이다. 즉, 그 발화를 하기 이전에 〈선행조건〉으로서, "크레타섬의 사람들은 모두 진실하다."는 잘못된 주장이 있었고, 그런 〈주장〉을 대상으로 삼아 그를 비판하기 위한 〈도구〉로서 '에피메니데스의 발화'가 쓰인 경우에는 유의미할 수 있다는 말이다.

담벼락에 쓰인 '낙서금지'라는 글씨 역시, 아무도 담벼락에 낙서를 하지 않는 상황에서 써 놓은 것이라면 그 글씨로 인해, 원래는 깨끗할 수도 있었을 담벼락이 오히려 더럽혀졌기에 문제가 될 것이다. 그러나, 여러 사람들이 죄책감 없이 온갖 낙서를 자행하고 있는 상황[→ 선행조건]에서, 낙서의 잘못을 알려주기 위해[→ 도구적 성격] 그 글씨를 쓴 것이라면, '낙서금지'라는 글씨는 자가당착에 빠짐에도 불구하고 유의미할 수 있는 것이다. 이와 마찬가지로 '불립문자'라는 선가의 명제도 '문자'를 통한 공부에만 집착하는 풍토가 성행하는 상황에 한해서 유의미할 수 있다.

지금까지 고찰해 보았듯이 〈공성의 교설〉이나 〈차전적(遮詮的) 발화〉는 그 이전에, 〈비판의 대상이 되는 발화가 선행〉하는 상태에서, 〈도구〉와 같이 구사되는 것이기에 자가당착의 모습을 띰에도 불구하고 무의미하지 않을 수 있는 것이다. 논자는, 신조어(a newly coined world)를 만들어, 중관논리의 이러한 성격을 〈논리적 정당방위(logically legitimate self-defence)〉라고 부르겠다.

자의적으로 자기지칭(self-reference)을 금지시킴으로써 역설의 문제를 해결하려 한 러셀(Russell)이나 타르스키(Tarski)등 서구 논리철학자들의 해결 방안은, 그 성격이 구성적(constructive)이기에, 보편적 진리성이 결여되어 있다. 앞에서 언급했듯이, 이들은 이 넓은 세상에서 단지 자그마한 〈논리학의 장기판〉을 만들어낸 것일 뿐이다. 그러나 〈공성의 교설〉은, 상대방이 이 세계를 보고 어떤 개념이나 판단을 오려내는(scissor out) 경우에 한해, 즉 어떤 논리에 입각한 어떤 주장을 하는 경우에 한해, 그것을 비판하는 도구로서 구사되었기에, 역설의 모습을 띰에도 불구하고 유의미할 수 있었던 것이다.

(가산학보 6집, 1997년)

중관학과
불교논리학의 만남

중론에 대한 인명학적 주석의 가능성

- 청변(Bhāvaviveka)의 시도와 월칭(Candrakīrti)의 비판 -

Ⅰ. 들어가는 말

초기불전의 연기사상에 토대를 두고 반야경전의 공사상을 논증한 『중론』은 오랜 기간에 걸쳐 다양한 주석서를 탄생시켰다. 용수(龍樹, Nāgārjuna: 150-250경)의 자주(自註)라고 전승되는 『무외소(無畏疏, Akutobhayā)』를 위시하여 구마라습 번역본의 토대가 된 『청목소』, 유식논사인 무착(無着 Asaṅga: 4세기 경)의 『대승중관석론(大乘中觀釋論)』, 귀류논증적 중관파(prāsaṅgika)로 분류되는 불호(佛護, Buddhapālita: 470-540경)의 『근본중론주(根本中論注, Mūlamadhyamakavṛtti)』와 월칭(月稱, Candrakīrti: 600-650경)의 『정명구론(淨明句論,[1] Prasannapadā)』, 자립논증적 중관파(svātantrika)로 간주되는 청변(淸辨, Bhāvaviveka: 500-570경)의 『반야등론(般若燈論, Prajñāpradīpa)』 등이 현존하는 주석서들이다.

그런데 이들 주석서의 내용 중 현대 학자들이 지속적인 관심을 보이는 것 중의 하나가 불호의 주석 방식을 둘러싸고 벌어졌던 청변과

---

1) 이는 山口益의 번역어이다(山口益 譯, 『淨明句論とづくる月稱造中論釋一』[弘文堂書房, 京都, 昭和22年]).

월칭의 논쟁이다. 논쟁의 발단은 불호의 『근본중론주』에 대한 청변의 비판에 있었다. 불호의 『근본중론주』는 비교적 간단한 주석서로 용수가 사용한 dilemma나 tetralemma를 둘 내지 네 가지의 귀류식으로 바꾸어 주석하고 있었다.[2] 그런데 이러한 주석 방식은 『반야등론』을 통해 청변에 의해 비판을 받게 된다. 비판의 요점은 "불호와 같은 방식의 주석은 적대자에 의해 재 비판될 여지가 있으며, 『중론』은 주장(pratijñā: 宗), 이유(hetu: 因), 실례(dṛṣṭānta: 喩)를 갖춘 정언적 추론식에 의해 주석되어야 한다."[3]는 것이었다. 그러나 청변 이후 월칭은 『정명구론』을 저술함으로써 청변의 비판과 주석 방식을 다시 비판하며 불호의 주석 방식을 옹호하게 된다.

청변 당시 유식논사(Vijñānavādin)를 위시하여, 불교 내외의 많은 논사들은 자파의 논서 작성에 그 당시 유행하던 논리학을 도입하였으며, 청변 역시 인도 사상계의 이런 흐름에 동승하여 진나(陳那, Dignāga: 480-540 C.E.경)에 의해 확립된 불교논리학, 즉 인명학(因明學 Hetu-vidyā)을 『중론』 주석에 도입하고자 하였다.[4] 그런데 이에 대해 월칭이 반기를 들며 치밀하게 논박하였던 것이다.

---

2) 梶山雄一, 「中觀思想の歷史と文獻」, 『講座大乘佛教7 - 中觀思想』(東京, 春秋社, 昭和57年), p.11.

3) William L. Ames, "Bhāvaviveka's Prajñāpradīpa - A Translation of Chapter One: 'Examinations of Causal Conditions'(Pratyaya)", Journal of Indian Philosophy(Netherlands: Kulwer Academic Publishers, 1993), pp.222-223. 이 내용은 『정명구론』에서 월칭에 의해 재인용된다(Louis de la Vallée Poussin, "Mūlamadhyamakāikās de Nāgārjuna avec la Prasannapadā Commenataire de Candrakīrti", Bibliotheca Buddhica Ⅳ(Tokyo: Meicho-Fukyū-Kai, 1977), pp.14-15[以下 본 논문에서 이 책을 거론할 때는 Prasannapadā,로 약칭한다.]).

4) 江島惠教, 「自立論證派 - バーヴァヴィヴェーカの空思想表現」, 『講座大乘佛教7 - 中觀思想』, 앞의 책, pp.153-154 참조.

카지야마유이치(梶山雄一)와 우리우즈리유우신(瓜生津隆眞)은, 자립논증파와 귀류논증파의 분열을 야기한 청변과 월칭의 사상적 입지를 다음과 같이 비교한다.

> 카지야마유이치: 청변은 불호의 귀류논증을 비판하면서 중관의 진리를 정언적 추론식에 의해 논증하려고 하였고, … 월칭은 정언적 추론식에 의한 공성의 논증을 방기하고, 공성의 논증은 오히려 귀류라는 초논리적 논증에 의해서만 가능하다고 주장하였다.[5]
> 우리우즈리유우신: 월칭은 진나의 논리학을 알고 있었지만 청변과 같이 논리적인 체계를 사용하여 공사상을 논증하려 하지 않았다.[6]

그러나 『정명구론』을 숙독하게 되면 우리는 이러한 현대 학자들의 해석과 상충되는 듯한 구절들을 발견하게 된다. 추론식을 통한 『중론』 주석에 대해 비판적이라는 월칭이 불호의 주석에서 '이유(hetu: 因)'와 '실례(dṛṣṭānta: 喩)'의 의미를 추출해내어, 추론식의 구성 가능성을 역설하며 청변의 비판에 맞서 불호를 옹호하기도 하고[7], 청변이 사용하는 추론식이 정당한 추론식이 아니라고 비판하기도 한다.[8] 따라서 청변과 월칭의 대립이 단순히 추론식의 사용 여부를 둘러싸고 벌어진 것이라고 단정할 수는 없을 것이다.

필자는 본고를 통해 『정명구론』에 인용되는 청변의 논리적 주석 방식과 그에 대한 월칭의 비판을 면밀히 검토함으로써 양자의 사상적 차이를 새롭게 조명해 보고자 하였다.

---

5) 梶山雄一, 앞의 책, pp.14-15.
6) 瓜生津隆眞, 「歸謬論證派 - 佛護と月稱」, 『講座大乘佛教7 - 中觀思想』, 앞의 책, p.129.
7) *Prasannapadā*, p.21.
8) 위의 책,, p.30.

Ⅱ.『중론』 주석에 도입되는 인명학

1. 논쟁의 소재와 불호의 주석 방식

『정명구론』에서 월칭은 다음과 같은 『중론』 제1 관인연품 제1게를 소재로 삼아 논의를 벌인다.

> 그 어떤 것이든, 어느 곳에서든, 스스로건, 다른 것으로부터건, 양자에서건, 무인(無因)으로건 사물들의 발생은 결코 존재하지 않는다.[9]

이는 전통적으로 사종불생게(四種不生偈)라고 불리는 것으로, 사물이 발생하는 과정에 대한 이론을 우리 사고의 작동 유형인 사구에 대입하여 ①'스스로 발생함', ②'다른 것으로부터 발생함', ③'양자에서 발생함', ④'무인(無因)으로 발생함'이라는 네 가지로 분류한 후 그 어느 경우에도 발생에 대한 이론의 정당성은 확보되지 않는다고 선언한 게송이다. 그런데, 이 중 ①'스스로 발생함'을 부정한 "모든 사물은 스스로 발생하지 않는다(諸法不自生)"는 첫 구절에 대해 주석하는 방식을 둘러싸고 불호에서 청변을 거쳐 월칭으로 이어지는 정교한 논쟁이 벌어지게 되는 것이다. 불호의 『근본중론주』에서는 이 구절에 대해 다음과 같이 주석한다.

> 존재들은 스스로(svatas) 발생하지 않는다. ①그것이 발생하는 것은 무익하기 때문이며, ②과대주연(過大周延, atiprasaṅga)[10]의 오류에

---

9) na svato nāpi parato na dvābhyāṃ nāpyahetutaḥ/ utpannā jātu vidyante bhāvāḥ kvacana ke cana// 諸法不自生 亦不從他生 不共不無因 是故知無生(『중론』, 1-1).

10) atiprasaṅga는 '過大歸結'이라고 직역해야 하겠지만, 奥住毅의 주석과 같이

> 빠지기 때문이다. 왜냐하면 ③자기 스스로 존재하는 중인 사물들이 다시 발생하는 경우 목적이 없기 때문이다. ④만약, 존재하지 않는데도 발생한다면 어느 때건 발생하지 않는 경우가 없을 것이다.[11)]

즉, '어떤 존재가 스스로 발생한다'는 판단에 대해, 불호는 그 존재가 ①'이미 존재하는 상태에서 스스로 발생한다'고 보는 경우와 ②'아직 존재하지 않는 상태에서 스스로 발생한다'고 보는 두 가지 경우로 그 의미를 구분한 후, ①의 경우와 같이 이미 존재하는 상태에서 스스로 발생한다면, ③이미 존재하기에 그 존재가 다시 발생할 필요가 없으며, ②의 경우와 같이 아직 존재하지 않음에도 불구하고 스스로 발생한다면, ④그 존재가 전혀 존재하지 않는 모든 곳에서 그 존재가 발생하게 되는 오류, 즉 피규정체(被規定體)의 범위가 너무 넓어지는 '과대주연(過大周延)의 오류'에 빠진다고 지적하는 것이다. 사실 이는 『중론』에 대한 전통적 주석 방식과 동일하다. 불호 이전의 『중론』 주석서로 현존하는 것은 『무외소』와 『청목소』가 있다. 『무외소』에서는 이 게송을 주석하면서 '스스로'의 의미에 대해 해설할 뿐 '제법부자생

이를 ativyāpti(과대주연)와 동일한 의미로 보아 위와 같이 번역하였다[奧住毅 譯, 『中論註釋書の研究』(東京, 大藏出版, 1988), p.145]. 인도논리학에서 말하는 ativyāpti의 의미는 다음과 같다: 예를 들어 '소[牛]'를 규정하면서 '소는 뿔이 달린 동물이다'라고 정의를 내리게 되면 이는 ativyāpti(과대주연)적 정의가 된다. 즉, 소에 대해 이와 같이 정의를 내리는 경우 양이나, 사슴, 기린 등 뿔 달린 모든 동물이 소로 규정되고 말기에 오류에 빠지게 된다. 위 인용문의 경우는, "어떤 사물이 아직 존재하지 않음에도 불구하고 스스로 발생한다."면 그 존재가 존재하지 않는 모든 곳에서 그 존재가 발생하게 되는 오류에 빠짐을 말하고 있다.

11) ācāryabuddhapālitastv āha/ na svata utpadyate bhāvāḥ/ tad utpādavaiy arthyāt/ atiprasaṅgadoṣāc ca/ na hi svātmanā vidyamānānāṃ padārthānā ṃ punarutpāde prayojanam asti/ atha sannapi jāyeta/ na kadācinna jāyet a/iti//(*Prasannapadā*, p.14).

(諸法不自生)'인 이유에 대해 특별한 논증을 하고 있지 않는데 『청목소』에서는 다음과 같이 주석한다.

> "스스로 발생하지 않는다."는 것은 무엇인가? ⓐ어떤 사물도 스스로 발생하는 경우는 없다. 반드시 여러 가지 인연을 만나야 한다. 만일 스스로 발생한다면 ⓑ한 가지 존재에 두 개의 자체가 있는 꼴이 된다. 하나는 '발생케 하는 자체'이고, 다른 하나는 그렇게 해서 '발생된 자체'이다. 다른 인연 없이 스스로 발생한다면 ⓒ因도 없고 緣도 없는 꼴이 된다. 그리고 발생한 것이 또다시 발생하게 되어 무한하게 된다.12)

만일 스스로 발생한다면 ⓑ나 ⓒ와 같은 오류에 빠진다는 것이 청목의 지적이다. 이는 불호의 『근본중론주』의 설명 ①, ②와 그 내용은 다르지만, '만일 스스로 발생한다면 … 와 같은 오류에 빠진다'는 형식의 '귀류적 표현'인 점에서 청목과 불호 양자의 주석 형식은 일치한다. 또, 『중론』 내에서 용수 역시 이와 동일하게 '만일 ~라면 …와 같은 오류에 빠진다'는 귀류법의 형식으로 주석하는 것을 볼 수 있다.

> 만일 "가는 자가 다시 간다."면 '가는 작용'이 둘인 오류에 빠진다. '가는 자'라고 부르게 만드는 것과 가고 있는 존재인 가는 자이다.13)

따라서 불호의 주석은 용수 이후 청목 등에 의해 구사되던 전통적 주석 방식에서 크게 벗어나지 않았다고 볼 수 있을 것이다.

---

12) 大正30, p.2b.

13) gamane dve prasajyete gantā yadyuta gacchati/ ganteti cocyate yena gantā sanyacca gacchati// 若去者有去 則有二種去 一謂去者去 二謂去法去(『중론』, 범송, 2-11).

2. 불호에 대한 청변의 비판

그러나 청변은 위에 인용한 불호의 주석에 대해 다음과 같이 비판적으로 말한다.

> 그것은 타당하지 않다. ①이유(hetu)와 실례(dṛṣṭānta)가 기술되지 않았기 때문이다. ②또, 상대방이 지적하는 오류에 대해 반박하지 못하기 때문이다. ③또, 귀류(prasaṅga)를 말하고 있기 때문에 원래의 의미(prakṛta artha)가 뒤집어짐으로써 상반된 의미의 소증(sādhya)과 그것의 속성(dharma)이 나타나서 '모든 존재는 다른 것으로부터 발생한다. 왜냐하면 발생이 유익하기 때문이며, 발생이 한정되기 때문이다'[를 인정하는 것으]로 되어 정설에 모순될 것이다.14)

①불호(470-540C.E.경)의 활동기는 진나(480-540C.E.경)에 의한 불교논리학의 성립기와 일치한다. 그 당시 유식학파를 위시하여 대부분의 인도 논사들은 논리적인 방법에 의해 자신들의 주장을 입증하였다. 그러나 불호는 『중론』을 주석하면서 이러한 시대적 흐름을 반영하지 않았다. 불호의 주석에는 그 당시 통용되던 추론식의 구성 요소인 '이유(hetu)'와 '실례(dṛṣṭānta)'가 기술되어 있지 않기에 추론식을 구사하는 타 학파의 논사들을 설득할 수가 없다고 청변은 비판하는 것이다.

②또, 예를 들어 상캬(Sāṃkhyā) 논사와 같은 적대자는 '존재들은 스스로(svatas) 발생하지 않는다'는 불호의 주장 중에 쓰인 '스스로(svatas)'라는 단어의 의미에 내재된 오류에 대해 다음과 같이 물으며 반

---

14) tad ayuktaṃ/ hetudṛṣṭāntānabhidhānāt/ paroktadoṣāparihārācca/ prasaṅgavākyatvāc ca prakṛtārthaviparyayeṇa viparītasādhyataddharmavyaktau parasmād utpannā bhāvā janmasāphalyāt/ janmanirodhācceti kṛtāntavirodhaḥ syāt//(*Prasannapadā*, pp.14-15).

박할 것이라고 청변은 말한다.

> 이에 대해 상캬 논사는 "이런 주장의 의미는 무엇인가? 〈스스로(svatas)〉라는 것은 〈결과 그 자체로부터〉[발생하지 않는다는 뜻]인가, 아니면 〈원인 그 자체로부터〉[발생하지 않는다는 뜻]인가? 도대체 어떤 뜻인가? 만일 〈결과 그 자체로부터〉[발생하지 않는다는 뜻]이라면 [상캬 학파에서 말하는] 소증(所證)을 [다시] 입증하는 꼴이 된다. 만일 〈원인 그 자체로부터〉[발생하지 않는다는 뜻이]라면 의미에 모순이 있게 된다. 왜냐하면 지금 존재하고 있는, 발생된 모든 것은 〈원인 그 자체에 의해〉 발생한 것이기 때문이다."라고 반박할 것이다.[15]

즉, "모든 사물은 스스로 발생하지 않는다."는 불호의 주장이 "모든 사물은 결과 그 자체로부터 발생하지 않는다."는 의미라면 이는 상캬 학파에서도 인정하는 것[16]이기에, 상캬 학파에 의해 입증되었던 내용[소증(所證)]을 다시 입증하는 꼴이 되어 중관학파 특유의 주장이라고 볼 수 없으며, 그와 반대로 "모든 사물은 원인 그 자체로부터 발생하지 않는다."는 의미라면 일반 상식과 모순된다는 것이다.[17]

---

15) yasyāṃ sāṃkhyāḥ pratyavasthāsyante/ ko'yaṃ pratijñārthaḥ/ kiṃ kāryātmakāt svata uta kāraṇātmakād iti /kiṃ cātaḥ /kāryātmakāc cet siddhasādhanaṃ/ kāraṇātmakāc ced viruddhārthatā/ kāraṇātmanā vidyamānasyaiva sarvasyotpattimata utpādād iti/(*Prasannapadā*, pp.17-18). 또, William L. Ames, 앞의 책, p.222. 참조.

16) 상캬에서는 세계의 질료적 원인인 쁘라끄리띠(prakṛti)의 轉變에 의해 결과인 현상 세계가 나타난다는 轉變說(pariṇāma-vāda)을 주장한다. 따라서 "모든 사물은 결과 그 자체에서 발생하지 않는다."는 점은 상캬 학파 역시 인정하는 所證이다.

17) 월칭은 "내입처는 스스로 발생하지 않는다."는 것은 중관학파의 주장이 아니기에 상캬 논사의 지적에 대해 답을 할 필요가 없다고 말한다(*Prasannapa*

③또, 불호의 논법은 상대의 주장이 오류에 빠짐을 지적하는 귀류적 진술(prasaṅga vākya)로 이루어져 있기에, 그런 지적과 상반된 내용의 긍정을 함의하게 된다고 청변은 비판한다. 청변은 중관적 부정은 비정립적 부정(prasajya pratiṣedha)[18]이라고 말한다. 즉, 그 어떤 분별적 사유도 용납하지 않는 부정이라는 것이다. 그러나 불호와 같은 귀류적 진술은 "모든 존재는 다른 것으로부터 발생한다."는 주장을 인정하는 꼴이 되며, 이렇게 될 경우 없던 것이 새롭게 발생된 것이기에 발생이 유익하고, 발생이 국한되기에 과대주연(過大周延 atiprasaṅga)의 오류에 빠지지도 않겠지만 이는 『중론』의 취지에 어긋난다는 것이다.[19]

3. 청변의 주석 방식

이상과 같은 세 가지 문제를 지적하며 청변은 『중론』에 대한 새로운 주석 방식을 시도한다. 즉, 그 당시 유행하던 진나의 인명학을 도입하여 주장(pratijñā: 宗), 이유(hetu: 因), 실례(dṛṣṭānta: 喩)의 삼지

---

dā, pp.16-17).

18) 절대부정, 또는 명제부정으로 번역된다. 이와 대립되는 부정으로 정립적 부정(parydāsa pratiṣedha: 상대부정, 명사부정)이 있다. 정립적 부정이란 '제외에 의한 부정'으로, '다른 어떤 것을 정립하는 기능을 가진 부정'을 의미하고, 비정립적 부정이란 '동작이나 속성을 적용해 본 후에 소거하는 부정'으로 '다른 어떤 것도 정립하지 않는 부정'을 의미한다(江島惠教, 앞의 책, pp.113-119 참조).

19) 월칭은 이에 대해 다음과 같이 답한다: "중관논사의 비판에 의해 적대자의 주장이 prasaṅga에 빠지는 것이지 비판 그 자체가 다시 prasaṅga에 빠지는 일은 없다. 즉, 말은 몽둥이와 밧줄을 지니고 있는 경찰관의 경우와 달리(?) 말하는 자를 속박하는 것이 아니라 말하는 자의 의도를 실행한다."(*Prasanna padā*, pp.23-24에서 취의).

(三支)를 갖춘 추론식을 구성하여 『중론』 내의 명제들을 논증하게 되는 것이다. 그러나 단순히 이러한 삼지작법의 형식만 갖출 경우, 『중론』 내의 진술들은 진나의 불교논리학에서 비판되는 '잘못된 논증[: sādhanābhāsa: 사능립(似能立)]'이 되고 된다. 삼지작법을 통해 추론식을 구성하긴 했지만 그 때 쓰이는 주장명제는 대부분 '현량(現量)'이나 '비량(比量)'이나 '자파(自派)의 교리'나 '일반 상식' 등에 어긋난 것이기 때문이다. 즉, '잘못된 주장[pakṣābhāsa: 사립종(似立宗)]'[20]이다. 예를 들어, 누군가가 "소리는 들리지 않는다."는 주장을 내세우며 이를 논증하려고 한다면 이는 '현량에 모순되는, 현량상위(現量相違, pratyakṣa viruddha)'의 잘못된 주장이 되는 것이다. 그러나 우리는 『중론』 도처에서 외견상 소위 '잘못된 주장'에 속하는 명제들을 발견할 수 있다. 청변은 이러한 곤란을 해결하기 위해 추론식 중의 주장 명제의 앞에 '승의(勝義)에 있어서(paramārthatas)'라는 한정사를 부가한다. 현량이나 일반 상식에 어긋나는 듯이 보이는 『중론』적인 주장명제 앞에 '승의에 있어서'라는 울타리를 두름으로써 그 명제가 '주장의

---

20) 商羯羅主, 『因明入正理論』(大正32), p.11b: '잘못된 주장이란 논증하려고 희구하긴 하지만 현량 등에 모순된 것이다. 그것은 다음과 같다. ①현량에 모순되는 것과, ②비량에 모순되는 것과, ③전승량에 모순되는 것과, ④세간에 모순되는 것과, ⑤자신의 진술에 모순되는 것과, ⑥한정자가 일반적으로 인정되지 않는 것과, ⑦한정되는 것이 일반적으로 인정되지 않는 것과, ⑧양자 모두 일반적으로 인정되지 않는 것과, ⑨결합관계가 일반적으로 인정되는 것이다'(sādhyaitum iṣṭo 'pi pratyakṣādiviruddhaḥ pakṣābhāsaḥ/ tadyathā/ ①pratyakṣaviruddhaḥ, ②anumānaviruddhaḥ, ③āgamaviruddhaḥ, ④lokaviruddhaḥ, ⑤svavacanaviruddhaḥ, ⑥aprasiddhaviśeṣaṇaḥ, ⑦aprasiddhaviśeṣyaḥ, ⑧aprasiddhobhayaḥ, ⑨prasiddhasaṃbandhaś ceti// 雖樂成立 由與現量等 相違故 名似立宗 謂 ①現量相違 ②比量相違 ③自教相違 ④世間相違 ⑤自語相違 ⑥能別不極成 ⑦所別不極成 ⑧俱不極成 ⑨相符極成).[이하 인용되는 『인명입정리론』의 산스끄리뜨문의 출전은 宇井伯壽, 佛教論理學(大同出版社, 昭和19年), pp.363-376].

오류(似立宗)'에 빠지는 것을 방지하고자 한 것이다.[21]

그래서 청변은 '모든 존재는 스스로 발생하지 않는다(諸法不自生)'는 구절에 대해 다음과 같은 방식으로 주석한다.

> 주장(宗): '승의에 있어서', 모든 내입처는 스스로 발생하지 않는다
> 이유(因): 지금 존재하고 있기 때문에
> 실례(喩): 마치 정신원리(caitanya)와 같이[22]

Ⅲ. 인명학적 『중론』 주석에 대한 월칭의 비판과 청변적 해명

1. 불호의 주석에도 추론식이 내재한다

불호는 '제법부자생(諸法不自生)'에 대해 다음과 같이 주석한 바 있다.

> 존재들은 스스로 발생하지 않는다. '그것(tat)'이 발생하는 것은 무익하기 때문에

이런 주석은 추론식의 형태를 갖추고 있지 못하기에 상대방을 설득할 수 없다는 청변의 비판에 대해 논박하던 월칭은 이 주석을 추론식

---

21) 江島惠教, 「自立論證派 - バーヴァヴィヴェーカの空思想表現」, 앞의 책, p. 164 참조.
22) na paramārthata ādhyātmikānyāyatanāni svata utpannāni/ vidyamānatvāt/ caitanyavad iti/(*Prasannapadā*, pp.26-27). 諸內入等 無自起義 世所不行 以有故 譬如思(『般若燈論』, 大正30, p.52c).

의 형태로 재구성한다. 월칭은 다음과 같이 설명한다: 위의 주석에 등장하는 '그것(tat)'이라는 대명사는 '스스로 지금 존재하고 있는 것'을 가리키기에[23] 위의 주석은 다음과 같이 풀어 쓸 수가 있다.

존재들은 스스로 발생하지 않는다. 스스로 지금 존재하고 있는 것이 발생하는 것은 무익하기 때문에

여기서 '스스로 지금 존재하는 것'은 '이유(hetu)'에 해당되고, '발생하는 것은 무익하기 때문에'라는 구절은 '소증법(所證法, sādhya dhar ma)'에 해당된다.[24] 그리고 '스스로 지금 존재하고 있는 것이 발생하는 것은 무익하기 때문에'라는 문장에는 상대방도 일반적으로 인정하는 극성(prasiddha, 極成), 소증(所證, sādhya)과 능증(能證, sādhana)을 갖춘 동질적인 실례(sādharmya dṛṣṭānta)의 의미가 내포되어 있다.[25] 즉, '마치 물단지와 같이'라는 진술이 내재된 것이라고 볼 수 있다.[26] 이상과 같은 월칭의 분석에 토대를 두고 불호의 주석을 추론식으로 재구성하면 다음과 같다.

주장: 존재들이 스스로 '발생하는 것은 무익하다(소증법, sādhya d

23) atra hi tadityanena svātmanā vidyamānasya parāmarśaḥ/(*Prasannapadā*, p.20).

24) tatra svātmanā vidyamānasya ityanena hetuparāmarśaḥ/ utpādavaiyarthy ād ityanena sādhyadharmaparāmarśaḥ/(위의 책,).

25) anena ca vākyena sādhyasādhanadharmānugatasya paraprasiddhasya sād haryadṛṣṭānatasya upādānaṃ/(위의 책,).

26) '여기서 〈스스로 지금 존재하고 있는[능증법: sādhana]〉, 현전하는 〈물단지[실례: dṛṣṭānata]〉 등이 다시 〈발생과 연관되지 않음[소증법: sādhya]〉이 목도된다'(iha svātmanā vidyamānaṃ puro 'vasthitaṃ ghaṭādikaṃ punar u tpāda anapekṣaṃ dṛṣṭam: 위의 책,, p.21).

harma)'

이유: 스스로 지금 존재하고 있기 때문에(이유, hetu)

실례: 스스로 지금 존재하고 있는 것이 발생하는 것은 무익하다. 마치 물단지와 같이(동질적 실례, sādharmya dṛṣṭānta)

"불호의 주석은 추론식의 형태를 갖추고 있지 못하다."는 청변의 비판에 대해, 월칭은 "불호의 주석 역시 이유와 실례를 갖춘 추론식으로 재구성할 수 있다."고 반박하는 것이다. 여기서 우리는 귀류논증파(歸謬論證派, prāsaṅgika)의 성격에 대한 일반적인 이해와 달리 월칭이 추론식 사용을 전적으로 배격한 것만은 아니라는 점을 확인할 수 있다.

2. '승의에 있어서'라는 한정사는 불필요하다

월칭은 청변이 "내입처(內入處)는 스스로 발생하지 않는다."는 주장을 입증하기 위한 추론식을 구성할 때, '승의(勝義)에 있어서'라는 한정사(限定辭)를 붙인 취지에 대해 다섯 가지 가정을 한 후 그 각각의 경우를 비판하고 있는데,[27] 이를 요약하면 다음과 같다.

첫째, '승의에 있어서'는 내입처가 스스로 발생하지 않지만 '세속에 있어서'는 내입처가 스스로 발생한다는 의미에서 '승의에 있어서'라는 한정사를 단 것이라고 볼 수 있을 것이다. 그러나 세속에 있어서도 내입처는 스스로 발생하지 않는다. 씨앗과 싹의 관계를 예로 드는 『도간경(稻芉經, Śālistambasūtra)』의 경문[28]에서 보듯이, 세속에서도

27) *Prasannapadā*, pp.26-28.

28) "또, 씨앗을 원인으로 하여 발생하는 중인 이 싹은 스스로 지어진 것도 아니고, 다른 것에 의해 지어진 것도 아니며, 양자에서 지어진 것도 아니고, 아무 원인 없이 발생한 것도 아니고, 자재천, 시간, 미진, 근본원질, 자성에서

스스로 발생하는 것은 없다.

둘째, 내입처가 스스로 발생한다고 생각하는 적대자의 생각을 염두에 두고서 "승의에 있어서는 내입처가 스스로 발생하지 않는다."고 말한 것이라고 해도 옳지 않다. 왜냐하면 '스스로 발생한다'는 이론은 '세속에 있어서'도 비판되어야 하기 때문이다. 승의와 세속을 구분하는 이제설에 대해 무지한 상대방에 대해서는 승의에서건 세속에서건 '스스로 발생한다'는 이론을 비판해 주어야 할 것이다.

셋째, 일반인들의 수준을 고려하여 '승의에 있어서'라는 한정사를 단 것이라고 해도 옳지 않다. 왜냐하면 일반인들은 '인과론' 정도만 이해하고 있지 '자생론'이나 '타생론'과 같은 정교한 문제에 대해서는 생각도 하지 않기 때문이다.

넷째, "세속에 있어서 내입처들은 스스로 발생하지 않는다."는 주장을 비판하기 위해 "승의에 있어서 내입처들은 스스로 발생하지 않는다."는 주장을 한 것이라면 "자파(自派)에서 인정하지 않는 것에 근거를 둔다."는 '주장의 오류(pakṣa doṣa)'에 빠지게 된다. 또 '지금 존재하고 있기 때문에'라는 이유가 의지하는 법인 '내입처'들의 존재를 청변 자신도 인정하고 있지 않기에 '지금 존재하고 있기 때문에'라는 이유는 '이유가 의지하는 곳이 불성립(所依不成: āśraya asiddha)'인 오류에 빠진다.

다섯째, "세속에 있어서는, 눈 따위의 내입처들이 실재하기 때문에 네 번째 경우에 말하는 오류에 빠지지 않는다."고 말한다면, "승의에 있어서 세속의 내입처들은 스스로 발생하지 않는다."고 주장했어야 할 것이다. 그러나 그렇게 말하지 않았다. 또, 설혹 그렇게 말하더라도 적대자는 눈(眼入處)과 같은 내입처가 실재한다고 보지 가명이라고

생성된 것도 아니다."(sa cāyaṃ bījahetuko'ṅkura utpadyamāno na svayaṃ kṛto na parakṛto nobhayakṛto nāpyahetusamutpanno neśvarakālāṇuprakṛt isvabhāvasaṃbhūtaiti: 위의 책,, p.26).

보지 않기에 설득되지 않을 것이다.

청변은, 자신이 구성하는 추론식이 진나의 인명학에서 비판되는 '잘못된 주장'에 빠지지 않도록 하기 위해 '승의에 있어서'라는 한정사를 부가하게 되는데, 그 효용성은 이상과 같이 월칭에 의해 혹독하게 비판받는 것이다. 굳이 한정사를 달아 추론식을 구성하려 한다면 그것은 '승의에 있어서'가 아니라 '그대의 세계관에 의거하는 경우' 정도가 될 수 있을 것이다. 『정명구론』에서는 월칭에 의해 구성된 다음과 같은 추론식이 발견된다.

> 주장: '자기 발생론자의 경우' 뿌루샤(puruṣa) 이외의 사물들은 바로 그로 인해 스스로 발생하지 않는다.
> 이유: 자기 스스로 지금 존재하고 있기 때문에
> 실례: 마치 뿌루샤와 같이29)

3. 청변의 추론식은 정언적 추론식이 아니다

앞 절에서 거론했듯이 '승의에 있어서'라는 한정사에 대해 비판하던 월칭은, "'승의에 있어서 〈세속의 내입처〉들은 스스로 발생하지 않는다'고 주장하더라도, 적대자는 눈(眼入處)과 같은 내입처를 실재하는 존재(vastu sat)로 보지 세속적 존재(가명: prajñapti sat)라고 보지 않기에, 이와 같은 주장은 '상대방이 인정하지 않는 유법(有法, dharmin)에 의지하는 '잘못된 주장'이 된다."고 비판한다.30) 이에 대한 청변적인 반박을 요약하면 다음과 같다.

---

29) atha vāymanyaḥ prayogamārgaḥ/ puruṣavyatiriktāḥ padārthāḥ svata utpattivādinaḥ/ tat eva/ na svata utpadyate/ svātmanā vidyamānatvāt/ puruṣavat/ itīdam udāharaṇam udāhāryaṃ/(위의 책,, p.22).

30) 위의 책,, p.28.

> 추론식에서 사용되는 소재(有法: dharmin)나 그 성질(法: dharma)의 경우, 주장자나 비판자가 모두 인정하는 일반자(sāmānya)가 채택되는 것이지 어느 한 편만 인정하는 개별자(viśeṣa)가 채택되는 것이 아니다. 예를 들어 '소리는 무상하다'는 주장에 대해 논쟁을 벌이는 경우 토론하는 양측은, 소재가 된 '소리'와 그 성질인 '무상'의 일반자(sāmānya)를 채택하여 논쟁을 벌이게 된다. 따라서 추론식에서 사용된 내입처는 일반자로서의 유법이다.[31)]

그러나 월칭은, '모든 내입처는 스스로 발생하지 않는다'는 주장 명제는 청변이 예로 든 '소리는 무상하다'는 명제와 그 성격이 다르다고 반박한다. '소리는 무상하다'는 명제의 경우는 소리의 일반자(sāmāny a)와 무상함의 일반자(sāmānya)가 모두 토론자 쌍방에 의해 인정되지만, "모든 내입처는 스스로 발생하지 않는다."는 명제의 경우는 유법(dharmin)인 '내입처'의 존재성이 중관논사에 의해서는 인정되지 않기에, 중관논사가 이를 주장명제로 삼아 추론식을 구성하는 경우 '주장의 오류'에 빠지게 된다는 것이다. 즉, 그 존재성을 인정하지 않는 '내입처'라는 유법(有法: dharmin)을 기체(基體)로 삼고 있기에 기체불성립(基體不成立, asdiddha ādhāra)의 오류에 빠지고 만다고 월칭은 지적한다. 이는 진나의 인명학에서 말하는 '잘못된 주장(pakṣābhāsa)' 중 '한정되는 것이 일반적으로 인정되지 않는[소별불극성(所別不極成, aprasiddha viṣeṣa)] 주장'과 유사하다고 볼 수 있을 것이다.[32)] 또, 청

31) 위의 책,, pp.28-29 참조.
32) 商羯羅主, 앞의 책, p.11c: "한정되는 것이 일반적으로 인정되지 않는 것은 예를 들어 상캬 논사가 불교도에 대해 '아뜨만은 마음이다'라고 하는 것과 같다."(aprasiddhaviśeṣyo yathā sāṃkhyasya bauddhaṃ prati cetanā āt meti// 所別不極成者 如數論師 對佛弟子 我是思). 이 경우는 타파에 대해 소별불극성인 주장을 예로 들고 있지만, 청변이 내세우는 주장은 자파에 대해 소별불극성이다.

변이 구성하는 추론식에서 사용되는 '지금 존재하고 있기 때문에'라는 이유(hetu)의 경우도, '내입처'의 존재성이 인정되지 않기에 '이유가 의지하는 곳이 불성립[소의불성(所依不成: āśraya asiddha)]'인 '이유의 오류(hetu doṣa)'[33]에 빠지고 만다고 지적한다.

그러면 청변의 추론식에 대한 월칭의 이와 같은 지적은 무엇을 의미하는가? 본장 제1절에서 보았듯이 월칭은 불호의 주석을 '이유'와 '실례'를 갖춘 추론식의 형태로 재구성하기도 한다. 따라서 월칭이 추론식의 사용을 전적으로 부정한 것만은 아님이 확실하다. 그러면 『중론』을 주석하는 경우 청변과 같이 자립적 추론식(svatantra anumāna)을 구성하게 되면 위와 같은 논리적 오류가 야기되기에 불호와 같은 귀류적 논법, 또는 귀류적 추론식(prasaṅga anumāna)에 의해 『중론』을 주석해야 한다는 것이 월칭의 논지일까? 이어지는 논의에서 우리는 월칭의 비판이 이와 다른 맥락에서 이루어진 것임을 확인할 수 있다.

월칭은 청변이 구사하던 다양한 추론식들을 나열하며, 그런 추론식들에서 사용되는 '이유(hetu)'가, 진나의 인명학에서 말하는 입적공허(立敵共許)의 이유[34]가 되지 못한다는 점을 지적하는 것이다. 입적공

33) 위의 책,: "'허공은 실체이다. 속성이 의지하기 때문에'라고 하는 것은 허공비실재론자에 대해 의지하는 곳이 불성립인 것이다."(dravyam ākāśaṃ guṇāśrayatvād ity ākāśāsattvādinaṃ praty āśrayāsiddhaḥ// 虛空實有 德所依故 對無空論 所依不成).

34) 진나의 『인명정리문론본』에서는 입적공허의 이유에 대해 다음과 같이 말한다: "또 어떤 경우에는 종(宗: pakṣa)이란 말로 다만 [소증]법(dharma)만을 의미하기도 한다. 이 중에서 '주제에 소속된 [이유(hetu)로서의] 법(宗法: pakṣasya dharma)'은 논증을 구성한 측(立論者)이나 그에 대한 적대자(敵論者) 모두 확실하게 인정하는 것만을 채택한다. 또 [이유(hetu)로서의 법(dharma)이] '같은 경우(同品: sapkaṣa)'에 '존재한다(sattva)'거나 '존재하지 않는다(asattva)'는 판단 역시 이와 마찬가지[로 입론자나 적대자 모두 인정하는 것이어야 한]다. 왜 그런가? 존재론적 원인(作因: kāraka hetu)이 발생력(能

허의 이유란 입론자(立論者)나 적대자(敵對者) 모두에게 인정되는 이유를 말한다. 월칭의 비판은 다음과 같다. 예를 들어,

주장: '승의에 있어서' 내입처는 다른 연(緣)에서 발생하지 않는다.
이유: 다른 것이기 때문에
실례: 마치, 물단지[35]와 같이[36]

라는 추론식을 구성할 경우 '다른 것이기 때문에(paratvāt)'라는 이유는 중관논사인 입론자 측에 의해서는 인정되지 않는 이유(svatas asiddha hetu[37])이다. 서로 다른 주장을 갖고 있는 양측이 토론에 들어

起)에 의해 작용하는 것과는 달리, 이 경우에는 오직 '인식론적 원인(證了因 = 了因: jñāpaka hetu)'에만 의지하는 것이어서 인식력(智力)에 의해 진술된 내용을 알게 되기 때문이다."(或有宗聲 唯詮於法 此中宗法 唯取立論 及敵論者 決定同許 於同品中 有非有等 亦復如是 何以故 今此唯依 證了因故 但由智力 了所說義 非如生因 由能起用(大域龍菩薩, 『因明正理門論本』(大正32), p.1b). 이에 대해 *Ślokavārttika*의 주석서인 *Nyāyaratnākara*에서 다음과 같이 설명한다: '실로 그대의 스승 진나는 입론자와 적대자에 의해 확고하게 인정되는 이유가 능증(能證)이라고 말한다'(bhavad-vṛddhair eva hi Diṅnāgācāryair yo vādi-prativādi-niścito hetuḥ sa sādhanam ity uktam (中村元, インド論理學の理解のために - インド論理學·術語集成(京都, 法華經文化硏究所, 昭和58年), p.78에서 재인용)).

35) 산스끄리뜨 교정문에는 옷감(paṭa)으로 되어 있지만 티벳 번역문과 한역문(大正30, p.52c) 모두 물단지(ghaṭa: 甁)로 되어 있기에 위와 같이 수정한다.

36) na paramārthataḥ parebhyas tat pratyayebhya ādhyātmikāyatanajanma/ paratvāt/ tad yathā paṭasya/(*Prasannapadā*, p.31). 第一義中 內入不從彼諸緣生 何以故 以他故 譬如甁等(반야등론[大正30], p.52c).

37) 이에 대한 현대 학자들의 번역은 다음과 같다: ①'The reason "because they are separate (entities)" is not a valid middle term, since (for the author of these syllogisms) himself it has no (ultimate) reality'(Stcherbatsky, *The Conception of Buddhist Nirvāṇa*(Leningrad, Publishing Office of the Academy of Sciences of the Ussr, 1927), p.114). ②'自ら不成立にちがいな

가는 경우 각각의 주장을 입증하기 위해 제시되는 이유는 그 양측 모두에 의해 인정되는 것이어야 할 것이다. 어느 한 쪽만 인정하는 이유를 대거나, 양측 모두 인정하지 않는 이유를 댐으로써 추론식을 구성하게 되면 이는 정당한 추론이 될 수 없을 것이다. 진나는 전자와 같은 '이유'를 '수일불성(隨一不成, anyatara asiddha)'의 오류[38]에 빠진 이유라고 말하며, 후자와 같은 이유를 '양구불성(兩俱不成, ubhaya asiddha)'의 오류[39]에 빠진 이유라고 규정한다. 수일불성의 오류는 나중에 법칭(法稱, dharmakīrti: 600-660C.E.)에 의해 자파불성(自派不成, vādinaḥ asiddha)의 오류[40]와 타파불성(他派不成, prativādin asiddha)[41]의 오류로 세분된다.

い'(本多恵, チヤンドラキールチイ - プラサンナパダ - 和譯(서울, 大韓傳統佛教研究院, 1988), p.25). ③'ほかならず自らよりしてこそ成立していないものである'(奥住毅, 앞의 책, p.79). 이 중 ②本多恵나 ③奥住毅의 번역에 의거하여 이해할 경우 의미가 명확하게 드러나지 않는다. 그러나 ①Stcherbatsky의 번역과 같이 이해할 경우 이는 법칭의 *Nyāyabindu* 에서 말하는 자파불성립의 사인(似因)을 의미한다.

38) 商羯羅主, 앞의 책, p.11c: "'만들어진 것이기 때문에'라는 것은 성현현론자(聲顯現論者)들에 대해서는 어느 한 쪽에 대해 불성립인 것이다'(kṛtakatvād iti śabdābhivyaktivādinaṃ praty anyatarāsiddhaḥ// 所作性故 對聲顯論隨一不成).

39) 위의 책,: "그 중에서, '소리는 무상하다'는 소증에 대해 '눈에 보이기 때문에'라고 하는 것이 양측에 대해 불성립인 것이다."(tatra śabdānityatve sādhye cākṣuṣatvād ity ubhayāsiddhaḥ// 如成立聲 爲無常等 若言是眼 所見性故 兩俱不成).

40) '상캬(sāṃkhya)에서, [주장:] '즐거움 따위는 마음이 아니다'라는 소증에 대해, [이유:] '시작을 갖는 것이다', 혹은 '무상하다'라고 하는 것은 '자파 스스로에 대한 불성립(svayam-vādinaḥ-asiddha)'이다'(acetanāḥ sukha-ādaya iti sādhye utpattimatvaṃ anityaṃ vā sāṃkhyasya svayaṃ vādino asiddham// Stcherbatsky, "Nyāyabindu", 3-62[*Bibliotheca Buddhica IV*(Tokyo: Meicho-Fukyū-Kai, 1977), p.63].

그런데, 청변이 구성한 위의 추론식에서 쓰인 '다른 것이기 때문에' 라는 이유는 수일불성의 오류, 더 엄밀히 말하면 자파불성의 오류에 빠진 이유가 될 것이다. 진나의 인명학에 비추어 보면 이는 정당한 추론이 될 수 없다.

월칭은 이 이외에도 청변이 구사하는 추론식을 다수 인용하면서 그 때 쓰인 이유들은 모두 자파에 의해서는 인정되지 않는 이유(svatas a siddha hetu)라고 말한다.

주장: 승의에 있어서 [작용하는] 눈은 [형상을] 보지 못한다.
이유: 안근이기 때문에
실례: 마치, 작용하지 않는 눈과 같이42)

주장: 눈은 형상을 보지 못한다.
이유: 대종(大種)으로 만들어졌기 때문에
실례: 마치, 색(色)과 같이43)

41) '[주장:] 나무(taru)들은 마음(cetana)이 있다는 소증(sādhya)에 대해, [이유:] [나무들은] 모든 껍질을 벗겨 버리면 죽는다 라고 하는 것은 '타파에 대한 불성립(prativādin-asiddha)'이다. [왜냐하면] 식(識: vijñāna), 감관(indriya), 생명(āyus)의 소멸이 죽음의 특징(lakṣaṇa)이라는 사실이 [불교도인] 이쪽에 의해 인정되기(abhyupagama) 때문이다. 그리고 그것이 나무에는 존재하지 않기 때문이다'(cetanās tarava iti sādhye sarva-tvag-apaharaṇe maraṇaṃ prativādy-asiddham, vijñāna-indriya-āyur nirodha-lakṣaṇasya maraṇasya anena abhyupagamāt, tasya ca taruṣv asambhavāt// Stcherbatsky, "Nyāyabindu" 3-61, 위의 책,).

42) na paramārtha[ta]ḥ [sāśrayaṃ 또는 sabhāgaṃ] cakṣū [rūpaṃ] paśyati/ cakṣurindriyatvāt/ tad yathā tatsabhāgaṃ/(*Prasannapadā*, p.32). 第一義中彼有分眼不能見色 何以故 以眼根故 如無分眼(『般若燈論』, 앞의 책, p.66b).

43) na cakṣuḥ prekṣate rūpaṃ/ bhautikatvāt/ rūpavat/(위의 책,, p.33).

월칭이 보기에, 모든 존재의 공성을 말하는 중관논사에게 있어서 안근(眼根)이나 대종(大種)의 실재성은 인정되지 않는다. 따라서 위에 인용한 추론식들에서 쓰인 '안근이기 때문에'라든지, '대종으로 만들어 졌기 때문에'라는 이유(hetu)는 입론자인 중관논사에 의해 인정될 수 없는 이유인 것이다.

청변에 대한 월칭의 비판의 요점은 '청변적인 추론식은 청변의 의도와 달리 결코 진나적인 정언적 추론식이 될 수 없다'는 것이었다. 그 까닭은 『중론』의 명제에 대해 구성한 청변적인 추론식을 진나적인 정언적 추론식으로 간주할 경우, 진나의 인명학에서 말하는 기체불성립(基體不成立)의 잘못된 주장, 소의불성(所依不成)의 잘못된 이유, 또 수일불성(隨一不成)의 잘못된 이유를 갖는 추론식이 되고 말기 때문이다. 그렇다고 해서 월칭이 청변적인 추론식 자체를 전적으로 배격한 것은 아니었다. 청변적 추론식 역시 불호의 논법과 마찬가지로 적대자의 세계관에 입각하여 구성되는 것이기에, 주장 명제 앞에 '승의에 있어서'를 삭제한다면 그대로 사용될 수 있다. 월칭은 중관논사가 구성할 수 있는 추론식을 다음과 같이 예시한다.

> 실례(喩): 자기자신을 보지 못하는 것은 다른 것도 보지 못한다. 마치 물단지의 경우와 같다.
> 적용(合): 눈은 자기자신을 보지 못한다.
> 결론(結): 그러므로 그것(= 눈)이 다른 것을 보는 일은 결코 존재하지 않는다[44)]

이를 간추려 삼지작법의 형태로 전환하면 다음과 같다.

---

44) yatra yatra svātmādarśanaṃ tatra tatra paradarśanam api nāsti tad yathā ghaṭe/ asti ca cakṣuṣaḥ svātmādarśanaṃ/ tasmāt paradarśanam apyasya naivāsti/(위의 책,, p.34).

주장(宗): 눈은 다른 것을 보지 못한다
이유(因): 자기 자신을 보지 못하기 때문에
실례(喩): 마치 물단지와 같이

이는 청변적인 추론식과 다르지 않다. 청변의 『반야등론』에는 다음과 같은 논증이 등장한다.

주장: 승의에 있어서 눈은 형상을 보지 못한다
이유: 자기 자신을 보지 못하기 때문에
실례: 마치 귀(耳) 따위와 같이[45]

월칭적 견지에서 본다면 청변이 구성하는 추론식도 귀류논증식(prasaṅga anumāna)에 다름 아니다. 따라서 청변에 대한 월칭의 비판은 논증식의 작성 가능성 여부에 대한 것도 아니었고, 청변이 구성한 논증식 자체의 타당성에 대한 것도 아니었다. 다만 청변이 구성하는 논증식이 청변의 의도와 달리 진나적 인명학에서 말하는 정당한 논증식의 범주에 들어갈 수 없다는 점에 대한 것이었다.

4. 청변적 해명

그렇다면 청변은 이와 같은 비판을 예상하지 못했을까? 현대 학자들에 의해 추정되는 청변(500-570C.E.경)과 월칭(600-650C.E.경)의 생존 연대[46]가 정확하다면, 양자는 대면할 기회가 없었을 것이다. 그

45) 第一義中眼不見色 何以故 不見自體故 譬如耳等(『반야등론』, 위의 책,, p. 66b).
46) 前記한 양자의 생존 연대는 카지야마유이치의 논문(梶山雄一, 앞의 책, p.

러나, 다음과 같은 『반야등론』의 구절을 보면 청변 역시 이런 비판에 대해 숙지하고 있었음을 알 수 있다.

> 적대자[47]: 그대는 '승의에 있어서' 외입처나 내입처의 존재를 인정하지 않기 때문에 그대의 주장 중에 '주제'는 성립되지 않는다. 따라서 그대가 내세우는 '주장'은 기체불성(基體不成)의 오류에 빠지게 되고 '이유'는 소의불성(所依不成, āśraya asiddhi)의 오류에 빠지게 된다.
> 청변: 우리는 '세속에 있어서' ['기체'인] '내입처', '물단지', '안근' 등과 ['이유'인] '다름'[48] 등의 존재를 인정한다. 따라서 그대가 지적한 오류는 있을 수 없다. 따라서 그대의 비판은 옳지 않다.[49]

청변은 세속의 차원에서 '내입처(ādhyātmikāyatana)'나 '물단지(ghaṭa)', '안근(cakṣurindriya)'이나 '다름(paratva)' 등의 실재성을 인정하고 있었기에, 주장명제에 '승의에 있어서'라는 한정사를 부가함으로써 현량상위(現量相違)나 세간상위(世間相違) 등의 '주장의 오류'만 피한다면, 자신이 구성한 추론식은 논리적 오류를 범하지 않는다고 보았던 것이다. 즉, 중관논사는 일상적 언어관습의 차원에서는 '내입처'나 '물단지' 등의 존재성을 인정하며, 청변의 주석은 세속의 차원, 즉 '일상적 언어관습(vyavahāra)'의 차원에서 이루어진 것이기에 그에 토대를 두고 구성된 논증식은 '기체불성'이나 '소의불성'이나 '수일불성'의 논리적 오류에 빠지지 않는다는 것이다.

---

9)에서 인용된 것임.

47) Avalokitavrata는 이를 니야야 논사로 간주한다(William L. Ames, 앞의 책, p.246, 尾註 129 참조).

48) 본 논문 각주37 참조.

49) William L. Ames, 위의 책,, p.225에서 취의 중역.

Ⅳ. 맺는말

지금까지 우리는 청변의 비판에 대한 월칭의 반박을 면밀히 검토해 봄으로써, 월칭이 추론식의 작성을 전적으로 배격한 것이 아니었고, 청변이 구성한 추론식은 인명학적으로 정당한 추론식이 아니라는 점을 지적할 뿐이었다는 것을 알게 되었다. 즉, 청변의 추론식에서 '주제'나, '이유'로 사용된 개념들의 실재성이 중관학파에 의해서는 인정될 수 없기에 이를 중관논사가 내세운 정언적 추론식으로 본다면 기체불성의 '잘못된 주장'이나, 소의불성, 수일불성의 '잘못된 이유'를 갖는 추론식이 되고 만다는 것이 월칭적 비판의 요점이었다. 그러나 '승의에 있어서'라는 한정사만 제거한다면 청변이 구성했던 대부분의 추론식은 월칭에 의해서도 그대로 수용될 수 있다. 왜냐하면 청변이 구성한 추론식 중의 이유명제나 실례는 모두 적대자의 세계관에 입각하여 작성된 것이라고 간주할 수 있기 때문이다. 월칭이 보기에 청변이 구성하는 추론식 역시 진나적인 인명학에서는 정당한 추론식으로 인정받지 못하는 귀류적 추론식이었던 것이다. 한편 청변은 이런 류의 비판에 대해 숙지하고 있었지만 '주제'나 '이유'의 실재성이 '세속의 차원'에서는 중관학파에 의해 인정될 수 있기에, 주장명제 앞에 '승의에 있어서'라는 한정사만 부가한다면 자신이 구성한 추론식은 논리적 오류에서 벗어날 수 있다고 보았다.

양측은 『중론』의 주석을 위한 추론식의 구성 가능성 여부를 두고 대립한 것도 아니었고, 그런 추론식에서 사용되는 주장명제나 이유명제의 타당성을 문제 삼아 대립한 것도 아니었다. 단도직입적으로 말하면, 양측은 『중론』의 주석에 임하는 태도의 차이로 인해 의견의 대립을 보였던 것이다. 즉, 세속의 차원에서 『중론』을 주석할 것인가, 아니면 승의의 차원에서 『중론』을 주석할 것인가 여부를 놓고 양측은 대립하였던 것이다.[50] 청변은 추론식에 사용된 개념들의 실재성을 인정하는 '세속의 차원에서' 『중론』을 주석하려고 하였기에, 세속의 차원에서는 일반적으로 인정되지 못하는 『중론』적 주장명제 앞에 '승의에 있어서'라는 한정사를 달아 진나적 인명학에서 말하는 '주장의 오류'에 빠지지 않는 추론식을 구성하고자 한 반면, 월칭은 '승의의 차원'에서 『중론』을 주석하려고 하였기에 주장명제 앞에 굳이 '승의에 있어서'라는 한정사를 달 필요도 없었으며, 혹 추론식을 구성한다고 해도 이는 진나적 인명학의 굴레를 벗어난 귀류논증적 추론식이 된다는 점을 역설하였던 것이다.

(인도철학 제9집, 1999)

---

50) Lopez는 양자의 차이를 다음과 같이 설명한다: "자립논증파(svātantrika)에서는 세속적 차원에서 현상 세계의 실재성이 성립된다고 주장하며, 귀류논증파(prāsaṅgika)에서는 세속적 차원에서조차 현상 세계의 실재성을 부인한다." 그러나 다음에 이어지는 Tsoṅ kha pa의 인용문에서 보듯이 귀류논증파의 경우도 세속적 차원에서 사물의 실재성을 인정하기에 이러한 Lopez의 설명은 옳지 않다: "귀류논증파[인 월칭]의 논서에서는 도처에서 [우리의 기대와 달리] 사물의 실체, 성질, 특성 등의 〈세속적 실재성〉에 대해 설명하고 있다. 또, 이 논사(= 청변)의 논서에서는 [기대와 달리] 도처에서 사물은 실체에 의해 이루어진 것도 아니고, 실체로서 발생한 것도 아니며, 실체적으로 이루어진 것도 아니라고 설명하고 있다. 따라서 [귀류논증파와 자립논증파를] 구분하는 것은 쉽지 않다. …"[Donald S. Lopez Jr., A Study of Svātantrika (New York, Sow Lion Pulication, 1987), pp.68-69].

Sambandhaparīkṣāvṛtti와 『중론』

『관계에 대한 검토』 자주(自註)

Ⅰ. 문제의 제기

디그나가(Dignāga/Mahādignāga[陳那/大域龍], 480-540경)에 의해 불교논리학이 체계화된 이후 불교논리가와 니야야논사(Naiyāyika)들은 수백 년에 걸쳐 논리학의 문제를 둘러싸고 치열한 사상논쟁을 벌였다. 양 학파는 주제(主題, pakṣa), 소증(所證, sādhya), 능증(能證, sādhana), 증표(證標, liṅga), 유예(喩例, dṛṣṭānta) 등 다양한 논리적 술어를 공유하였지만, 인식수단(pramāṇa)의 개수, 현량(現量, pratyakṣa)의 정의, 보편개념(sāmānya)의 실재성 등에 대해서는 이견을 보였다.

니야야논사는 인식수단을 현량(現量, pratyakṣa)과 비량(比量, anumāna)과 비교량(比較量, upamāna)과 증언(證言, śabda)의 네 종류로 나누었던 반면, 불교논리가들은 비교량과 증언을 비량에 포함시켜 현·비 이량설(現·比 二量說)을 주장하였으며, 니야야논사는 인식수단[1]과 인식대상[2]을 별개의 존재로 간주한 반면, 불교논리가는 인식수단과

---

1) 현량, 비량, 비교량, 증언이 인식수단들이다(pratyakṣa-anumāna-upamāna-śabdāḥ pramāṇāni): *NS.* 1-1-3(*NYĀYADARŚANAM*, Vol, Ⅰ, Rinsen Book Co., 1982, p.85). [이하 *NS.*는 *Nyāyasūtra*를 의미한다.]

2) 그런데 아뜨만, 신체, 감관, 대상, 통각, 意, 행위(=作業), 과오, 재생, 결과, 고, 해탈이 인식대상이다(ātma-śarīra-indriya-artha-buddhi-manaḥ-pravṛtti-doṣa-pretyabhāva-phala-duḥkha-apavargās-tu prameyam): *NS.* 1-1-

인식대상의 분할을 전제로 하지 않는 현량론(現量論)을 창출하였다.[3] 또, 니야야논사는 보편개념의 지각가능성을 주장한 반면 불교논리가는 개념이란 그 자체가 실재하는 것이 아니라 '타(他)의 배제'를 통해 성립된다는 아뽀하(apoha)론을 제시하였다.[4] 양 학파의 충돌은 그 세계관의 차이에 기인한 것이었다. 이들이 구성한 논리학의 근저에는 연기론과 실재론이라는 상호 이질적인 세계관이 자리 잡고 있었다. 근 800년에 걸쳐 양 학파 간에 벌어진 논쟁의 전체 맥락과 그 소재에 대한 세밀하고 종합적인 조망은 앞으로도 현대학자들의 중요한 연구과제 중 하나가 될 것이다.

그런데, 양 학파 간에 벌어진 논쟁의 소재 중 하나로 위에 열거된 것들 이외에 '관계(sambandha)의 실재성'을 들 수 있다. 관계란 와이셰시까(Vaiśeṣika) 철학에서 말하는 내속(samavāya)과 연결(samyoga) 관계를 비롯하여 니야야(Nyāya)의 추리론에서 말하는 '증표(liṅga)와 증표를 갖는 것(liṅgin)' 간의 관계 등을 말한다. 니야야와이셰시까 철학에서는 이런 관계들이 실재하는 것으로 간주하였지만 불교논리가들은 이런 관계의 실재성을 부정하였다. 그리고 이런 불교논리가의 입장을 극명하게 논증한 논서가 바로 다르마끼르띠(Dharmakīrti, 법칭: 600-660C.E.경)의 삼반드하빠릭샤브리띠(Sambandhaparīkṣāvrtti, 이하 Spv)[5]인 것이다.

9(위의 책,, p.180).

3) '또 그런 현량지(pratyakṣa jñāna) 그 자체로 '인식(= 量)의 결과(pramāṇa-phala)'이다. 대상(artha)에 대한 인식(pratīti)을 그 성질(rūpa)로 삼기 때문이다. 이런 인식방법(pramāṇa)은 대상과 동질적인 것(artha-sārūpya)이다(tad eva ca pratyakṣaṃ jñānaṃ pramāṇa-phalam, artha-pratīti-rūpatvāt, artha-sārūpyam asya pramāṇam: *N.B.* 1-18, 19, 20).[이하 *N.B.*는 *Nyāyabindu*를 의미한다].(*Nyāyabindu*, Biblothec buddhica. Ⅶ, pp.14-15).

4) 長崎法潤, 「概念と命題」, 『講座大乘佛教9 - 認識論·論理學』, 春秋社, 東京, 1984, pp.342-368.

SP(觀關係品)는 ①관계일반에 대한 검토, ②인과관계에 대한 검토, ③연결관계와 내속관계에 대한 검토의 세 부분으로 구성되어 있다.[6] 위에서 간단히 소개했듯이 불교논리가들은 연기적인 세계관에 입각해 불교논리학을 재구성하게 되는데 SP 역시 그 역할의 일부를 담당하였다. 또 지금까지 불교논리학과 『중론』의 관계에 대한 연구는 불호(Buddhapālita: 470-540경)에서 청변(Bhāvaviveka: 500-570경), 월칭(Candrakīrti: 600-650경)으로 이어지는 귀류논증파와 자립논증파 간의 논쟁에 치중되어 있었고, 디그나가나 다르마끼르띠와 같은 불교논리가와 『중론』의 직접적인 관계에 대한 연구는 그리 활발히 이루어지지 않았다. 그리고 현대의 불교논리학 연구가인 슈타인켈너(Steinkellner)는 다르마끼르띠의 논서에서 중관적 성향을 갖는 구절을 자신은 아직껏 본 적이 없다고 단언하기까지 한다.[7] 물론 니야야빈두(Nyāyabindu)와 같이 불교논리학 체계 전반을 설명하는 논서에서는 중관적 성향을 갖는 구절이 전혀 등장하지 않는다. 그러나 SP의 경우에는 『중론』의 영향하에 작성되었다고 생각되는 게송이 많이 등장하며 그 체제 역시 『중론』을 닮아 있다. 또 SP에 대한 다르마끼르띠의 자주(自註)인 SPV에서는 『중론』에서 구사되는 논법이 거의 그대로 채용되는 것을 볼 수 있다. 본고에서는 SP와 SPV의 내용분석을 통해 다르마끼르띠의 SP와 SPV는 『중론』을 모방하여 중관논리를 구사하며 저술한 논

5) 총 25수의 게송으로 이루어진 *Sambandha-parīkṣā-prakaraṇa*(관계를 검토하는 章, 觀關係品). 다르마끼르띠 자신의 주석으로 *Sambandha-parīkṣā-vṛtti*가 티벳역문으로 현존한다. 이하 *Sambandha-parīkṣā-prakaraṇa*는 *SP*, *Sambandha-parīkṣā-vṛtti*(觀關係品註)는 *SPV*로 약칭한다.

6) 이에 대해서는 다음과 같은 논문을 참조하기 바람: 이지수, 다르마끼르띠(법칭)의 관계 비판 - 〈Sambandha-parīkṣā〉를 중심으로 -, 『불교학보』 34집, 1998, pp.175~200.

7) Ernst Steinkellner, "Is Dharmakīrti a Mādhyamika?", *EARLIEST BUDDISM AND MADHYAMAKA*, E. J. Brill, Leiden, Netherland, 1990, p.73.

서라는 점을 입증해 보고자 한다.

이를 위해 먼저 SP의 내용에 대해 개관한 후(제2장), SPV(관관계품주, 觀關係品註)에서 중관논리를 추출해 봄으로써 중관사상의 영향 하에 SP가 저술되었다는 점을 입증해 보일 것이다(제3장).

SP는 총 25수의 게송으로 이루어진 논서로 총 네 편의 주석서가 현존한다.[8] 이 중 유일하게 산스끄리뜨문으로 남아 있는 주석은 자이나(Jaina)교도인 쁘라바짠드라(Prabhācandra)에 의해 저술된 것으로 전반 22수의 게송에 대한 주석이 현존한다. 그러나 쁘라바짠드라의 주석은 국내에서도 전문의 국역과 함께 면밀히 연구된 바 있을 뿐만 아니라,[9] 다르마끼르띠의 주석과 그 내용을 달리하는 부분[10]이 일부 발견되기에 본고에서는 티벳역문으로 남아 있는 다르마끼르띠 자신의 주석인 델빠딱뻬델빠(Ḥbrel pa brtag paḥi ḥgrel pa, Sambandhaparīkṣāvṛtti, 觀關係品註)[11]를 논의의 소재로 삼는다.

Ⅱ. SP의 내용개관

SP에서 비판적 검토의 대상이 되는 소재는 크게 세 가지로 나누어진다. 첫째는 관계일반이고, 둘째는 인과관계이며, 셋째는 연결·내속관

8) ① Dharmakīrti, *Sambandha-parīkṣā-vṛtti*(東北4215, 北京5713), ② Vinītadeva, *Sambandha-parīkṣā-ṭīkā*(東北4236, 北京5735), ③ Śankrānanda, *Sambandha-parīkṣā-anusāra-nāma*(東北4237, 北京5736), ④ Prabhācandra, *Sambandha-parīkṣā prabhācandra-ṭīkā*(V. N. Jha, *Sambandha-parīkṣā - The Philosophy of Relations,* Delhi, Sri Satguru Publications, 1990.

9) 이지수, 앞의 책.

10) 특히 제1게와 제2게의 경우 쁘라바짠드라는 원자론 비판으로 해석하지만, 다르마끼르띠의 주석에서는 원자론이 등장하지 않는다.

11) 티벳대장경, 북경판, 인명부, 제130권, No. 5714, pp.145-48.

계이다. SP를 통해 다르마끼르띠가 비판하고자 했던 것은 니야야와이셰시까(Nyāya-Vaiśeṣika)적 세계관이었다. 니야야와이셰시까 철학에서는 추리지의 토대가 되는 주연관계(周延關係 vyāpti)는 물론이고[12] 연결관계(連結關係, samyoga)[13]와 내속관계(內屬關係, samavāya)[14] 모두 실재하는 범주로 간주하였다. 총 25수의 게송 중 제1게~제6게에서는 관계일반이 검토되고, 제7게~제18게에서는 인과관계(kāryakrāṇatā)가 검토되며, 제19게~제25게에서는 연결관계와 내속관계가 검토된다. 이를 간략하게 정리하면 다음과 같다.[15]

관계일반에 대한 검토

A. 비판적 검토

a. 관계란 상의(相依 pāratantrya)[16]라는 이론에 대한 검토(제1게)

---

12) 왓스야야나(Vātsyāyana)는 『니야야수뜨라(Nyāyasūtra)』, 1-1-5에 기술된 비량에 대한 정의를 주석하면서 '관계(sambandha)' 그 자체가 우리에게 지각되는 것으로 간주한다: '그것을 선행하는 것으로 삼아 세 종류의 추리가 있는데 如前과 如殘과 共見이다'(atha tatpūrvakaṃ trividhamanumānaṃ pūrvavaccheṣavatsāmānyatodṛṣṭaṃ ca: N.S. 1-1-5).(NYĀYADARŚANAM, 앞의 책, p.132) '그것을 선행하는 것으로 삼는다는 말은 증표와 증표를 갖는 것의 '관계(sambandha)'에 대해 지각하고 증표에 대해 지각함을 의미한다. 증표와 증표를 갖는 것의 '관계(sambandha)'를 지각함에 의해 증표에 대한 기억이 결합된다. 기억과 증표에 대한 지각을 통해 지각되지 않는 대상이 추리된다'(tatpūrvakamityanena liṅgaliṅginoḥ sambandhadarśanaṃ liṅgadarśanaṃ ca 'bhisambadhyate / liṅgaliṅginoḥ sambandh[addh]ayordarśanena liṅgasmṛtirabhisambadhyate/ smṛtyā liṅgadarśanena vā 'pratyakṣo 'rthaṃ 'numiyate/: N.Bh. 1-1-5).(NYĀYADARŚANAM, 위의 책, p.142, p.146).

13) 와이셰시까(Vaiśeṣika) 철학에서 말하는 실체(dravya), 속성(guṇa), 운동(karma), 보편(samānya), 특수(viśeṣa), 내속(samavāya)의 6범주를 말하는데 '연결(samyoga)'은 이 중 속성 중에 포함된다.

14) 와이셰시까 철학에서 말하는 6범주 중 하나.

15) 이지수, 앞의 책 참조.

b. 관계란 본질의 융합(rūpaśleṣa)이라는 이론에 대한 검토(제2게)
c. 관계란 상대(相待, parāpekṣā)라는 이론에 대한 검토(제3게)
d. 관계란 피관계자가 동일한 것과 관계하는 것(ekābhisambandha)이라는 이론에 대한 검토(제4게)
B. 다르마끼르띠의 견해
a. 두 개의 피관계자와 관계라는 개념은 불가분리의 것이지만, 사유에 의해 연관되는 것이라는 다르마끼르띠의 선언(제5게)
b. 행위와 행위자 등의 언어는 그런 관념에 수반하여 만들어진 것일 뿐이며, 관계는 실재하지 않는다는 다르마끼르띠의 선언(제6게)

인과관계에 대한 검토
A. 비판적 검토
a. 인과관계 일반에 대한 검토(제7게)
b. 인과관계는 원인이나 결과 중 어느 하나에서 일어나는 것이라는 이론에 대한 검토(제8게)

---

16) 제1게에서는 '관계(sambandha)'를 pāratantrya로 정의하고 제3게에서는 prāpekṣā로 정의한다. 쁘라바짠드라 주석의 영역자인 V. N. Jha는 두 단어 모두 dependency로 번역한다(V. H. Jha, 앞의 책, p.3 및 p.9). 그러나 이렇게 번역할 경우 제3게는 불필요한 중복서술이 될 것이다. 한편 국역자인 이지수는 pāratantrya는 '他에의 의존'으로, prāpekṣā는 '他에의 요구'로 번역함으로써 양자를 구별한다. 티벳역문에서는 pāratantrya를 gshan dbaṅ(dependency to others)로, parāpekṣā는 gshan ltos pa 또는 gshan la ltos pa로 번역한다. ltos pa는 look at의 의미를 갖는다. 그런데 tantrya는 √tan(extend, spread)에서 파생된 단어이고 apekṣā(to look away, to require)는 apa(away) + √īkṣ(to see)로 분석된다. 따라서 pāratantrya는 존재론적 의미를 띠고, parāpekṣā은 인식론적 의미를 띈다고 추측할 수 있다. 그런데 우리말에서 의존을 말할 때 '相依相對한다'고 표현하기도 한다. 필자는 상의상대 중 '상의'에는 존재론적 의미가 내재되어 있고 '상대'에는 인식론적 의미가 내재되어 있다고 보아 pāratantrya는 상의, parāpekṣā는 상대로 번역한다.

c. 인과관계는 원인이나 결과 중 한 쪽에 존재하면서 다른 쪽을 상대하는 것이라는 이론에 대한 검토(제9게)

d. 인과관계는 원인과 결과가 동일한 대상(ekārthābhisambandha)과 관계하는 것이라는 이론에 대한 검토(제10, 11게)

e. 인과관계는 결합의 조건이라는 이론에 대한 검토(제12게)

B. 다르마끼르띠의 견해

a. 인과관계란 실재하는 것은 아니라, 원인이 보일 때 결과가 보이는 것에 입각하여 나중에 결과가 보이지 않을 때에 결과의 존재를 아는 것이라는 다르마끼르띠의 견해(제13, 14, 15, 16게)

b. 인과관계에 대한 관념은 허구의 대상이라는 다르마끼르띠의 선언(17게)

C. 비판적 검토

a. 원인과 결과의 분리, 비분리 여부에 대한 검토(제18게)

연결관계와 내속관계에 대한 검토

A. 비판적 검토

a. 연결관계와 내속관계에 대한 일반적 검토(제19게)

b. 전체와 부분 간의 내속관계가 존재한다는 이론에 대한 검토(제20게)

c. 내속은 피내속자 간의 상호작용 없이 이루어지는 관계라는 이론에 대한 검토(제21게)

d. 피연결자 간의 관계를 통해 연결이 발생한다는 이론에 대한 검토(제22게)

e. 연결과 분리와 이동은 실재한다는 이론에 대한 검토(제23게)

f. 연결과 분리와 이동이라는 말에 의해 그 말과 결부된 사물의 자성이 표명된다는 이론에 대한 검토(제24게)

g. 연결과 분리와 이동에 대해 상의성과 찰나성에 입각한 비판적

검토(제25게)

이상과 같이 세 가지 부류의 관계에 대해 비판적으로 검토하는 다르마끼르띠는 매 소재마다 먼저 적대자의 견해를 제시하고 그에 대해 비판한 후 자신의 의견을 개진하는 식으로 세 단계에 의해 논의를 진행시킨다. 그리고 적대자의 견해를 비판하는 과정에서 중관논리를 구사하고 있다. 즉, 불교적 세계관에 입각하여 '관계(sambandha)'에 대한 조망을 재구성하고 있는 것이다.

Ⅲ. SPV와 중관논리 그리고 『중론』

1. SPV에서 발견되는 중관논리

흔히 중관논리의 특징은 귀류법을 사용하는 데 있다고 말한다. 그러나 어떤 논서에 귀류법이 등장한다고 해서 반드시 그 논서가 『중론』의 영향을 받아 작성되었다고 말할 수는 없을 것이다. 왜냐하면 귀류법은 비단 중관논사뿐 아니라 용수 이전과 이후 인도 내의 거의 모든 논사들이 애용하던 비판법이었기 때문이다.

그러면 중관 특유의 논법은 무엇일까? 단적으로 말해 귀류법적 논파와 아울러 비판의 대상이 되는 판단을 4구(四句)로 배열한다는 점이 추가되어야 한다. 즉, 중관논서에서는 적대자의 주장을 네 가지 이질적 판단(4句)으로 배열한 후 각각의 판단이 봉착하는 오류를 귀류법(prasaṅga)에 의해 비판한다.[17] 그리고 이것이 바로 중관논리(Mad

17) 김성철, 『용수의 중관논리의 기원』, 동국대박사학위논문, 1996, pp.187-210 참조.

hyamaka logic)이다.

그런데 SPV에서는 적대자의 주장을 총 2구 또는 총 3구적 판단으로 배열한 후 각 판단들을 오류에 빠지게 만드는 구절들이 많이 발견된다. 즉, 중관논리가 구사되고 있는 것이다. 그러면 이제 이런 구절들을 추출하여 『중론』의 게송들과 비교해 보기로 하겠다.

(1) 제1게에 대한 주석

SPV(觀關係品註)에서 중관논리가 가장 극명하게 드러나 있는 부분이 제1게에 대한 주석이다. 다르마끼르띠는 관계란 상의(相依, pāratantrya)라는 정의를 소개한다. 즉, '피관계자 간의 의존'이 관계라는 말이다. 이에 대한 다르마끼르띠의 주석을 직역하면 다음과 같다.

> 상의(gshan dbaṅ)라는 것은 다른 것에 의지한다(gshan la rag las pa)는 것인데, 그것이 '관계'라면, 피관계자가 ①성립했거나 ②성립하지 않았거나 중의 어느 하나이다. [첫째, 아직] ②성립하지 않은 것은 자성이 없기 때문에 관계가 실제로 존재하지 않는다. [둘째, 이미] ①피관계자가 성립해 있다면 상의가 어떻게 존재하겠는가? [상의가] 존재하지 않기 때문에 관계는 없는 것이다. [피관계자가] ③성립하긴 해도 일부분은 성립하지 않은 것이라면, 그것은 성립하기 위해서 다른 것과 상의하는 일은 결코 있을 수 없다. 성립과 불성립에서 기인하는 잘못된 사유에서 벗어나지 못하기 때문이다. 하나의 사물에 성립과 불성립이라는 두 가지 본질은 있을 수 없다.[18]

18) gshan dbaṅ ni gshan la rag las pa ste/ de ḥbrel pa yin na/ ḥbrel pa can grub paḥam ma grub pa gcig gi yin/ ma grub pa ni med paḥi ṅo bo yin paḥi phyir ḥbrel pa dṅos por yod pa ma yin no/ ḥbrel pa can grub na gshan dbaṅ ci shig yod med pa ñid de de bas na ḥbrel pa med pa ñid do/ grub tu zin kyaṅ cuṅ zad ma grub pa ñid do she na/ de grub p

여기서 다르마끼르띠가 비판의 대상으로 삼은 '관계에 대한 정의'는 다음과 같은 세 가지이다.

① 관계란 이미 성립된 피관계자 간의 상의이다.
② 관계란 아직 성립되지 않은 피관계자 간의 상의이다.
③ 관계란 일부는 이미 성립되고 일부는 아직 성립되지 않은 피관계자 간의 상의이다.

중관논리에서는 판단을 비판할 경우 비판의 대상이 되는 판단을 4구로 배열하는데 위에서 보듯이 다르마끼르띠 역시 총4구 중 전3구에 대입하여 적대자의 견해를 표현하고 있다. 용수는 『중론』 제2 관거래품에서는 '감'을 다음과 같이 세 가지 경우로 분석한 후 그 각각을 비판한다.

> '간 것'은 가지 않는다. '가지 않는 것'도 역시 가지 않는다. '간 것'과 '가지 않는 것'을 떠나서 '가는 중인 것'은 가지 않는다.[19]

여기서 말하는 '가는 중인 것'에 대해 청목은 다음과 같이 주석한다.

---

ar bya baḥi ched du gshan gyi dbaṅ kho nar yaṅ mi ḥgyur te/ grub pa daṅ ma grub pa las gyur paḥi ñes paḥi rnam par rtog pa las mi ḥdaḥ b aḥi phyir ro/ dṅos po gcig la grub pa daṅ ma grub paḥi ṅo bo gñi ga med do/ 티벳대장경, 北京板, 因明部, 제130권, No. 5714, p.145, 제3엽-제4엽.

19) gataṃ na gamyate tāvadagataṃ naiva gamyate/ gatāgatavinirmuktaṃ ga myamānaṃ na gamyate//(*M.K.* 2-1).[이하 *M.K.*는 *Madhyamaka Kārikā*를 의미한다.].

가는 중인 것은 반은 이미 가버리고 반은 아직 가지 않은 것을 일컫는다. 이미 가버린 것과 아직 가지 않은 것에서 벗어날 수 없기 때문이다.[20)]

따라서 위의 게송에서 용수가 비판의 대상으로 삼은 판단은 다음과 같이 정리된다.

① 제1구: 감이란 이미 간 것이 가는 것이다.
② 제2구: 감이란 아직 가지 않은 것이 가는 것이다.
③ 제3구: 감이란 반은 이미 가고 반은 아직 가지 않은 것이 가는 것이다.

이는 다르마끼르띠가 SP 제1게에 대한 주석에서 비판의 대상으로 삼은 판단과 동일한 구조를 갖는다. 즉, 다르마끼르띠는 4구를 의식하며 이를 작성하였던 것이다. 그러나 판단에 대한 4구적 배열은 비단 『중론』에만 등장하는 것이 아니다. 초기불전에서 무기설의 소재가 되는 형이상학적인 판단들 역시 4구적으로 배열되어 있으며 불교 이전에도 회의론자인 산자야 벨라티뿟따(Sañjaya Bellaṭṭhiputta)에게 제시되었던 의문들 역시 4구의 형태를 띠고 있었다. 따라서 비판의 대상이 되는 판단을 4구적으로 배열했다는 점은 다르마끼르띠가 중관논리를 의식하고 있었다는 결정적인 단서가 되지 못한다고 말할 수도 있을 것이다.

그런데 우리는 이런 4구적 판단에 대한 다르마끼르띠의 비판에서 중관논리를 발견하게 된다. 이는 특히 제3구적 판단에 대한 비판에서 명확히 표명되어 있다. 이를 정리해 보자.

---

20) 용수, 김성철 역, 『중론』, 경서원, 1993, p 53.

① 제1구 비판: 이미 성립된 피관계자가 어떻게 상의할 수 있겠는가?

② 제2구 비판: 아직 성립되지 않은 피관계자는 자성이 없기에 관계할 수 없다.

③ 제3구 비판: 일부는 이미 성립되고 일부는 아직 성립되지 않은 피관계자는 a)성립과 불성립에 기인하는 잘못된 사유에서 벗어나지 못한다. b)하나의 사물에 성립과 불성립이라는 두 가지 본질은 있을 수 없다.

여기서 ①은 단순한 반문으로 되어 있지만, 이는 "이미 성립된 피관계자는 다시 상의하여 관계를 맺을 필요가 없다."는 의미일 것이다. 『중론』에 등장하는 다음과 같은 게송 역시 이와 동일한 논리구조를 갖고 있다.

> 만일 업(業)이 확립되어 있기 때문에 자성이 존재하는 것이라면 이미 익은 과보가 다시 익게 될 것이다.[21]

이를 위에 인용한 ①에 대입하면 "이미 성립된 피관계자가 상의한다면 성립된 피관계자가 다시 성립되는 꼴이 된다."와 같은 문장이 구성될 수 있을 것이다. 어떤 작용을 하기 위해서는 그 작용의 주체가 존재해야 한다. 예를 들어 '상의(相依)'라는 작용을 하기 위해서는 상의의 주체인 '피관계자'가 존재해야 할 것이다. 그러나 상의의 주체인 피관계자가 존재한다면 성립된 피관계자가 상의를 통해 다시 성립하게 된다는 중복의 오류에 빠진다. 즉 피관계자가 상의하는 것이 관계라는 이론을 제1구적으로 이해할 경우 오류에 빠지고 마는 것이다.

---

21) tadvipakvavipākaṃ ca punareva vipakṣyati/ karma vyavasthitaṃ yasmāt tasmātsvābhāvikaṃ yadi//(*M.K.* 17-25).

그래서, 적대자는 피관계자 양자가 아직 성립하지 않은 상태에서 상의한다는 대안을 제시한다. 이는 제2구적인 이해이다. 그러나 다르마끼르띠는 ②를 통해 이를 비판한다. ②는 관계의 주체인 피관계자가 아직 성립되지 않은 상태에서 다른 것에 상의할 경우 빠지게 되는 오류를 드러낸 구절이다. 주체가 없는 것은 어떤 작용도 할 수 없다는 것이다. 『중론』에서도 이런 오류에 대해 다음과 같이 말한다.

> 가는 작용 없이 가는 자가 결코 성립하지 않는다면 가는 자가 간다고 하는 것이 도대체 어떻게 성립하겠는가?[22]

> 아무것도 보고 있지 않다면 능견(能見, darśana)은 존재하지 않는다. 그런데 능견이 본다는 것이 도대체 어떻게 타당하겠는가?[23]

즉, '가는 자가 간다', '능견이 본다'는 판단 각각의 주어가 되는 '가는 자', '능견' 등이 존재하지 않는다면 그 각각이 '간다'든지 '본다'는 판단을 구성할 수 없다는 것이다.

이와 같이 성립된 피관계자도 다른 것에 의존할 수 없고 성립되지 않은 피관계자도 다른 것에 의존할 수 없다는 점으로 인해 딜레마에 빠진 적대자는 제3의 대안을 제시한다. ③의 a)에서 보듯이 '일부는 이미 성립되고 일부는 아직 성립되지 않은 피관계자'가 있어서 그것이 다른 것에 의존한다는 제3구적으로 표현된 대안이다. 다르마끼르띠는 이런 대안은 모순을 야기한다고 지적하는데 이 역시 『중론』의 비판방식과 동일하다. 『중론』에서는 제3구적 판단을 일반적으로 다음과 같이 비판한다.

---

22) gantā tāvadgacchatīti kathamevopaoatsyate/ gamanena vinā gantā yadā naivopapadyate//(*M.K.* 2-9).

23) nāpaśyamānaṃ bhavati yadā kiṃ cana darśanam/ darśanaṃ paśyatītye vaṃ kathametattu yujyate//(*M.K.* 3-4).

> 어떻게 열반이 비존재와 존재의 양자가 되겠느냐? 이 양자는 같은 곳에 존재하지 않는다. 그것은 마치 밝음과 어둠과 같다.24)

용수는 '열반은 존재이다'라는 제1구적인 판단과 '열반은 비존재이다'라는 제2구적인 판단을 비판한 후, '열반은 존재이면서 비존재이다'라는 제3구적인 판단에 대해 존재론적 모순을 지적하며 위와 같이 비판하는 것이다.

지금까지 비교해 보았듯이 다르마끼르띠는 '관계란 상의이다'라는 명제에 대해 비판하면서 『중론』에서와 마찬가지로 그에 대한 이해방식을 3구로 배열할 뿐만 아니라 3구 각각에 대한 비판 역시 중관논리에 의거하여 구사하고 있다.

(2) 제3게에 대한 주석

제2게에서 '관계란 본질의 융합(rūpaśleṣa)'이라는 이론이 논파되자 적대자는 '관계란 상대(相待, parāpekṣā)'라는 제3의 대안을 제시한다. 그러나 다르마끼르띠는 '관계란 상대'라는 주장에 대해 다음과 같이 비판한다.

> 만일 상대하는 것(gshan la ltos pa)이 관계이지 본질의 융합(ṅo bo ḥdres pa= rūpaśleṣa)이 아니라고 한다면, 이 경우에도 상대하는 경우 상대에 의해 피관계자(ḥbrel pa can)로 된다. 즉 상대에 의해, ①존재하는 그 무엇을 상대하든지 ②존재하지 않는 그 무엇을 상대한다. ②만일 존재하지 않는 것이라면 그것을 어떻게 상대하겠는가? 자성(raṅ gi ṅo bo)이 성립되지 않은 사물에는 상대할 성질이 없는데, 그 어떤 것이 어떤 것에 대해 관계하겠는가? ①존재하는

24) bhavedabhāvo bhāvaśca nirvāṇa ubhayaṃ katham/ na tayorekatrāstitva mālokatamasoryathā//(*M.K.* 25-14).

> 것이라고 해도, 그 어떤 것에도 의지하지 않는 것, 즉 모든 자성이 발생되어 있어서 상대할 필요가 없는 사물이라면, 즉 그 무엇인가에 의해 상대된 것이라면, 상대되어질 것에 대해 어떻게 상대하겠는가? 나머지는 상의(pāratantrya)에서와 같은 방식으로 설명된다.[25)]

이 주석의 요점은 다음과 같이 정리될 수 있을 것이다.

① 존재하는 것은 자성이 성립되어 있기에 상대할 필요가 없다.
② 존재하지 않는 것은 자성이 성립되어 있지 않기에 서로 상대할 수 없다.

여기서 구사되는 논리는 제1게에서 상의(pāpatantrya)를 비판할 때 구사되었던 논리와 동일하다. 따라서 본 주석 마지막에서 다르마끼르띠는 "나머지는 상의에서와 같은 방식으로 설명된다."고 말하며 논의를 생략하고 있다. 그런데 '상대(parāpekṣā)'에 대한 위와 같은 형식의 비판은 용수의 논서 중 『중론』과 『회쟁론』에서 발견된다. 『중론』 제10 관연가연품(觀燃可燃品)에서 용수는 다음과 같이 말한다.

> 상대하여(apekṣya) 성립되는 존재가 아직 성립되지 않았다면 어떻게 상대하겠는가(apekṣate)? 더욱이 이미 성립된 것이 상대하는 것

---

25) ḥon te gshan la ltos pa ḥbrel pa yin kyi ṅo bo ḥdres pa ma yin no s he na/ ḥdir yaṅ gshan la ltogs pa na ltos pas ḥbrel pa can du ḥgyur te/ ltos nas yod pa shig ltos sam/ med pa shig ltos/ ji ste med na de ni ji l tar ltos/ raṅ gi ṅo bo ma grub paḥi dṅos po la ltos paḥi chos med pas gaṅ shig gi gaṅ gi ḥbrel pa yin/ yod na yaṅ kun la rag ma las te/ raṅ gi ṅo bo thams cad skyes pa ltos pa med paḥi dṅos po ltos pa gaṅ gis na/ ḥbrel par ḥgyur bar ji ltar ltos pa[1)] yin/ lhag ma[1)] rnams ni gshan gyi dbaṅ bshin du brjod par bya ḥo/(티벳대장경, 앞의 책, p.145, 제5엽).

> 은 상대에 있어서는 타당하지 않다.[26)]

용수는 여기서 불(agni)과 연료(indhana) 간에 이루어지는 상대(apekṣā)를 논파한다. 연료 없이 불은 존재할 수 없다. 또 그와 반대로 불이 없는 연료도 존재하지 않는다. 연료와 불은 서로 상대함으로써 그 존재성이 확보된다고 볼 수 있다. 그러면 '상대함'은 실재하는가? 용수는 불과 연료 각각의 독립적 실재성을 부정할 뿐만 아니라 양자 간의 '상대관계'의 실재성 역시 부정한다. 불과 연료 각각의 실재성은 "이것이 없으면 저것이 없고, 이것이 사라지면 저것이 사라진다."는 연기의 환멸문에 의해 비판된다. 그런데 여기서 한 걸음 더 나아가, "불과 연료는 서로 상대함으로써 존재한다."는 판단을 작성할 경우 용수는 불과 연료 양자의 '상대관계'의 실재성 역시 비판한다. 용수는 이 판단의 의미에 대한 우리의 이해 방식을 다음과 같은 두 가지로 분류한다. 첫째는 "이미 성립된 불이나 연료가 상대한다."는 것이고 둘째는 "아직 성립되지 않은 불이나 연료가 상대한다."는 것이다. 그런데 위의 인용문에서 보듯이 양자 중 그 어떤 경우에도 불과 연료는 상대함이라는 관계를 가질 수 없다. 먼저 "아직 성립되지 않은 불이나 연료가 상대한다."는 판단에 대해 용수는 다음과 같이 비판한다.

> 만일 불이 연료를 상대하고 연료가 불을 상대한다면 그 둘 중의 어느 쪽이 미리 성취되어 있어서 불이나 연료가 상대하게 되겠느냐?[27)]

반대로 '이미 성립된 불이나 연료'의 경우는 이미 그 존재가 확립

---

26) yo 'pekṣya sidhyate bhāvaḥ so 'siddho 'pekṣate katham/ athāpyapekṣate siddhastvapekṣāsya na yujyate//(*M.K.* 10-11).
27) yadīndhanamapekṣyāgnirapekṣyāgniṃ yadīndhanam/ kataratpūrvaniṣpannaṃ yadapekṣyāgnirindhanam//(*MK.* 10-8).

되어 있기에 성립되기 위해 다시 서로 상대할 필요가 없다. 용수는 이에 내재하는 오류를 다음과 같이 지적한다.

> 만일 불이 연료를 상대한다면 성립된 불이 [또다시] 성립[되는 꼴이] 된다.28)

여기서 "이미 성립된 불이나 연료가 상대한다."는 이해에 대한 비판은 위에 인용한 SPV3의 내용 중 ①과 동일한 구조를 갖고, "아직 성립되지 않은 불이나 연료가 상대한다."는 이해에 대한 비판은 ②와 동일한 구조를 갖는다.

또 다른 예를 들어 보자. 용수는 『회쟁론』에서 인식수단과 인식대상의 독립적 실재성을 논파하면서 양자 간의 상대관계 역시 논파한다. "인식수단은 인식대상을 상대함으로써 성립한다."는 판단 역시 우리는 두 가지 방식의 이해가 가능하다. 첫째는 "이미 성립된 인식수단이 인식대상을 상대함으로써 인식수단이 성립한다."는 제1구적 이해이고, 둘째는 "아직 성립되지 않은 인식수단이 인식대상을 상대함으로써 인식수단이 성립한다."는 제2구적 이해이다. 전자에 대해 용수는 다음과 같이 비판한다.

> 제42송: 만일, 그것(= 인식수단)들이 [인식대상들을] 상대하여(apekṣya) 성립한다고 생각한다면, 여기에는 어떤 잘못(kaḥ doṣa)이 있는가? [이미] 성립된 것을 [상대에 의해 다시] 성립시키는(siddhasya sādhanaṃ) 것이리라. 왜냐하면, 성립되지 않은 것은 다른 것(anyat)을 상대하지 않기 때문이다.29)

---

28) yadīndhanamapekṣyāgniragneḥ siddhasya sādhanam/(*MK.* 10-9 전반).

29) atha matamapekṣya siddhisteṣāmityatrabhavati ko doṣaḥ/ siddhasya sādhanaṃ syānnāsiddho 'pekṣate hyanyat//(*VV.* 42).[이하 *VV*는 *Vigraha-vyāvartanī*를 의미한다].

제42송 주석: 게다가 만일, 인식대상인 사물들을 상대하여(apekṣya) 인식수단들이 성립한다고 생각한다면, 그와 같은 경우(evam) [이미] 성립된 네 가지 인식수단이 [다시] 성립하게 된다. 무슨 까닭인가? [이미] 만들어진 것을 [다시] 만들 수는 없기 때문에, [이미] 성립되어 있는 것을 [다시] 성립시킨다는 것은(siddhasya sādhanam) 있을 수 없다.30)

이미 만들어진 것은 다시 만들어지지 않는다. 즉, 성립되어 있는 것을 다시 성립시킨다는 일은 있을 수 없기에 이미 성립된 인식수단이 인식대상을 상대함으로써 인식수단이 성립될 수는 없다. 이는 인식수단과 인식대상 간의 '상대관계'에 대해 제1구적으로 이해할 경우 봉착하게 되는 '중복의 오류'를 지적하는 게송이다. 반대로 제2구적 이해에 대해서 용수는 다음과 같이 비판한다.

왜냐하면, 성립되지 않은 사물이 [무엇을] 상대한다는 것은 있을 수 없기 때문이다. 실로 [아직] 성립되어 있지 않은 데와닷따(devadatta)가 그 어떤 사물을 상대하는 것은 아니다.31)

인식대상과 인식수단 간의 상대관계는 역으로 표현될 수도 있다. "인식대상은 인식수단과 상대함으로써 성립한다."고. 그러나 이 경우에도 '상대관계'는 존재할 수 없다.

왜냐하면, 만일 인식수단들에 의해 인식대상들이 성립하고, 또 그런

30) athāpi matamapekṣya prameyānarthān pramāṇānāṃ siddhirbhavatīti, evaṃ siddhasya pramāṇacatuṣṭayasya sādhanaṃ bhavati/ kiṃ kāraṇaṃ/ na ca siddhasya sādhanamiṣṭaṃ kṛtasya karaṇānupapatteriti/ (*VVV.* 42).[이하 *VVV*는 *Vigraha-vyāvartanī-vṛtti*를 의미한다].

31) na hyasiddhasyārthasyāpekṣaṇaṃ bhavati/ na hyasiddho devadattaḥ kaṃcidarthamapekṣate/(*VVV.* 42.).

> 인식수단들은 바로 그런 인식대상들에 의해 성립되는 것이라면, 인식대상들이 성립하지 않은 경우에는, [인식수단들의] 원인(kāraṇa) [인 인식대상들]이 성립하지 않은 것인데, 성립되지 않은 인식대상들이 어떻게 [인식수단들을] 성립시키겠는가?32)

즉, 존재하지도 않는 데와닷따(Devadatta)가 어떤 것을 상대할 수 없듯이 아직 성립되지 않은 것이 그 무엇을 상대하는 일은 있을 수 없다. 따라서 인식대상이 성립되어 있지 않은 경우에 인식대상이 인식수단을 상대함으로써 인식수단을 성립시킬 수는 없는 것이다.

용수는 어떤 판단에 대한 제1구적 이해를 비판할 때에는 "주어가 존재한다면 중복의 오류에 빠진다."고 지적하며 제2구적 이해를 비판할 때에는 "주어가 존재하지 않는 것은 작용을 할 수가 없다."고 지적한다.33) 그리고 이것이 제1구와 제2구에 대한 중관논리적 비판방식이며 위에서 보듯이 이와 같은 논리가 SPV에서 그대로 차용되고 있는 것이다.

(3) 제18게에 대한 주석

다르마끼르띠는 인과관계의 실재성을 논파하면서 원인과 결과가 분리되어 있다고 보건, 분리되어 있지 않다고 보건 인과관계는 존재할 수 없다고 비판한다. 이를 직역해 보자.

> 허구적 대상이라는 점, 그 점에 의해 관계는 실재하지 않는 대상이라는 점을 가르치는 것이냐고 묻는다면, 그것은 그렇다. 여기서 그

32) yadi hi pramāṇaiḥ prameyāṇi sidhyanti tāni ca pramāṇāni taireva prameyaiḥ sādhayitavyāni nanvasiddheṣu prameyeṣu kāraṇasyāsiddhatvādasiddhāni katham sādhayiṣyanti prameyāṇi//(*VVV.* 47.).

33) 김성철, 앞의 책, pp.195-202 참조.

> 런 식으로 검토되는 것은 두 가지이다. 원인과 결과는 실제로 ②분리되든지 ①분리된 것이 아닌 어느 하나의 관계이다. 만일 ②분리된 것이라면 분리된 것이 어떻게 관계하겠는가? 그렇지 못한데, 제각각의 본질에 건립된 것이기 때문이다. 만일 ①분리된 것이 아니라면 분리되지 않은 것이 어떻게 인과관계에 있겠는가? 발생될 것이 발생하지 않은 상태에서 작용하는 것이기 때문이다. 또, 분리됨이 없는데 두 가지가 관계함이 어떻게 존재하겠는가?[34)]

여기서 다르마끼르띠가 중관논리를 구사하고 있는 구절은 다음과 같이 정리된다.

① 원인과 결과가 분리되어 있지 않다면, 원인과 결과가 발생도 하지 않은 상태에서 관계하는 꼴이 되기 때문에 옳지 않다.

② 원인과 결과가 분리되어 있다면, 원인과 결과는 제각각의 본질에 건립된 것이기 때문에 서로 관계할 수 없다.

원인과 결과가 분리되어 있지 않다는 것은 인과관계를 성립시키기 위해 관계할 피관계자인 원인과 결과 각각이 존재하지 않는다는 것을 의미한다. 따라서 인과관계의 주체로서의 피관계자가 존재하지 않기 때문에 관계라는 작용이 발생할 수 없다. 이와 반대로 원인과 결과가

---

34) ḥbrel pa yaṅ dag pa ma yin paḥi don gcig bstan de dag gis tam ci/ gaṅ gis log paḥi don yin she na/ de de bshin te/ ḥdi ltar ḥdir brtag par bya ba gñis te/ rgyu daṅ ḥbras bu yaṅ dag par don tha dad pa ham/ tha dad pa ma yin pa shig ḥbrel/ ji ste tha dad na/ tha dad yin na ci shig ḥbrel/ ma yin pa ñid de/ raṅ raṅ gi ṅo bo la gnas pa ḥi phyir ro/ gal te tha dad pa ma yin na ni/ tha dad min na rgyu ḥbras gaṅ/ ma yin pa ñid de/ bskyed par bya ba ma skyes pa la byed paḥi phyir la/ tha dad pa med paḥi phyir gñis ḥbrel pa ga la yod/(티벳대장경, 앞의 책, p.147, 제2엽.).

분리되어 있다면 원인이나 결과가 이미 성립되어 있다는 말이 되므로 양자가 다시 관계를 맺을 필요가 없을 것이다.

『중론』 제14 관합품(觀合品, saṃsarga-parīkṣā-prakaraṇa)에서는 이와 같은 딜레마를 다음과 같이 표현한다.

> ①단일한 것이 단일한 것과 결합하는 것도, ②다른 것이 다른 것과 결합하는 것도 타당하지 않다.[35]

이 게송에서 용수는 보는 작용(darśana), 보이는 대상(draṣṭavya), 보는 자(draṣṭṛ)의 결합(saṃsarga)에 대해 검토하면서 이 삼자가 다르다고 해도 결합할 수 없고 같다고 해도 결합할 수 없다는 점을 표명하고 있다. 다르다고 할 경우 굳이 결합함으로써 삼자를 발생시킬 필요가 없고, 같다고 할 경우 삼자가 성립되어 있지 않기에 결합이라는 작용을 할 수가 없는 것이다.

『중론』 제6 관염염자품(觀染染者品)에서도 용수는 다음과 같이 말한다.

> ①만일 단일한 것이라면 결합은 존재하지 않는다. 왜냐하면 어떤 것이 그것 자체와 결합하지는 못하기 때문이다. ②만일 별개의 것이라면 도대체 어떻게 결합(sahabhāva)이 존재하겠느냐?[36]

만일 '탐욕(rāga)'과 '탐욕에 물든 자(rakta)'가 단일하다면 양자는 결합할 수가 없다. 손가락 끝으로 같은 손가락 끝을 만지지 못하는 것과 같다.[37] 이와 반대로 탐욕과 탐욕을 내는 자가 서로 다른 것이

35) na tena tasya saṃsargo nānyenānyasya yujyate/ saṃsṛjyamānaṃ saṃsṛṣṭaṃ saṃsraṣṭā ca na vidyate//(*M.K.* 14-8).

36) naikatve sahabhāvo 'sti na tenaiva hi tatsaha/ pṛthaktve sahabhāvo 'tha kuta eva bhaviṣyati//(*M.K.* 6-4).

라고 해도 양자는 결합할 수가 없다. 서로 별개로 성립되어 있는 것은 다시 결합할 필요가 없기 때문이다.[38]

이상과 같은 『중론』의 논의는 다음과 같이 정리된다.

① 제1구적 판단에 대한 비판: 피결합쌍이 단일하다면 서로 결합할 수가 없다. 같은 것이 같은 것과 결합할 수 없기 때문이다.
② 제2구적 판단에 대한 비판: 피결합쌍이 다르다면 서로 결합할 수가 없다. 피결합쌍이 이미 성립되어 있기에 그 성립을 위해 굳이 결합할 필요가 없기 때문이다.

여기서 제2구적 판단에 대한 비판의 경우는 『중론』의 인용부와 다르마끼르띠의 주석에서 구사되는 논리는 동일하다. 그러나 제1구적 판단에 대한 비판의 경우 양자는 차이가 있다. 다르마끼르띠는, 피관계자가 분리되어 있지 않은 경우 피관계자가 아직 발생하지 않았기에 주체가 없는 상태라서 관계라는 작용을 할 수가 없다고 비판하는 반면, 용수는 피결합쌍이 분리되어 있지 않은 경우 동일한 것이 동일한 것과 결합할 수 없기에 결합이라는 작용이 있을 수 없다고 비판하는 것이다.

그러나 두 경우 모두 피관계자, 또는 피결합쌍이 분할을 통해 발생하기 이전의 상태에 대한 비판이라는 점에서 그 취지를 같이한다. 다르마끼르띠가 소재로 삼은 '원인(kāraṇa)과 결과(kārya)'에 대해서도 원인과 결과가 아직 분할되지 않았다면 동일한 것에 소속된 원인과 결과의 양자는 관계를 맺을 수 없다고 『중론』식 비판을 가할 수 있고, 『중론』의 소재가 된 '보는 작용(darśana)과 보이는 대상(draṣṭavy

37) 용수, 김성철 역, 앞의 책, p.113.
38) 위의 책.

a)과 보는 자(draṣṭṛ)' 및 '탐욕(rāga)과 탐욕에 물든 자(rakta)'에 대해서도 아직 분할되지 않은 상태에서는 주체가 존재하지 않기에 관계라는 작용을 가질 수 없다고 비판할 수 있는 것이다. 따라서 SPV18에 등장하는 제1구적 판단에 대한 비판 역시 중관논리와 같은 구조를 갖는 비판이라고 볼 수 있다.

(4) 그 밖의 주석

이상의 예는 중관논리의 영향이 명확히 드러나는 구절들이다. 그러나 이들 이외에도 SPV 도처에서 중관논리적인 비판이 발견된다. 이 중 적대자를 딜레마에 빠지게 함으로써 비판한 예를 좀 더 수집해 보자.

> 관계란 본질의 융합이지 다른 것에 대한 의존이 아니라고 한다면, 이는 옳지 않다. 두 가지의 것, 즉 피관계자에 두 개의 본질이 있다면, ①단일한 본질을 특징으로 하는 본질의 융합이 그 경우 어떻게 존재하겠는가? 존재하지 않는다. ②단일한 것이라고 해도 두 개의 피관계자가 존재하지 않는데 어떻게 관계이겠느냐? 이것(= 관계)은 둘에 토대를 둔 것이기 때문이다.[39]

본질(rūpa)이 융합(śleṣa)된다는 것은 본질이 하나로 되는 것을 의미한다. 그리고 두 개의 피관계자의 존재가 전제되어야 관계가 발생할

---

39) ṅo bo ḫdres pa ḫbrel yin gyi gshan dbaṅ kho na ma yin no shes na/ de ni mi ruṅ ste/ gñis ñid yin te ḫbrel pa can gñis kyi ṅo bo yin na/ ṅo bo ḫdres pa raṅ gi ṅo bo gcig paḫi mtshan ñid der yaṅ ji ltar ḫgyur te mi ḫgyur ba ñid do/ gcig pu gyur na yaṅ ḫbrel ba can gñis med paḫi phyir ḫbrel ba gaṅ shig yin te/ ḫdi ni gñis las gnas paḫi phyir ro/(SPV. 2).(티벳대장경, 앞의 책, p.145 제4엽).

수 있다. 그런데 적대자는 '관계란 본질의 융합'이라고 정의한다. 다르마끼르띠는 여기서 관계(sambandha)의 의미를 중시할 경우 융합(śleṣa)의 의미가 훼손되며 융합의 의미를 중시할 경우 관계의 의미가 훼손된다는 점을 지적한다. 여기서 다르마끼르띠가 적대자를 딜레마에 빠지게 만드는 방식 역시 중관적 논법인 것이다.

제4게에 대한 주석에서 다르마끼르띠는 피관계자와 관계는 다른 것이라는 적대자의 주장을 비판하며 적대자의 주장에 내재하는 무한소급의 오류(reductio ad infinitum)를 지적한다.

> ①사태가 분리되지 않은 경우에는 관계와 피관계자의 그 어떤 것도 존재하지 않는다. ②분리된 또는 그와 다른 '관계'가 존재한다고 인정해도 그것과 양자는 어떻게 관계하겠는가? 그 하나(= 관계)와 두 피관계자 간에 어떤 관계가 있겠는가? 없다. 왜냐하면 위와 같은 결합이 있기 때문에 두 피관계자가 관계하지 않는 것과 같이, 그것(= 관계)과 두 피관계자도 관계를 갖지 않는다. 다시, 두 피관계자가 둘이면서 관계한다고 해도 그 어떤 것도 미리40) 존재한다. 그와 달리 관계라는 하나의 사태와 관계한다고 인정한다면, 그 경우 관계와 두 피관계자 간에도 어떤 관계가 인정될 필요가 있는데, 그런 식으로 관계를 인정하는 것이기 때문이다. 그것에 대해서도 관계라는 어떤 하나의 사태가 존재하기 때문에 끝이 없게 된다.41)

40) 원문은 'snaṅ du'로 되어 있는데 의미가 통하지 않는다, Frauwallner(Frauwallner, "Dharmakīrtis Saṃbandhaparīkṣā - Text und Übersetzung", *KLEINE SCHRIFTEN*, p.499)는 'skad du'로 복원하며, Intrenet 상의 Asian Classics Input Project의 Roma자 치환본(www.asianclassics.org/download/TengSkt.html)에서는 'sdaṇ du'로 복원하나 이 역시 의미가 통하지 않는다. 필자는 'sṅar ru'(before)로 복원한다(다음 각주의 인용부 중 밑줄 친 곳).

41) don tha dad pa ma yin paḥi phyogs la ni ḥbrel pa daṅ hbrel pa can gyi gaṅ yaṅ med do/ tha dad paḥam cig śos kyi ḥbrel pa yod du chug kyaṅ/ ḥon kyaṅ de daṅ gñis ḥbrel pa gaṅ yin/ gcig pa de daṅ ḥbrel pa

만일 관계와 피관계자가 분리되어 있지 않다면 피관계자나 관계가 별도로 존재할 수 없기에 피관계자가 관계됨으로써 관계가 발생하는 일은 있을 수가 없다. 그와 반대로 피관계자가 그와 분리된 관계라는 하나의 사태와 관계를 맺음으로써 관계가 성립하는 것이라면 두 피관계자와 관계 사이에도 다시 관계가 존재해야하기에 결국 무한소급의 오류에 빠지고 만다. 즉, 두 피관계자와 관계는 분리되어 있을 수도 없고 분리되어 있지 않을 수도 없다. 이 역시 딜레마를 이용한 비판법이다.

인과관계를 비판하는 경우에도 다르마끼르띠는 딜레마를 이용한다.

> 원인이나 결과에 순차적으로 관계가 존재한다고 말한다면 이 역시 옳지 않다. 이와 같이 순차적이라고 해도 하나의 사태로부터 원인이나 결과 중 어느 하나에 관계라고 하는 것이 존재한다면 다른 것에는 존재하지 않아서 ①원인에 존재하는 경우에는 결과에는 관련이 없고, ②결과에 존재하는 경우에는 원인에는 관련이 없기에 두 곳에 순차적으로 존재한다면 관계는 타당하지 않다.[42)]

---

can gñis su ḥbrel pa gaṅ yin te med pa ñid do/ ji skad du smos paḥi s kyon yod paḥi phyir ji ltar ḥbrel pa can gñis ḥbrel pa med pa de bshin du/ de daṅ yaṅ ḥbrel pa can gñis ḥbrel pa med do/ gshan du na ḥbrel pa can gñis ñi tshe ḥbrel pa yaṅ ci shig she <u>sṅar ru</u> yod/ gshan yaṅ ci s te ḥbrel paḥi don gcig daṅ ḥbrel par ḥdod na/ deḥi tshe ḥbrel pa daṅ ḥ brel pa can gñis la yaṅ ḥbrel pa shig ḥdod par bya dgos te/ de lta bur ḥbrel pa khas len paḥi phyir ro/ de la yaṅ ḥbrel paḥi don gcig bu shig yod pas thug paḥam med par ḥgyur ro/(티벳대장경, 앞의 책, p.145 제5엽-p.146 제1엽).

42) rgyu ḥam ḥbras bu la rim gyis ḥbrel pa gnas so she na/ de yaṅ mi ri gs te/ ḥdi ltar rim las kyaṅ dṅos po gcig las rgyu ḥam ḥbrs bu gcig la ḥbrel pa shes bya ba gnas na/ gshan la re ba med de/ rgyu gnas pa na ḥbras bu la ltos pa med do/ ḥbras bu gnas pa na rgyu la ltos pa med

인과관계가 원인과 결과 중 어느 하나에만 존재하고 다른 것에는 존재하지 않음으로써 인과관계가 성립한다는 적대자의 주장에 대해 다르마끼르띠는 인과관계가 만일 원인에 존재한다면 결과와 무관하게 인과관계가 존재하는 꼴이 되고, 결과에 존재한다면 원인과 무관하게 인과관계가 존재하는 꼴이 된다고 논박함으로써 적대자를 딜레마에 빠뜨린다. 딜레마는 4구 중 제1구와 제2구적 판단이 봉착하는 논리적 오류를 지적하는 방식으로 용수 역시 『중론』 도처에서 딜레마를 이용하여 적대자의 주장을 비판한다. 다음을 보자.

> ①만일 하나인 중에 합하는 존재라고 한다면 그것은 [합할] 짝이 없이도 그렇게 되는 꼴이 되고 ②만일 다른 것에 합하는 존재라고 한다면 그것은 [합할] 짝이 없이도 그렇게 되는 꼴이 된다.43)

> 생 등(生 等, = 생주멸)의 세 가지가 ①각각의 것들이라고 하면 유위상(有爲相)의 작용으로는 적합치 않다. [이와 반대로 그 세 가지가] ②결합되어 있다고 하면 어떻게 일처(一處), 일시(一時)일 수 있겠는가?44)

> ①만일 자성이 존재하지 않는다면 어떻게 사물이 변모되겠느냐? ②만일 자성이 존재한다면 어떻게 사물이 변모되겠느냐?45)

---

pas gñis la rim gyis ḥdug na ni ḥbrel par mi ruṅ ste/(티벳대장경, 위의 책, p.146 제2엽-제3엽).

43) ekatve sahabhāvaścet syātsahāyaṃ vināpi saḥ/ pṛthaktve sahabhāvaścet syātsahāyaṃ vināpi saḥ//(*M.K.* 6-5).

44) utpādādyāstrayo vyastā nālaṃ lakṣaṇakarmaṇi/ saṃskṛtasya samastāḥ syurekatra kathamekadā//(*M.K.* 7-2).

45) kasya syādanyathābhāvaḥ svabhāvaścenna vidyate/ kasya syādanyathābhāvaḥ svabhāvo yadi vidyate//(*M.K.* 13-4).

①만일 세간에 한계가 있다면 어떻게 후세(= 來生)가 존재하겠는가? 그렇다고 ②세간이 무한하다고 하면 어떻게 후세가 존재하겠는가?[46]

2. SP와 『중론』

SP는 게송의 형식, 제목 그리고 그 구성에서 『중론』과 유사하다. 먼저 SP의 게송의 형식에 대해 검토해 보자. SP는 『중론』과 마찬가지로 Śloka[47] 형식으로 작성되었다. 다음과 같은 게송을 보자.

pāratantryaṃ hi sambandhaḥ siddhe kā paratantratā/ tasmāt sarvasya bhāvasya sambandho nāsti tattvataḥ/(Sp.1).[48]
rūpaśleṣo hi sambandho dvitve sa ca kathaṃ bhavet/ tasmāt prakṛtibhinnānāṃ sambandho nāsti tattvataḥ[49]/(Sp.2).[50]

---

46) antavān yadi lokaḥ syātparalokaḥ kathaṃ bhavet/ athāpyanantavāṃl lokaḥ paralokaḥ kathaṃ bhavet//(*M.K.* 27-21)

47) *Veda*의 Auṣṭbhu(4×4조의 찬가)에서 발달한 서사시 형식으로 8음절로 이루어진 Pāda 4개로 이루어져 있다(Macdonell, *A Sanskrit Grammar for Students*, Oxford University Press, 1927, Appendix), p.233.

48) V. H. Jha, 앞의 책 p.2.

49) *SP* 제1게와 제2게 말미에서 '관계는 실제로 존재하지 않는다(sambandho nāsti tattvataḥ)'라고 선언하는데, 『중론』에서도 개념의 실체성을 비판할 때 'tattvatas(실제로)'라는 표현을 사용한다. 다음을 보자: '또 이 業은 번뇌를 본질로 하는 것이다. 그러나 그런 갖가지 번뇌들은 실제로 존재하는 것이 아니다. 만일 그런 갖가지 번뇌들이 진실되게 있는 것이 아니라면 어떻게 업이 실제로 존재하겠느냐?'(karma kleśātmakaṃ cedaṃ te ca kleśā na tattvataḥ/ na cette tattvataḥ kleśāḥ karma syāttattvataḥ katham//: *M.K.* 17-26), '淨과 不淨의 뒤바뀐 오해를 연하여 발생하는 것들, 그것들은 자성으로서 존재하지 않는다. 그러므로 번뇌는 실제로 존재하지 않는다(śubhāśubhaviparyāsān saṃbhavanti pratītya ye/ te svabhāvānna vidyante tasmātkleśā na ta

두 게송 중의 각 음절의 길이는 다음과 같이 분석된다;

장단장장 단장장장 장장장단 단장단장/ 장장장장 단장장단 장장장장 단장단단//
장장장장 단장장장 장장단단 단장단장/ 장장단단 단장장장 단장장장 단장단단//

이는 모두 Pathyā형[51]의 Śloka이다. 『중론』 귀경게의 음절은 다음과 같이 분석된다.

anirodham anutpādam anucchedam aśāśvatam/ anekārtham anā nārtham anāgamam anirgamam//
yaḥ pratītyasamutpādaṃ prapañcopaśamam śivam/ deśayāmāsa saṃbuddhastaṃ vande vadatāṃ varam//

단단장단 단장장단 단장단단 단장단단/ 단장장단 단장장단 단장단단 단장단단
장단장단 단장장장 단장장단 단장단단/ 장단장장 단장장장 장장장단 단장단단

귀경게 역시 SP와 마찬가지로 Pathyā형의 Śloka이다.

또, Sambandha-parīkṣā-prakaraṇa라는 제목 역시 『중론』을 염두에 두고 지어진 듯하다. 『중론』 내 각 품의 제목은, Pratyaya-parīkṣā-prakaraṇa(관인연품, 觀因緣品), Gatāgata-parīkṣā-prakaraṇa(관거래품, 觀去來品)인데 Sambandha-parīkṣā-prakaraṇa(관관계품, 觀關係品) 역시 같은 형식으로 작성되었다. 『니야야브하샤』의 저자 왓

ttvataḥ// *M.K.* 23-2). tattvatas는 paramārthatas(승의에 있어서)와 동의어로 청변(490-570C.E.경)은 『중론』적 귀류논증식이 디그나가의 논리학에서 말하는 '주장의 오류(pakṣābhāsa)'에 빠지지 않도록 하기 위해 주장명제 앞에 이 단어를 부가하기도 한다.

50) V. H. Jha, 위의 책, p.6.

51) Pathyā형 Śloka의 16음절은 다음과 같은 박자를 갖는다: ○○○○ 단장장○ ○○○○ 단장단○(Macdonell, 앞의 책). '단'의 위치에는 단음이 와야 하고, '장'의 위치에는 장음, ○의 위치에는 장음이나 단음 모두 올 수 있다.

스야야나(Vātsyayāna)는 『니야야수뜨라』의 저술방식에 대해 다음과 같이 설명한다.

> 그런데 이 경전은 세 가지 방식으로 전개된다. 이는 열거(uddeśa)와 정의(lakṣaṇa)와 검토(parīkṣā)이다. 이 중에서 열거라는 것은 명칭에 의해 갖가지 범주들을 해설하는 것이다. 다음에 정의란 열거된 것에 대해 참된 성격을 표명하는 것이다. 검토란 정의된 것(lakṣita)이 정의에 부합되는지 아닌지 여부에 대해 갖가지 인식수단을 통해 확정하는 것이다.52)

즉, 자신의 학파의 세계관을 드러내기 위해서 먼저 그 세계관을 구성하는 개념들이 열거(uddeśa)하고, 그 다음에는 각각의 개념에 대한 정의(lakṣaṇa)를 내린 후, 마지막으로 그 정의의 타당성에 대해 논쟁적으로 검토(parīkṣā)하는 것이 일반적 논서의 저술방식이다. 그런데 그 제목과 내용에서 보듯이 『중론』과 SP 모두 비판적 검토(parīkṣā, 觀) 위주로 이루어진 논서이다.

또, SP와 『중론』은 그 논지 전개 방식에서도 일치한다. 『중론』 내 각 품은 대부분 적대자의 세계관을 비판하는 것으로 끝을 맺지만 환(幻)과 가상으로서의 세계를 긍정하는 다음과 같은 게송이 추가되기도 한다.

> 마치 환상과 같고 꿈과 같으며 신기루와 같다고 생과 주와 멸이 각각 그와 같이 설명되었다.53)

---

52) trividhā cā'sya śāstrasya pravṛttiḥ - uddeśo lakṣaṇaṃ parīkṣā ceti /tatra nāmadheyena padārthamātrasyā'bhidhānam uddeśaḥ / tatroddiṣṭasya tattvavyavacchedako dharmo lakṣaṇaṃ / lakṣitasya yathālakṣaṇam upapadyate na veti pramāṇair avadhāraṇaṃ parīkṣā(*N.Bh.* 1-1-2).(*NYĀYADARŚANAM*, 앞의 책, pp.83-84.).

> 번뇌들과 업들과 신체들 또 업의 주체들과 과보들도 신기루의 자태를 띄고 있으며 아지랑이나 꿈과 같다.[54)]

> 형상과 소리와 냄새와 맛과 감촉 그리고 생각의 내용은 오직 신기루와 같은 모습을 하고 있으며 아지랑이나 꿈과 같다.[55)]

생, 주, 멸이나 번뇌, 업, 업의 주체, 형상, 소리, 냄새, 맛, 감촉, 생각 모두 실재하는 것은 아니다. 이들 모두는 환상(māyā)이나 꿈(svapna), 신기루(gandharvanagara)나 아지랑이(marīci)와 같은 것이다. 갖가지 개념과 판단, 세계관이 비판된다고 해서 환으로서의 세계, 가상으로서의 세계조차 부정되는 것은 아니다.

다르마끼르띠의 경우도 이와 마찬가지다. SP에서 관계의 실재성을 비판하긴 하지만 가상의 세계, 즉 언어의 세계는 인정한다. SP 제1게-제4게에 걸쳐 다르마끼르띠는 관계에 대한 갖가지 정의를 비판한 후 제5게에서 다음과 같이 선언한다.

> 이 양자와 그와 다른 이것, 그 모든 것은 자체에 건립된 것이다. 그러므로 존재는 스스로 융합하지 않으며 사유(kalpanā)가 그것들을 융합한다(SP.5).[56)]

관계는 실재하는 것이 아니다. 그러나 우리의 사유(kalpanā)가 피

---

53) yathā māyā yathā svapno gandharvanagaraṃ yathā/ tathotpādastathā sthānaṃ tathā bhaṅga udāhṛtam//(*M.K.* 7-34).

54) kleśāḥ karmāṇi dehāśca kartāraśca phalāni ca/ gandharvanagarākārā marīcisvapnasaḥnibhāḥ//(*M.K.* 17-33).

55) rūpaśabdarasasparśā gandhā dharmāśca kevalāḥ/ gandharvanagarākārā maricisvapnasaṃnibhāḥ//(*M.K.* 23-8).

56) tau ca bhāvau tadanyaśca sarve te svātmani sthitaḥ/ ityamiśraḥ svayaṃ bhāvāstān miśriyati kalpanā/(V. N. Jha, 앞의 책 p.12).

관계자들이 융합한 것처럼 보이게 만든다. 즉, 각각의 성질이 서로 의존(rag las pa)하고 있는 것처럼 보이도록 만드는 것이다.[57] 그리고 그런 관계뿐만 아니라 피관계자 역시 우리의 관념에 의해 발생된 것이다. 다르마끼르띠는 다음과 같이 말한다.

> 그리고 사물의 차이를 인식하기 위해 그것(=사유)에 부응하여 행위와 행위자와 같은 언어들이 결합된다(SP.6).[58]

즉, 관계나 피관계자, 행위와 행위자라는 언어는 사유의 조작에 부응하여 생성된 것이다.

다르마끼르띠는 제7게-제16게에서 인과관계의 실재성을 비판하고, 인과관계에 대해 불교적으로 재해석한 후 제17게를 통해 다시 다음과 같이 선언한다.

> 그 양자만이 실재하는 대상이며, 인과에 대한 관념(vikalpā)은, 허구의 대상으로, 대상들을 연관된 것으로 본다(SP.17).[59]

SP 제13게에서 다르마끼르띠는 인과관계에 대해 "보이지 않던 것이, 어떤 사물을 보면 그것이 보이고, 그것이 보이지 않는 경우에는 보이지 않는다."고 정의한다. 즉, 인과관계(sambandha)가 실재하는 것이 아니라 결과가 보이면 원인이 보이고 원인이 보이지 않으면 결과

57) ḥbrel pa yaṅ dag pa ni ḥgaḥ yaṅ med kyi/ dṅos po de dag ḥdres pa med kyaṅ rtogs pas ḥbres par byed/ gshan la rag las paḥi ṅo bo lta bur mtsan ma ḥgaḥ shig ston pa skyeḥo/(티벳대장경, 앞의 책, p.146 제2엽).

58) tameva cānurundhānaiḥ kriyākārakavācinaḥ/ bhāvabhedapratītyartham saṃyojyante 'bhidhāyakāḥ/(V. N. Jha, 앞의 책 p.14).

59) etāvanmātratattvārthāḥ kāryakāraṇagocarāḥ/ vikalpā darśyantyarthān mithyārthā ghaṭitāniva/(위의 책, p.36).

도 보이지 않는다는 점만이 추리의 근거가 된다는 것이다. 이를 제16게에서는 "생성된 것(=결과)이 존재할 때 그것(=원인)이 존재한다는 것, 그리고 [원인이] 존재할 때만 [결과가] 생성된다는 것은, 지각과 비인지(非認知)에 근거하여 인과성(hetuphalatā)으로서 증명되는 것이다"[60]라고 표현한다. 따라서 '존재함'과 '존재하지 않음'[의 양자]만이 인과성의 근거가 될 뿐이지, 인과관계가 실재하는 것은 아니다. 즉, 허구의 대상이다.

지금까지 고찰해 보았듯이, 제시된 적대자의 세계관을 중관논리에 의해 비판한 후, 다시 그 허구성을 표명한다는 점에서 SP와 『중론』의 논지 전개 방식은 일치한다. 양 논서의 논지 전개 과정을 도식적으로 나타내면 다음과 같다.

①적대자의 세계관 제시 → ②그에 대한 중관논리적 비판 → ③허구성의 표명

그러나 SP의 내용 중 제13게-제17게는 『중론』과 그 성격을 달리한다. 다르마끼르띠는 "인과관계가 지각의 대상으로 실재한다."고 본 니야야학파의 주장을 비판하긴 했지만 제13게-제17게에 걸쳐 인과관계에 대한 자신의 이론을 개진하고 있다. 그리고 바로 이 점에서 용수와 다르마끼르띠의 시대적 역할이 구별된다. 용수는 반논리적 사유에 철저했던 반면 다르마끼르띠는 중관적 반논리의 토대 위에서 논리학의 세계를 구축하고자 했던 것이다.

---

60) bhāve bhāvini tadbhāvo bhāva eva ca bhāvitā/ prasiddhe hetuphalate pratyakṣānupalambhataḥ/(위의 책, p.34).

Ⅳ. 맺는말

지금까지 고찰해 보았듯이 SPV에서는 『중론』이나 『회쟁론』에서 구사되는 중관논리를 거의 그대로 차용한 것이라고 생각되는 구절들이 많이 발견된다. 즉, SPV에서 다르마끼르띠는 적대자의 주장을 비판할 때 이를 제1, 2, 3구 또는 제1, 2구적 판단으로 재배열한 후 각 판단에 내재하는 논리적 오류를 귀류법(prasaṅga)에 의해 지적하고 있는 것이다. 그 후 다르마끼르띠는 융합이나, 행위자, 행위, 인과관계 등 관계와 연관된 제 개념들은 실재하는 것이 아니라 우리의 사유에 의해 만들어진 허구의 대상이라고 선언하며 유식적 세계관을 암시한다. 『중론』의 경우도 귀류법에 의해 적대자의 세계관을 논파한 후, 논파의 대상이 되었던 갖가지 개념들을 꿈이나 아지랑이와 같은 가상에 비유하는데, 이런 가상의 비유는 중관과 유식을 잇는 가교가 된다고 볼 수 있다. SP와 『중론』은 귀류법적 논파방식을 공유할 뿐만 아니라, 논파의 대상을 유식학적으로 승화시킨다는 점에서 그 취지를 같이한다.

뿐만 아니라 그 제목이 『중론』 내 각 품의 제목과 마찬가지로 'parīkṣā-prakaraṇa'의 형식으로 작성되었다는 점, 모든 게송이 『중론』과 마찬가지로 Śloka형식으로 쓰여졌다는 점 역시 SP가 『중론』의 영향을 받아 저술되었다는 사실을 입증하는 근거가 된다.

(인도철학 제10집, 2000년)

무인, 지·비지상사 논법에 대한 중관학적 수용과 인명학적 해석

Ⅰ. 들어가는 말 - 자띠 논법에 대한 상반된 평가와 인명학

자띠(jāti)는 중관학 형성에 지대한 영향을 끼친 반논리적 논법이다.[1] 『짜라까상히따(Caraka-saṃhitā)』의 답파(答破, uttara)를 위시하여[2] 『방편심론』 제4 상응품(相應品)에 등장하는 20종의 상응[3], 『니야야수뜨라(Nyāya-sūtra)』 제5편 제1절에서 비판적으로 소개되는 24가지 상사(相似, sama)[4], 『여실론(如實論)』에서 비판되는 16종의 난(難)[5], 진나(Dignāga: 480-540C.E.경)의 『인명정리문론(因明正理門

1) 김성철, 『용수의 중관논리의 기원 - 『방편심론』의 상응논법을 중심으로 -』(동국대박사학위논문, 1996).
2) 카지야마유이치는 『짜라까상히따』에서 자띠 논법이 발견되지 않는다고 말하나(梶山雄一, 「佛教知識論の形成」, 『認識論と論理學』, 講座大乘佛教9(동경: 춘추사, 1984), p.24, Gokhale의 지적(Gokhale, *Inference and Fallacies Discussed in Ancient Indian Logic*(Delhi: Sri Satguru Publications, 1992), p.151)과 같이 이 역시 자띠의 일종이라고 말할 수 있다(김성철, 위의 책, pp.23-24 참조).
3) 『大正藏』32, p.28.
4) *Nyāyadarśanam Ⅱ*(Kyoto: Rinsen Book co., 1982). pp.1101[원본은 2001. page 매김이 잘못되어 있음]-1159.

論)』에서 거론되는 21종의 과류(過類)[6], 역시 진나의 저술인 『집량론(集量論, Pramāṇasamuccaya)』에서 비판되는 14종의 상사(相似, mtshuṅs pa)[7] 모두 자띠로 분류된다.

그런데 이들 각 논서에서 자띠(jāti)를 보는 관점은 일치하지 않는다. 『짜라까상히따』에서는 답파(答破 uttara)라는 한 가지 자띠에 대해 간단히 소개만 할 뿐 가치평가를 하지는 않지만 그 내용으로 보아 이를 정당한 논법으로 간주한 듯하다.[8] 『방편심론』 역시 20종의 상응논법을 정당한 논법으로 간주하며 해설하고 있다.[9] 반면에 『니야야수뜨라』와 『여실론』, 『인명정리문론』, 『집량론』에서는 자띠를 부당한 논법으로 보아 비판하고 있다. 그리고 용수는 『방편심론』 등에 소개되는 상응논법을 자파의 논법으로 수용하여 『중론(Madhyamamka-śāstra)』과 『회쟁론(Vigrahavyāvartanī)』, 『광파론(Vaidalyaprakaraṇa)』 등의 반논리적 논서, 즉 중관논서들을 저술하였던 것이다.

동일한 자띠 논법에 대해 인도의 논사들은 이렇게 상반된 관점을 견지하였다. 즉, 『방편심론』과 용수의 저술에서는 자띠를 정당한 논법으로 간주한 반면, 『니야야수뜨라』와 『여실론』, 그리고 『인명정리문론』이나 『집량론』과 같은 진나의 저술에서는 부당한 논법으로 간주하였다. 여기서 문제가 발생한다. 『인명정리문론』과 『집량론』은 불교 인명학의 토대를 다진 진나의 저술이고, 『여실론』 역시 불교도의 저술이다.[10] 그런데 이들은 외도인 니야야학파의 관점에는 동의하면서, 같은

---

5) 『大正藏』, pp.30-34.

6) 『인명정리문론(本)』에서는 14종의 過類에 대해서만 그 의미에 대해 상세하게 설명하고 나머지 7종에 대해서는 그 명칭만 소개하고 있다(『大正藏』32, pp.3-6).

7) Dignāga, *Pramāṇasamuccaya*(『티벳대장경』, 북경판 139, pp.70-73).

8) 김성철, 앞의 책, pp.23-24. 참조.

9) 김성철, 위의 책, pp.23-26.

10) 宇井伯壽는 『여실론』의 저자가 세친이라고 추정하지만(宇井伯壽, 「陳那以

불교도인 용수와는 상반된 입장을 취하고 있다. 물론 자띠 논법을 체계적으로 소개하며 비판하고 있는 인명학 문헌에서 중관학을 비판하거나 용수에 대해 직접 언급하고 있는 구절은 발견되지 않는다. 그러나 인명학에서 니야야학파의 견해를 그대로 수용하여 자띠 전체를 부당한 논법으로 간주한 것이 진실이라면, 인명학의 입장과 중관학의 입장은 불교 전통 내에서 결코 양립할 수 없을 것이다.

다양한 자띠 논법 중에는 어떤 특수한 추론식의 타당성을 비판하는 것도 있지만[11], 인식론과 논리학의 타당성을 전적으로 부정하는 논법도 있기에[12] 자띠를 인정할 경우 인명학의 존립 자체가 위태로워진다. 따라서 불교적논리학을 구성하고자 했던 인명논사들은 자띠 논법을 비판하지 않을 수 없었을 것이다. 그러나 자띠 논법이 전적으로 비판될 경우, 인명논사들의 견지에서 볼 때 이 논법을 구사하고 있는 중관논서는 무용지물이 되고 만다. 그런데 유식논사인 무착(無着, Asaṅga: 390-470C.E.경)의 『순중론(順中論)』에 신인명(新因明)의 근간이 되는 인(因)의 삼상설(三相說)이 등장하며, 불교논리서를 저술했다고 전해지는 세친(世親, Vasubandu: 400-480C.E.경) 역시 『불성론(佛性論)』에서 『중론』을 인용하고 있는 점으로 미루어 보아 진나 이전의 인명학 전통에서 중관학을 부정하지 않았다는 점은 확실하다.

자띠 논법의 타당성을 전적으로 부정할 경우 인명학은 중관학을 계승하면서 중관학을 부정한다는 모순된 상황에 봉착하게 되고, 자띠 논법의 타당성을 인정할 경우 인명학 자체가 성립할 수 없다. 어떻게

前に於ける佛教の論理說」、『인도철학연구5』(동경: 암파서점, 소화40年), p.491), 「무도리난품」의 논지가 세친의 『불성론』과 상반된다는 점으로 미루어 볼 때 세친의 저술일 수는 없다.

11) 同類例와 異類例에 의해 원논증식의 타당성을 비판하는 同法相似(sadharmya-sama), 異法相似(vaidharmya-sama) 논법 등이 그 예이다.

12) 인(hetu)과 소증(sādhya)의 관계를 비판하는 무인상사(ahetu-sama) 논법이 그 예이다.

하면 이런 난국에서 벗어날 수 있을 것인가? 현존하는 인명학 문헌에서 이에 대해 노골적으로 해명하고 있는 구절은 발견되지 않는다. 불교사상사의 한 매듭이 공백으로 남아 있는 것이다.

그런데 자띠 논법 중 무인상사(無因相似, ahetu-sama)와 지·비지상사(至非至相似, prāpti-aprāpti-sama)[13] 논법에 대한 인명논사들의 해석에서 중관학과 인명학의 화해 가능성을 엿볼 수 있다. 즉, 인명논서에서는 무인상사와 지·비지상사 논법을 통해 비판되는 因(hetu)을 현인(顯因)과 생인(生因)으로 구분한 후 생인을 향해 이 논법이 구사될 경우 그 타당성이 인정된다고 본다. 이는 『니야야수뜨라』에서는 발견되지 않는 독특한 해석으로, 만일 이것이 중관학을 염두에 두고 이루어진 것이라면, 중관학과 인명학 간의 단절은 극복될 수 있을 것이다.

본고에서는 무인상사와 지·비지상사 논법에 대한 인명논사의 이러한 독특한 해석이 중관학과 어떻게 조화를 이룰 수 있는지 고찰해 보고자 한다.

이를 위해 먼저 각 논서에 등장하는 무인, 지·비지상사 논법의 의미에 대해 설명한 후(Ⅱ-1), 이 논법이 중관논서에서 구사되고 있는 모습을 추출해 볼 것이다(Ⅱ-2). 그리고 『여실론』과 『집량론』 등 불교논리서와 『불성론』에 등장하는 이 논법에 대한 독특한 해석에 대해 검토해 보겠다(Ⅲ). 그리고 마지막으로 이런 해석이 중관학과 어떻게 조화를 이룰 수 있는지 고찰해 보기로 하겠다(Ⅳ).

본고에서 논의의 소재로 삼는 문헌은 진나와 그 이전의 것으로 국한한다. 왜냐하면 진나 이후 불교 측에서는 자띠에 대한 광범위한 논의가 더 이상 진행되지 않았기 때문이다.[14] 중관논서로는 용수의 『중

---

13) 到不到相似라고도 번역되지만, 본고에서는 상기한 『인명정리문론』의 역례를 따라 본 논법에 대한 호칭을 至非至相似로 통일한다.

14) 법칭(Dharmakīrti: 600-660C.E.경)의 『니야야빈두(*Nyāyabindu*)』에서도

론』, 『회쟁론』, 『광파론』, 『십이문론』, 불교논리서로는 『방편심론』과 『여실론』 그리고 진나의 『인명정리문론』과 『집량론』, 또 무인, 지·비지상사 논법이 발견되는 세친의 『불성론』, 니야야학파의 논서로는 『니야야수뜨라』와 『니야야브하샤(Nyāya-bhāṣya)』, 그리고 『니야야와르티까(Nyāya-varṭika)』를 논의의 소재로 삼았다.

Ⅱ. 무인, 지·비지상사 논법의 의미

1. 무인상사 논법의 의미

앞에서 말했듯이 자띠 논법이 포괄적으로 설명되고 있는 논서는 『방편심론』과 『니야야수뜨라』, 『니야야브하샤』, 『여실론』, 『인명정리문론』 그리고 『집량론』이다. 이들 각 논서에서 소개되고 있는 자띠 논법들은 논서 마다 그 개수에 가감이 있지만 무인, 지·비지상사 논법의 경우는 이 모든 논서에 공히 등장하며 그 의미에 대한 설명 역시 대체로 일치한다. 먼저 무인상사 논법의 의미에 대해 고찰해 보자. 상기한 각 논서에서는 무인상사 논법에 대해 다음과 같이 설명한다.

> 『방편심론』: 그대는 자아가 상주한다고 하면서 감관에 지각되지 않는다고 하였다. 그런데 이는 과거냐, 현재냐, 미래냐? 만일 과거라고 말한다면 과거는 이미 사라졌다. 만일 미래라고 말한다면 이는 아직 존재하지 않는다. 만일 현재라고 한다면 이는 인(因)이 되지 못한다. 마치 두 뿔이 동시에 생하는 것과 같아 서로 인이 되지 못

자띠 전반에 대해 부당한 논법이라고 간단히 소개만 할 뿐 각각의 논법에 대한 상세한 설명은 하지 않는다.

한다. 이를 시동(時同= 無因相似)이라고 말한다.15)

『니야야수뜨라』: 인이 삼시적(三時的)으로 성립치 않기에 무인상사이다.16)

『니야야브하샤』: 인(hetu)은 능증(能證, sādhana)이다. 그것은 소증(所證, sadhya)보다 선행(pūrva)하든지, 후속(paścāt)하든지, 동시적(saha)일 것이다. 만일 능증이 선행한다면 소증이 존재하지 않는데 능증은 무엇에 소속된 것이겠느냐? 만일 후속한다면 능증이 존재하지 않는데 이런 소증은 무엇에 대한 것이겠느냐? 만일 동시적(yuga pat)이라면 소증과 능증의 양자가 모두 존재하고 있는 상황에서 무엇이 무엇에 대해 능증이 되고 무엇이 무엇에 대해 소증이 되겠느냐? 그러므로 인은 비인(非因, ahetu)과 구별되지 않는다. 비인과의 동질성에 토대를 두고 반박하는 것이 무인상사이다.17)

『여실론』: 외도가 말하기를 인은 소증보다 선행하는가, 후속하는가, 동시적인가? 만일 인이 선행하고 소증이 후속한다면 소증이 아직 존재하지 않는데 인은 무엇에 대해 인이 되겠는가? 만일 [인이] 후속하고 소증이 선행한다면 소증이 이미 성립되어 있는데 다시 인을 사용하여 무엇을 하겠는가? 만일 동시에 함께 발생한다면 인이 될

---

15) 復次 汝立我常言非根覺 爲是現在過去未來 若言過去過去已滅 若言未來未有 若言現在則不爲因 如二角並生 則不得相因 是名時同: 『方便心論』(『大正藏』32, p.28a).

16) traikālya-asiddher-hetor-ahetusamaḥ *N.S.*, 5-1-18.

17) hetuḥ sādhanaṃ tatsādhyāt pūrvaṃ paścāt saha vā bhavet/ yadi pūrvaṃ sādhanam asati sādhye kasya sādhanaṃ/ atha paścād asati sādhane kasyedaṃ sādhyaṃ/ atha yugapat sādhyasādhane dvayor vidyamānayoḥ kiṃ kasya sādhanaṃ kiṃ kasya sādhyam iti hetur ahetunā na viśiṣyate/ ahetunā sādharmyāt pratyavasthānam ahetusamaḥ//: *Nyāyadarśanam II*, 앞의 책, p.1129.

수 없다. 비유하자면 소의 뿔이나 씨앗과 싹 등이 동시에 존재하는 경우 왼쪽과 오른쪽이 서로 발생시켰다고 말하지 못하는 것과 같다. 그러므로 동시적인 경우 인이 될 수 없다.[18]

『인명정리문론』: 만일 능증인 인이 소증보다 이전에 존재한다면 소증이 아직 존재하지 않는데 이것은 무엇에 대해 인이 되겠는가? 만일 [소증보다] 후속한다고 말한다면 소증이 이미 성립되어 있는데 어찌 다시 인을 필요로 하겠는가? 만일 공존한다면, 마치 소의 두 뿔과 같아서 '인'이나 '인을 갖는 것'이 모두 성립될 수 없다.[19]

『집량론』: 만일 인(gtan tshigs)이 소증(bsgrub bya)보다 이전에 성립한다면 소증이 아직 성립하지 않은 상황에서 이것이 무엇에 대해 인이 되겠느냐? 만일 [인이 소증보다] 나중에 성립한다면 아직 성립하지 않았기 때문에 인이 아니다. 그렇다고 해서 동시적인 것이 인이라면, 인으로 존재하는 것, 그것의 성립이 필요하지 않다. 즉, 소의 좌우의 뿔과 같다고 하듯이.[20]

이상 인용한 모든 논서에서 말하는 무인상사(無因相似) 논법의 의

---

18) 外曰 因爲在所立義前世 爲在後世 爲同世耶 若因在前世 立義在後世者 立義未有因何所因 若在後世 立義在前世者 立義已成就復何用因爲 若同世俱生則非是因 譬如牛角種芽等一時而有不得言左右相生 是故是同時則無有因: 『如實論』(『大正藏』32, p.31c).

19) 若能立因 在所立前 未有所立 此是誰因 若言在後 所立已成 復何須因 若俱時者 因與有因 皆不成就 如牛兩角:『因明正理門論』(『大正藏』32, p.10b).

20) gal te gtan tshigs bsgrub bya las sṅar sgrub par byed na ni bsgrub bya ma grub na ḥdi gaṅ gi gtan tshigs yin/ ci ste phyi nas bsgrub na ni ma grub paḥi phyir gtan tshigs ma yin no// de ste cig car ba gtan tshigs yin ni/ gtan tshigs bśin du yod pa de sgrub mi dgos te/ glaṅ gi rva g yas gyon bśin no śes bya ba lta buḥo//: Dignāga, *Pramāṇasamuccaya*(앞의 책, p.70, 제2엽).

미는 동일하다. 추론식을 구성하는 경우 능증인 인에 의해 소증이 증명되는 법인데, 적대자는 인이 소증에 선행하건, 후속하건, 아니면 인과 소증의 양자가 공존하건 그 어떤 경우에도 인은 능증의 역할을 하지 못한다고 비판하는 것이다. 여기서 적대자는 어떤 특정한 추론식만을 비판하는 것이 아니라 추론식 자체가 아예 성립할 수 없음을 역설하고 있다.

위에 인용한 설명을 종합해 보면 무인상사 논법의 의미는 다음과 같이 정리된다.

선행관계 비판: 인이 소증에 선행한다면 아직 소증이 존재하지 않는 상태이기에 인이 소증과 관계를 맺을 수가 없다.

후속관계 비판: 인이 소증에 후속한다면 이미 소증이 성립된 상태이기에 인이 소증과 관계를 맺을 필요가 없다.

공존관계 비판: 인과 소증이 공존한다면 양자 모두 이미 성립되어 있기에 인과 소증은 관계를 맺지 않는다.

2. 지·비지상사 논법의 의미

지·비지상사 논법에 대해 상기한 각 논서는 다음과 같이 설명한다.

> 『방편심론』: 그대는 감관에 지각되지 않으므로 자아는 상주한다고 입론하였다. 도달하므로 인이 되는가 도달치 않는 것인가? 만일 도달치 못한다면 인이 되지 못한다. 마치 불길이 도달치 못하면 태우지 못하는 것과 같고 칼날이 도달치 못한다면 베지 못하는 것과 같다. 자아에 도달치 못한다면 어떻게 인이 되겠느냐? 이를 부도(不到= 비지상사)라고 부른다. 또, 도달하여 인이 되는 것이라면 도달하자마자 인의 이치가 없어진다. 이를 도(到= 지상사)라고 부른

다.[21]

『니야야수뜨라』: 소증과 만나든지(至) 만나지 않고서(非至) 존재하는 인의 경우, 만남에 의해 구별되지 않는 것으로 되기 때문에, 또 만나지 않음에 의해 비(非)논증성인 것으로 되기 때문에 지·비지상사이다.[22]

『니야야브하샤』: 인은 소증과 만나서(至) 증명하든지, 만나지 않고서(非至) [소증을 증명할 것이다]. 우선, 만나서 [소증을 증명하는 것은] 아니다. 만나는 경우에는 구별되지 않기 때문에 증명자가 되지 못한다. 현존하는 두 가지가 만나서 존재하는 경우에 무엇이 무엇에 대해 증명자이거나 소증이겠느냐? 만나지 않고서 증명자인 것도 존재하지 않는다. 만나지 않은 등불은 비추지 않는다. 이렇게 만남에 의해 논박하는 것은 지상사이고 만나지 않음에 의해 논박하는 것은 비지상사이다.[23]

『여실론』: 외도가 말하기를 만일 인(hetu)이 소증(sādhya)과 만나서

21) 復次 汝立我常言非根覺 爲是現在過去未來 若言過去過去已滅 若言未來未有 若言現在則不爲因 如二覺並生 則不得相因 是名時同 復次 汝立我常以非根覺 到故爲因 爲不到乎 若不到則不成因 如火不到則不能燒 如刀不到則不能割 不到於我云何爲因 是名不到復次 若到因者 到便即是無有因義 是名爲到: 『方便心論』(『大正藏』32, p.28a-b).

22) prāpya sādhyam-aprāpya vā hetoḥ prāptyā 'viśiṣṭatvād-aprāptyā 'sādhakatvāc-ca prāpty-aprāpti-samau: *N.S.*, 5-1-7.

23) hetuḥ prāpya vā sādhyaṃ sādhayed aprāpya vā/ na tāvat prāpya prāptyām aviśiṣṭatvād asādhakaḥ/ dvayor vidyamānayoḥ prāptau satyāṃ kiṃ kasya sādhakaṃ sādhyaṃ vā/ aprāpya sādhakaṃ na bhavati nāprāptaḥ pradīpaḥ prakāśayatīti/ prāptyā pratyavasthānaṃ prāptisamaḥ aprāptyā pratyavasthānam aprāptisamaḥ//: *Nyāyadarśanam II*, 앞의 책, p.1116[원본은 2016].

(至) 공존한다면 소증과 섞여서 [소증을] 성립시킬 수 없다. 비유하자면 강물이 바다로 들어가면 강물이 존재할 수 없는 것과 같다. 인도 역시 이와 같아서 인이 될 수가 없다. 만일 소증이 아직 성립되어 있지 않다면 인이 [소증과] 만날 수가 없다. 만일 소증과 만난다면 이미 [소증이] 성립되어 있는데 인을 이용하여 무엇을 하겠는가? 그러므로 인은 성립되지 않는다. 만일 인이 소증과 만나지 않는다면(非至) 다른 사물과 마찬가지이기에 인이 될 수가 없다. 그러므로 인은 성립되지 않는다. 만일 인이 [소증과] 만나지 않는다면 작용을 할 수가 없다. 비유하자면 마치 불길이 도달하지 않으면 태우지 못하고, 칼날이 도달하지 못하면 자르지 못하는 것과 같다.[24)]

『인명정리문론』: 만일 능증인 인이 소증과 만나서 [소증이] 성립되는 것이라면 [능증과 소증이] 구별이 되지 않기 때문에 소증일 수가 없다. 마치 연못과 바다의 물이 서로 섞여서 구별되지 않는 것과 같다. 또 만일 [소증이] 성립되어 있지 않다면 [인과 소증은] 서로 만날 수가 없다. [반대로] 만일 소증이 성립되어 있다면 이는 무엇에 대해 인이 되겠는가? 만일 능증인 인이 소증과 만나지 않는다면 만나지 않았기에 인이 아닌 것이 된다. [소증과 만나지 않은 다른 사물과] 차이가 없기 때문에 [특정한 소증에 대한] 인이 될 수 없다.[25)]

---

24) 外曰 若因至所立義共 所立義雜則不成立義 譬如江水入海水 無復江水 因亦如是 故不成因 若所立義未成就 因不能至 若至所立義已成就 用因何爲 是故因不成就 若因不至所立義者 則同餘物不能成因 是故因不成就 若因不至則無所能 譬如 火不至不能燒 刀不至不能斫: 『如實論』(『大正藏』32, p.31c).

25) 若因至不至三時非愛言至非至無因者 於至不至作非愛言 若能立因至所立宗而成立者 無差別故應非所立 如池海水相合無異 又若不成應非相至 所立若成此是誰因 若能立因不至所立不至非因 無差別故應不成因: 『因明正理門論』(『大正藏32, p.10a-b).

『집량론』: 만일 이 인이 소증과 만나서 성립되는 것이라면 소증과 다름이 없게 되는데, 호수의 물이 바다의 물과 만나는 것과 같다. 성립되지 않은 것과 만나는 것이 아니다. 성립된 것과 만난다면 소증이 성립되어 버렸는데 이것은 어떤 것에 대한 인일 수 있겠느냐? 만일 만나지 않는다면 만나지 않았기 때문에 인이 아닌 것과 다름이 없기 때문에 능증이 될 수 없다.[26]

이 역시 무인상사 논법과 마찬가지로, 어떤 특정한 추론식의 타당성을 비판하는 것이 아니라 추론식 작성 자체를 비판하는 논법이다. 논증식을 작성하여 할 때 능증인 인에 의해 소증이 증명되는 법인데, 이 논법을 구사하는 적대자는 인이 소증과 만나건 만나지 않건 인의 역할을 할 수 없다고 비판하는 것이다.

상기한 제 논서에 말하는 지·비지상사 논법의 의미는 다음과 같이 정리된다.

지상사: 인이 소증과 만나서 소증을 증명하는 것이라면 ①마치 강물이 바닷물과 만나는 것과 같아 인과 소증이 구별되지 않기에 증명작용을 할 수가 없다. 또 ②소증이 이미 성립되어 있기에 증명작용을 할 필요가 없다.

비지상사: 인이 소증과 만나지 않고서 소증을 증명하는 것이라면, ①다른 사물과 다름이 없기에 증명작용을 할 수가 없다. 또 ②만나지 않으면 태우지 못하는 불길과 같아 증명작용을 할 수가 없다.

26) gal te gtan tshigs ḥdi bsgrub bya daṅ phrad nas sgrub par byed na ni bsgrub bya daṅ khyad par med par ḥgyur te/ rluṅ gi chu rgya mtso daṅ phrad pa bśin no// ma grub pa ma yin te/ grub pa daṅ phrad na ni bs grub bya grub zin nas ḥdi gaṅ gi gtan tshigs yin/ ci ste ma phrad na ni ma phrad pas gtan tshigs ma yin pa rnams daṅ khyad par med paḥi ph yir sgrub par byed pa ma yin no: Dignāga, *Pramāṇasamuccaya*(앞의 책).

Ⅲ. 무인, 지·비지상사 논법의 중관학적 수용

『방편심론』에서 상응이란 이름하에 소개되는 20가지 자띠(jāti)와 『니야야수뜨라』에서 상사라는 이름하에 소개되는 24가지 자띠 중 많은 자띠 논법이 중관논서에서 발견된다. 무인상사와 지·비지상사를 위시하여 무궁·반유상사(無窮·反喩相似), 불생상응(不生相應), 무주상사(無生相似), 소증상사(所證相似), 동이상응(同異相應), 문동상응(聞同相應), 분별상사(分別相似), 요증·불요증상사(要證·不要證相似), 무이상사(無異相似) 논법들이 그것이다.27) 그러나 이 중 중관논서에서 가장 널리 그리고 가장 명확하게 이용되는 자띠 논법은 무인상사(ahetu-sama)와 지·비지상사(prāptyaprāpti-sama) 논법이다.

1. 중관논서에 수용된 무인상사 논법

무인상사 논법이 그대로 구사되고 있는 곳은 『중론』 제11 관본제품(觀本際品)이다. 용수는 생 노사의 선행(pūrva), 후속(paścāt), 공존(saha) 관계를 다음과 같이 비판한다.

> 만일 생이 선행(pūrva)하고 노사가 나중에 존재한다면 노사 없는 생이 되리라. 또 죽지도 않은 것이 생하리라.28)

> 만일 생이 후속(paścāt)하고 노사가 먼저 존재하는 것이라면 이는

27) 김성철, 앞의 책, pp.159-186.
28) pūrvaṃ jātiryadi bhavejjarāmaraṇamuttaram/ nirjarāmaraṇā jātirbhavejjāyeta cāmṛtaḥ// 若使先有生 後有老死者 不老死有生 不生有老死: *M.K.*, 11-3.

무인인 꼴이다. 生하지도 않았는데 어떻게 노사가 있겠는가.[29)]

생이 노사와 동시적(saha)이라는 것은 타당하지 않다. 지금 생하고 있는 중인 것이 죽어버리게 될 것이며 그 양자가 비인인 것이 될 것이다.[30)]

청목은 이를 주석하면서 소의 두 뿔의 비유를 들고 있는데[31)] 이는 앞에서 보았듯이 『방편심론』과 『여실론』, 『인명정리문론』과 『집량론』에도 그대로 등장한다. 더욱이 선행과 후속과 공존을 의미하는 술어 역시 『니야야브하샤』에서 쓰이는 것과 동일하기에, 용수가 무인상사 논법을 의식하며 이 게송들을 작성하였다는 점은 분명하다.

『십이문론』에서는 '원인'과 '원인을 갖는 존재(=결과)'의 자성을 비판할 때 무인상사 논법이 그대로 구사된다.

또, 모든 존재(法)는 공(空)하다. 왜 그런가? 원인(因)은 원인을 갖는 존재(有因法: 결과)에 대해 선행(先行: pūrva)할 수도 없고, 후속(後續: paścāt)할 수도 없으며, 공존적(共存的: saha)일 수도 없기 때문이다. [이는] 다음의 설명과 같다. "만일 존재(法)의 선행(先行)과 후속(後續)과 공존(共存) 관계가 모두 성립하지 않는다면, 원

29) paścājjātiryadi bhavejjarāmaraṇamāditaḥ/ ahetukamajātasya syājjarāmaraṇaṃ katham// 若先有老死 而後有生者 是則爲無因 不生有老死: *M.K.*, 11-4.

30) na jarāmaraṇenaiva jātiśca saha yujyate/ mriyeta jāyamānaśca syāccāhetukatobhayoḥ// 生及於老死 不得一時共 生時則有死 是二俱無因: *M.K.*, 11-5.

31) 若生老死一時則不然 何以故 生時卽有死故 法應生時有死時無 若生時有死是事不然 若一時生則無有相因 如牛角一時出則不相因: 『中論』(『大正藏』30, p.16b).

인에서 발생한 이 존재가 어떻게 성립될 수 있겠는가?" [첫째,] '원인'이 선행하고 '원인을 갖는 놈(有因: 결과)'은 후속한다는 것은 옳지 못하다. 왜 그런가? 만일 '원인'이 선행하고 '원인에서 발생한 것(결과)'이 후속하는 것이라면, '원인'이 선행하고 있는 경우에는 [아직] '원인을 갖는 놈'은 존재하지 않는데, [선행하는 원인이] 무엇에 대해 원인 노릇을 하겠느냐? [둘째, 그와 반대로] 만일 원인을 갖는 놈(有因: 결과)이 선행하고 원인이 후속한다면 원인 없이도 원인을 갖는 놈이 성립되어 있다는 말인데 원인이 무슨 필요가 있겠느냐? [셋째,] 만일 원인과 원인을 갖는 놈이 공존한다면 이 경우 역시 원인이 없는 꼴이 된다. 마치 소의 뿔이 동시에 솟지만 왼쪽과 오른쪽이 서로에 대해 원인이 되지 않듯이, [원인과 결과가 공존한다면] 원인은 그 결과에 대한 원인이 아니며 결과도 그 원인에 대한 결과가 아니다. [원인과 결과가] 동시에 생하기 때문이다. 그러므로 원인과 결과의 삼시적(三時的) 관계는 모두 불가능하다.32)

이 이외에 『광파론』 제12절에서도 무인상사 논법을 그대로 구사하며 인식수단(pramāṇa)과 인식대상(prameya)의 실재성을 비판하고 있다. 그런데 『회쟁론』에서는 거꾸로 적대자가 용수를 향해 무인상사 논법을 구사하고 있다. '모든 사태는 자성이 없다'는 용수의 말에 대해 적대자는 다음과 같이 논박한다.

제20송: 만일 부정이 선행하고, 부정되는 것이 후속한다면, [이는] 타당하지 않다. 또, [부정이] 후속하는 것도 [양자가] 동시적인 것도

32) 復次一切法空 何以故 因與有因法 前時後時一時生不可得故 如說 若法先後共 是皆不成者 是法從因生 云何當有成 先因後有因 是事不然 何以故 若先因後從因生者 先因時則無有因 與誰爲因 若先有因後因者 無因時有因已成 何用因爲 若因有因一時 是亦無因 如牛角一時生 左右不相因 如是因非是果因 果非是因果 一時生故 是故三時因果皆不可得: 『十二門論』(『大正藏』 30, p.166b-c).

타당하지 않다. 그러므로 자성은 존재한다.
제20송 주석: 여기서 부정(能遮)이 선행하고 부정의 대상(所遮)이 후속한다는 것은 타당하지 않다. 실로 부정의 대상이 존재하지 않는 상황인데 부정은 무엇에 대한 것이겠느냐? 또, 만일 부정이 후속하고 부정의 대상이 선행한다면, [이는] 타당하지 않다. 부정의 대상이 [이미] 성립되어 있는 상황인데 부정은 무슨 일을 하겠느냐? 만일 부정과 부정의 대상이 동시적이라고 한다면, 그와 같은 경우에도 부정은 부정의 대상인 사물(artha)에 대해서 원인(kāŗāṇa: 能作因)이 되지 못한다. 또 부정의 대상이 부정에 대해서도 [원인이 되지 못한다]. 예를 들어 동시에 생한 토끼의 두 뿔의 경우, 결코 오른쪽이 왼쪽의 원인이 되거나 왼쪽이 오른쪽의 원인이 되지 않는 것과 같다. 그러므로 '모든 사물들은 무자성하다'고 말한 것은 옳지 않다.33)

『회쟁론』의 적대자는 니야야논사, 또는 소승불교도이다. 그렇다면 자띠논법은 비단 용수만 구사하던 것이 아니고 불교내외의 모든 학파가 공유하는 비판법이었을까? 그러나 위와 같은 적대자의 공격에 대한 용수의 다음과 같은 반박을 보면 무인상사 논법은 당시에 중관학파만이 그 타당성을 인정하는 논법이었음을 알 수 있다.

---

33) pūrvaṃ cetpratiṣedhaḥ paścātpratiṣedhyamityanupapannam/ paścāccānu papanno yugapacca yataḥ svabhāvaḥ san//(V.V., 20). iha pūrvaṃ cetprati ṣedhaḥ paścācca pratiṣedhyamiti nopapannam/ asati hi pratiṣedhye kasya pratiṣedhaḥ/ atha paścātpratiṣedhaḥ pūrvaṃ pratiṣedhyamiti ca nopapann am/ siddhe hi pratiṣedhye kiṃ pratiṣedhaḥ karoti/ atha yugapatpratiṣedh apratiṣedhya iti tathāpi na pratiṣedhaḥ pratiṣedhyasyārthasya kāraṇam, pr atiṣedhyo na pratiṣedhasya ca, yathā yugapadutpannayoḥ śaśaviṣāṇayorn aiva dakṣiṇaṃ savyasya kāraṇaṃ savyaṃ vā dakṣiṇasya kāraṇaṃ bhavatī ti/ tatra yaduktaṃ niḥsvabhāvāḥ sarvabhāvā iti tanna/(V.V.V., 20): 용수, 김성철 역, 『회쟁론』(서울: 경서원, 1999), pp.93-101.

> 제69송: 삼시(三時)에 걸쳐 [부정이 타당하지 않은] 이유가 있[다고 그대가 비판하]는 것은 벌써 대답되었다. 그것은 [우리가 제63송에서 대답한 내용과] 동일한 것이기 때문이다. 또, [선행, 후속, 동시라는] 삼시에 걸친 [능·소 관계를 비판하는] 반-이유(反-理由: pratihetu)는 공성론자(空性論者: śūnyatāvādin)들이 수용하는 것(prāpta)이다.[34]

본고 제Ⅱ장 1절에서 소개했던 무인상사 논법에서는 추론식에서 쓰이는 '인(hetu)'과 '소증(sādhya)' 간의 삼시적 관계를 논파하고 있었는데 앞에서 보았듯이 용수는 '생'과 '노사', '원인'과 '원인에서 생한 것(=결과)[35]', '인식수단'과 '인식대상'과 같은 사물이나 사태의 삼시적 관계를 논파하면서 무인상사 논법을 이용하고 있었다.

지금까지 소개한 구절들은 상기한 제 논리서에서 소개되는 무인상사 논법을 용수가 변형 없이 거의 그대로 차용한 것들이다. 그러나 무인상사 논법의 취지가 응용되고 있는 모습은『중론』도처에서 발견된다. 제 논리서에서 말하는 '인'과 '소증' 대신에 '가는 자'와 '가는 작용'을 대입하면 제2 관거래품(觀去來品)의 게송들 중 일부가 작성될 수 있다. 앞에서 정리했던 선행관계 비판에서 인 대신에 '가는 자'를 대입하고 소증 대신에 '가는 작용'을 대입하면 다음과 같은 문장이 될 것이다.

A. 가는 자가 가는 작용에 선행한다면 아직 가는 작용이 존재하지

---

34) yastraikālye hetuḥ pratyuktaḥ pūrvameva sa samatvāt/ traikālyapratihetuśca śūnyatāvādināṃ prāptaḥ//: (*V.V.*, 69): 위의 책, p.298.

35) 이는 문제로 남는다. 유인법(有因法)과 종인생(從因生)은 그 의미가 다를 수 있기 때문이다. 집량론에서도 인과 소증을 말하면서 인과 유인을 얘기한다. 그렇다면 유인은 요인(了因)에 대한 소증을 의미하고 종인생은 생인에 대한 결과를 의미해야 한다. 혼동이 발견된다.

않는 상태이기에 가는 자가 가는 작용과 관계를 맺을 수가 없다.

B. 가는 자가 가는 작용에 후속한다면 이미 가는 작용이 성립된 상태이기에 가는 자가 가는 작용과 관계를 맺을 필요가 없다.

『중론』에서는 어떤 하나의 판단을 놓고 그에 대한 두 가지 이해방식을 설정한 후 각각의 경우에 발생하는 논리적 오류를 지적한다. "가는 자가 간다."는 판단을 작성할 경우 우리는 이에 대해 두 가지 방식으로 이해할 수 있다. 첫째는 '간다'는 술어로 표현된 '가는 작용'의 의미가 '가는 자'에 내포되어 있다는 이해이고, 둘째는 그런 '가는 작용'의 의미가 '가는 자'에서 배제되어 있다는 이해이다. 이를 제2 관거래품에서는 다음과 같이 표현한다.

> 제10게: 가는 자가 간다고 하는 주장을 하는 자, 그 자는 오류에 빠진다. 가는 작용 없는 가는 자, [그런] 가는 자의 감을 추구하기 때문이다.[36]
> 제11게: 만일 가는 자가 다시 간다면 가는 작용이 두 개인 오류에 빠진다. 가는 자라고 부르게 만드는 것과, 가고 있는 존재인 가는 자이다.[37]

여기서 제10게는 무인상사 논법 중 선행관계에 대한 비판(A)과 그 구조가 동일하다. 즉, '가는 작용' 없는 가는 자는 있을 수 없다. 따라서 존재하지 않는 '가는 자'는 '가는 작용'과 관계를 맺을 수 없는 것이다. 또, 제11게는 후속관계에 대한 비판과 그 취지를 같이 한다. 위에서(B) 보듯이 무인상사 논법 중 후속관계에 대한 비판에 '가는 자'

36) pakṣo gantā gacchatīti yasya tasya prasajyate/ gamanena vinā gantā ga nturgamanamicchataḥ//: *M.K.*, 2-10.
37) gamane dve prasajyete gantā yadyuta gacchati/ ganteti cocyate yena ga ntā sanyacca gacchati//: *M.K.*, 2-11.

와 '가는 작용'을 대입할 경우, "가는 작용을 내함(內含)하는 가는 자가 존재한다면, 이미 가는 작용이 존재하기에 다시 가는 작용과 관계를 맺을 필요가 없다."는 문장이 될 것이다 그런데 제11게에서는 여기서 한 걸음 더 나아가 '그럼에도 불구하고 그런 가는 자가 가는 작용과 관계를 맺는다면'이라는 조건을 부가한 후, 그럴 경우 "가는 작용이 두 번 존재하게 되는 중복의 오류에 빠지고 만다."는 의미를 이끌어 내고 있는 것이다.

제1 관인연품의 다음과 같은 게송 역시 무인상사 논법 중 선행관계 비판과 후속관계 비판을 이용해 작성된 것이라고 볼 수 있다.

> [결과로서의] 사물이 존재하는 경우든 존재하지 않은 경우든 연(緣)은 결코 타당하지 않다. 존재하지 않는 경우에 연은 무엇을 위한 것이겠으며 존재하는 경우에 연으로 무엇을 할 것인가?[38]

결과가 존재하는 경우에 연은 결과를 산출할 필요가 없고(=후속관계 비판) 결과가 존재하지 않는 경우에 연은 결과와 관계를 맺을 수가 없다(=선행관계 비판).

이 뿐만 아니다. 무인상사 논법에 '눈'과 '봄'을 대입하면 『중론』 제3 관육정품의 게송들이 작성되고[39], '색'과 '색인'을 대입하면 제4 관오음품의 게송[40]이 작성되며, '허공'과 '허공의 상'을 대입하면 제5 관육종품의 게송[41]이 작성된다. 이 이외에도 두 관계항의 실체성을 비

---

38) naivāsato naiva sataḥ pratyayo 'rthasya yujyate/ asataḥ pratyayaḥ kasya sataśca pratyayena kim// 果先於緣中 有無俱不可 先無爲誰緣 先有何用緣: *M.K.*, 1-6.

39) *M.K.*, 3-2, 3-4, 3-5.

40) *M.K.*, 4-4.

41) *M.K.*, 5-1.

판하는 『중론』의 게송들은 대부분 무인상사 논법과 유사한 구조를 갖는다.

2. 중관논서에 수용된 지·비지상사 논법

용수의 논서 중 지·비지상사 논법이 그대로 등장하는 곳은 『광파론』 제6절과 그에 대한 주석이다. 용수는 "등불이 어둠을 비춘다."는 판단을 비판하면서 다음과 같이 말한다.

> 第6절: 등불이라고 하는 것은 어둠을 만나든지(至) 만나지 않든지(非至) 비추는 작용을 갖지 않는다.
> 第6절 주석: 등불은 어둠을 만나고 나서 비추는가, 만나지 않고 비추는가? 그러나 먼저 등불은 어둠을 만난(至) 뒤에 비추게 되지 않는다. 만남이 없기 때문이다. 등불과 어둠은 대립적이기 때문에 만나는 일이 없다. 등불이 있는 경우에는 어둠이 없는데 어떻게 이 등불이 어둠을 제거하기도 하고 비추기도 할 수 있겠는가? 만나지 않는(非至) 경우에도, 만나지 않는 칼이 자를 수 없는 것과 같다.42)

---

42) mar me ni mun pa daṅ phrad pa ḥam ma phrad kyaṅ ruṅ ste gsal ba r byed pa ma yin no//6// mar me ni mun pa daṅ phrad nas gsal bar b yed dam/ ma phrad par gsal bar byed graṅ/ re ṣig mar me ni mun pa daṅ phrad nas gsal bar byed par mi ḥgyur te/ phrad pa med paḥi phyir ro// gaṅ gi phyir mar me daṅ mun pa ni phrad pa yod pa ma yin te/ ḥgal baḥi phyir ro// gaṅ na mar me yod pa de na mun pa med na ji lt ar mar me ḥdi mun pa sel bar byed pa ḥam gsal bar byed par ḥgyur/ ma phrad pa yin na yaṅ ma phrad paḥi ral gri ni gcod par ma byed pa bṣin no: Yuichi Kajiyama, "The Vaidalyaprakaraṇa of Nāgārjuna", *Studies in Buddhist Philosophy*(Kyoto: Rinsen Book Co., LTD., 1989), pp.135-136.

여기서 구사되는 비지상사 논법은 상기한 제 논서에서 소개되던 비지상사 논법과 그 의미가 동일하다고 볼 수 있다. 왜냐하면, "사물과 만나지 않은 칼은 그 사물을 자를 수 없다."는 비유는 『방편심론』이나 『여실론』에서도 그대로 쓰이던 것이기 때문이다.

그런데 지상사 논법의 경우 제 논서에서는 "강물이 바닷물과 만나는 것과 같다."는 비유를 들었는데 『광파론』 제6절에서는 "등불과 어둠은 대립적이므로 만날 수가 없다."고 말한다. 즉, 『광파론』에서는 지상사와 비지상사 논법 중 비지상사 논법만 그대로 원용하고 있는 것이다. 이는 『중론』 제7 관삼상품(觀三相品)의 경우도 마찬가지이다. 다음을 보자.

> 제10게: 실로 지금 생하고 있는 중인 등불이 어둠과 만나지 않을(na prāpnute) 때에, 어떻게 생하고 있는 중인 등불에 의해 어둠이 타파되겠는가?[43]

> 제11게: 혹은 만일 전혀 만나지 않고서(aprāpya) 등불에 의해 어둠이 타파된다면 여기에 존재하는 그것(= 등불)이 온 세상에 존재하는 어둠을 타파하리라.[44]

제10게에서는 제 논서에서와 마찬가지로 만나지 않은 것은 작용을 할 수가 없다고 말한다. 그런데 제11게에서는 여기서 한 걸음 더 나아가 '등불이 어둠과 만나지 않음에도 불구하고 어둠을 비춘다면'이라

---

43) kathamutpadymānena pradīpena tamo hatam/ notpadyamāno hi tamaḥ pradīpaḥ prāpnute yadā// 云何燈生時 而能破於暗 此燈初生時 不能及於暗: *M.K.*, 7-10.

44) aprāpyaiva pradīpena yadi vā nihataṃ tamaḥ/ ihasthaḥ sarvalokasthaṃ sa tamo nihaniśyati// 燈若未及暗 而能破暗者 燈在於此間 則破一切暗: *M.K.*, 7-11.

는 조건을 부가한 후, 그것이 가능할 경우 이곳에 있는 등불이 온 세상의 어둠을 비추게 될 것이라는 의미를 끌어내어 게송화하고 있는 것이다. 앞에서 우리는 『중론』 제2 관거래품 제11게 역시 무인상사 논법에 약간의 변형이 가해진 후 작성된 것임을 확인할 수 있었다. 즉, 용수는 지·비지상사나 무인상사 논법을 거의 그대로 구사하기도 하지만 많은 경우에는 이를 변형시켜 가면서 『중론』을 저술했던 것이다.

그러면 지·비지상사 논법의 변형이라고 볼 수 있는 또 다른 게송들을 찾아보자. 『중론』 제6 관염염자품(觀染染者品)에서는 다음과 같이 노래한다.

> 만일 [‘탐욕’과 ‘탐욕을 내는 자’가] 하나(ekatva)라면 ‘결합(sahabhāva)’은 있을 수 없다. 왜냐하면 그것은 바로 그것과 결합하지 못하기 때문이다. 만일 별개(pṛthaktva)라면 도대체 어떻게 결합할 수 있겠느냐?45)

여기서 지(至, prāpti)나 비지(非至, aprāpti)라는 용어가 그대로 등장하지는 않지만 그 의미상 하나(ekatva)는 탐욕과 탐욕을 내는 자가 접합한(prāpti: 至) 상태를 의미하고, 별개(pṛthaktva)는 접합하지 않은(aprāpti) 상태를 의미한다고 볼 수 있다. 앞에서 소개했듯이 지상사 논법은 “①마치 강물이 바닷물과 만나는 것과 같아 인과 소증이 구별되지 않기에 증명작용을 할 수가 없다.”와 “②소증이 이미 성립되어 있기에 증명작용을 할 필요가 없다.”는 두 가지 형태로 구사된다. 위 게송의 전반부는 ①의 용례이다. 또 비지상사 논법 역시 “①다른

---

45) naikatve sahabhāvo 'sti na tenaiva hi tatsaha/ pṛthaktve sahabhāvo 'tha kuta eva bhaviṣyati// 染者染法一 一法云何合 染者染法異 異法云何合: *M.K.*, 6-4.

사물과 다름이 없기에 증명작용을 할 수가 없다."와 "②만나지 않으면 태우지 못하는 불길과 같아 증명작용을 할 수가 없다."는 두 가지 방식으로 구사된다. 위 게송의 후반부는 ②의 용례이다.

이 이외에도 『중론』 내의 많은 게송들[46]이 지·비지상사 논법의 취지를 원용하여 작성된 것으로 볼 수 있다.

Ⅳ. 무인, 지·비지상사 논법에 대한 인명학적 해석

앞에서 소개했듯이 『여실론』과 『불성론』 그리고 『집량론』과 같은 불교논서에서는 무인상사와 지·비지상사 논법에 대해 니야야학파의 논서에서는 발견되지 않는 독특한 해석을 추가하고 있다. 무인상사와 지·비지상사 논법은 현인(顯因)에 대해 구사될 때에는 부당한 논법으로 비판받아야 하지만 생인(生因)에 대해 구사될 때에는 타당할 수 있다는 것이다.

『여실론』에서는 지·비지상사 논법의 의미에 대해 설명한 후 다음과 같은 해설을 덧붙인다.

> … 이런 비판[= 지·비지상사적 비판]은 전도된 것이다. 인에는 두 가지가 있다. 첫째는 생인이고 둘째는 현불상리인(顯不相離因, 소증과 결부되어 있는 현인)이다. 만일 그대의 비판이 생인에 의거하여 이루어진 것이라면 비판은 성립된다. [그러나] 만일 현인에 의거한 것이라면 이는 전도된 것이다. 왜 그런가? 내가 말하는 인이란 소증의 의미를 생하는 것이 아니라, 타인으로 하여금 믿게 하기 위해

46) *M.K.* 2-21, 7-2, 10-1, 10-5, 12-8, 14-8 등

> 그[= 因]와 결부되어 있는[不相離] 소증의 의미를 드러내는[顯] 것이기 때문이다. 소증의 의미가 이미 존재하는데도 소증의 의미에 대해 그 의미와 동일한 앎이 일어나지 않는다. 왜냐하면 어리석기 때문이다. 그래서 현인을 설하게 되는 것이다. 비유하자면 [컴컴한 실내에] 이미 존재하는 물건의 경우 등불을 이용해 그것을 드러내는 것이지[顯] 그것을 생하는 것이 아닌 것과 같다. 따라서 생인에 대한 비판이 현인에 대해 이루어질 경우 그런 비판은 전도된 것이다.[47]

무인상사 논법의 경우도 그 의미에 대해 해설한 후 다음과 같은 비판을 추가한다.

> … 이런 비판[= 무인사상적(無因相似的) 비판]은 전도된 것이다. 왜 그런가? 선행하여 이미 발생되어 있는 것[= 소증]이 인에 의해 생한다[고 하기 때문이다]. 비유하자면 등불을 켜는 것은 이미 존재하는 물건을 드러내기 위한 것이지, 아직 존재하지 않는 물건을 생하기 위한 것이 아닌 것과 같다. 그대는 생인으로 나의 현인을 비판한다. 이런 비판은 전도된 것으로 성립될 수가 없다.[48]

인(hetu)에는 두 가지가 있는데 생인(生因)과 현인(顯因)이다. 생인(utpādaka hetu)은 작인(作因, kāraka hetu)이라고도 부르며 사물의 세계에서 어떤 결과(phala)를 발생시키는 존재론적 원인으로 예를 들어 물단지라는 결과물이 발생할 경우 그 재료가 된 진흙이나 물레가

---

47) 是難顚倒 因有二種 一生因 二顯不相離因 汝難若依生因則成難 若依顯因則是顚倒 何以故 我說因不爲生所立義 爲他得信能顯所立義 不相離故 立義已有 於立義中如義智未起 何以故 愚癡故 是故說能顯因 譬如已有色 用燈顯之不爲生之 是故難生因於顯因中是難顚倒: 『여실론』(『大正藏』32, p.31c).

48) 是難顚倒 何以故 前世已生依因爲生 譬如 然燈爲顯已有物 不爲生未有物 汝以生因難我顯因 是難顚倒不成就: 『如實論』(『大正藏』32, p.31c).

생인에 해당된다. 현인(prakāśaka hetu)은 요인(了因, jñāpaka hetu)이라고도 부르며 추론의 세계에서 어떤 주장(pratijñā)의 타당성을 납득시키는 인식론적 원인(hetu)으로 먼 산에 불(所證: sādhya)이 났음을 알려줄 경우 그 근거로 든 연기가 현인에 해당된다. 그런데 위의 인용문에서 보듯이 『여실론』에서는 지·비지상사와 무인상사 논법이 '원인-결과(hetu-phala)' 관계에서 결과를 생하는 생인에 대해서는 사용될 수 있지만 '이유-주장(hetu-pratijñā)' 관계에서 주장을 증명하는 현인에 대해서는 사용될 수 없다고 말하는 것이다. 이는 니야야학파의 논서에서는 발견되지 않는 독특한 해석이다.

『니야야수뜨라』에서는 제5장 제1절에서 24종의 자띠의 의미를 하나하나 설명하면서 무인상사와 지·비지상사 논법 모두를 현인에 대한 비판법으로 간주한 후 그 타당성을 재비판한다. 그런데 『니야야수뜨라』에서는 지·비지상사 논법의 타당성을 비판하는 근거로 다음과 같이 존재론적 관계를 예로 든다.

> 부정은 옳지 않다. 왜냐하면 항아리의 완성을 보기 때문에, 또 해칠 때 주문에 의하기 때문에49)

즉, 항아리가 완성될 때에는 도공의 손이 항아리와 만나게(至: prāpti) 되는 반면, 멀리 떨어진 사람에 대한 주술은 주술자와 그 사람이 만나지 않은(非至: aprāpti) 상태에서 이루어지는 예에서 보듯이 지·비지상사 논법은 타당한 비판법이 아니라고 니야야논사는 주장하는데 여기서 항아리와 도공의 손, 주술자와 피주술자는 이유-주장과 같은 인식론적 관계가 아니라, 원인-결과와 같이 존재론적 관계에 있다. 즉, 『니야야수뜨라』의 저자는 인식론적 원인인 현인은 물론 존재론적

49) ghaṭa-ādi-niṣpatti-darśanāt pīḍane ca-abhicārād-apratiṣedhaḥ: *N.S.*, 5-1-8.

원인인 생인의 경우에도 지·비지상사 논법은 구사될 수 없다고 보았던 것이다.

무인상사 논법의 경우도 마찬가지다. 『회쟁론』의 적대자인 니야야 논사는 선행, 후속, 동시적 관계를 다음과 같이 예증한다.

> 부정은 세 가지 시간의 어느 것에 있어서도 성립한다. 시간적으로 선행하는 근거도 후속하는 근거도 동시적인 근거도 있을 수 있다. 여기서 선행하는 근거는 마치 아들에 있어서 아버지와 같고 후속하는 근거는 스승에 있어서 제자와 같으며 동시적인 근거는 조명에 있어서 등불과 같은 것이다.50)

여기서 아버지와 아들, 제자와 스승, 등불과 조명은 앞에서 항아리와 도공, 주술자와 피주술자의 경우와 마찬가지로 존재론적 관계를 갖는 대응쌍들이다. 니야야적 전통에서는 존재론적 관계와 인식론적 관계를 구분하지 않고 지·비지상사와 무인상사 논법의 타당성을 비판하였던 것이다.

지금까지 『니야야수뜨라』와 『회쟁론』 등의 경문들을 통해 고찰해 보았듯이 현인과 생인의 구분에 토대를 두고, 생인에 대해 구사되는 경우에 한해 무인상사와 지·비지상사 논법의 타당성을 수긍하는 『여실론』의 해석은 니야야적 전통에서 이탈한 것이다. 그리고 이런 독특한 해석은 세친의 『불성론』에서도 발견된다.

> 스스로 전도된 것은 다음과 같다. 그대는 생(生)의 의(義)를 취해

---

50) atha manyase triṣvapi kāleṣu pratiṣedhaḥ siddhaḥ, dṛṣṭaḥ pūrvakālīno 'pi hetuḥ, uttarakālīno 'pi, yugapatkālīno 'pi hetuḥ, tatra pūrvakālīno het uryathā pitā putrasya, paścātkālīno yathā śiṣya ācāryasya, yugapatkālīno yathā pradīpaḥ prakāśasyetyatra brūmaḥ/(*V. V. V.*, 69): 용수, 앞의 책, pp. 303-304.

> 나의 현(顯)의 의(義)를 비판한다. 이것은 비판이 되지 못한다. 만일 내가 생의 의를 건립한다면 그대는 삼시적(三時的) 비판에 의해 나를 비판할 수 있을 것이다. 생이란 것은 삼시를 벗어난 것이 아니기 때문이다. 만일 삼시가 건립되지 않는다면 이런 생이 성립하지 않는다는 것은 그럴 수 있다. 의(義)를 드러내는(顯) 것은 도리(道理)로 말미암아 건립되는 것이다. 만일 도리가 존재한다면 삼시는 다르지 않다. 만일 도리가 없다면 의를 드러낼(顯) 수가 없다. 그러므로 성립하지 않는다. 삼시에 기인한 것이 아니기 때문이다. 그러므로 생을 비판하는 것은 삼시에 의거해야 한다. 지금 비판의 대상이 되는 것은 도리에 의거할 필요가 있다. 그대는 시간을 가지고 도리의 의미를 비판하기에 스스로 전도를 이룬다.[51]

여기서 "그대는 생(生)의 의(義)를 취해 나의 현(顯)의 의(義)를 비판한다. 이것은 비판이 되지 못한다. 만일 내가 생의 의를 건립한다면 그대는 삼시적 비판에 의해 나를 비판할 수 있을 것이다."라는 구절은 『여실론』에서 말하듯이 무인상사 논법이 생인에 대해 구사될 수는 있어도 현인에 대해서는 구사될 수 없다는 점을 밝힌 구절이다.

한편 진나의 『인명정리문론』의 경우는, 현인과 생인이라는 명칭은 등장하지 않지만 다음과 같은 구절은 생인에 대해 이 두 논법이 구사될 경우 타당할 수 있다는 점을 암시하는 것으로 볼 수 있다.

> … 앞의 두 가지 인의 경우와 마찬가지로 소증인 대상(artha)에 대해 모두 소작이나 능작의 성질이 아니기 때문에 타당할 수 없다. 만일 타당하게 비판할 경우는 능파라고 부를 수 있다.[52]

---

51) 自顚倒者 汝取生義 難我顯義 此非難處 若我立生義 汝可以三時爲難 難我生者 不離三時故 若三時不立 是生不成可爾 顯義者 由道理故立 若有道理則三時無異 若無道理 則不能顯義 是故不成 不由三時故 是故難生 須依三時 今所難者 須依道理 汝將時節 難道理義故 自成顚倒: 『佛性論』(『大正藏』31, p.792b).

여기서 '소작이나 능작의 성질이 아니기 때문'이라는 구절에서 능작은 작인, 즉 생인을 의미한다고 볼 수 있다. 따라서 위의 문장은 '무인상사나 지·비지상사 논법에서 비판되는 인이 작인, 즉 생인일 경우에는 그 두 논법이 타당한 논법일 수 있지만 그렇지 않기에 타당하지 못하다'는 것을 의미한다고 볼 수 있을 것이다. 위에 인용한 『인명정리문론』의 구절은 『집량론(集量論)』에도 그대로 등장하며 『집량론』에 대한 지넨드라붓디(Jinendrabuddhi)의 주석인 『집량론주(Pramāṇasamuccaya-ṭikā)』에서 우리는 진나 역시 『여실론』이나 『불성론』에서와 같이 현인과 생인을 구분했으며 무인상사와 지·비지상사 논법이 생인에 대해 구사될 경우에는 이를 정당한 논법으로 간주했다는 점을 확인할 수 있다. 이를 인용해 보자.

> 『집량론』: 두 가지 인에 의한다고 해도 소증인 대상에 대해 그것들은 인과관계가 아니기 때문에 이것은 타당하지 않다. 타당하게 비판하는 것은 논박으로 된다.53)
> 『집량론주』: '그것들은 인과관계가 아니기 때문'이라고 말하는 것은 소증과 능증들이 소생과 능생(= 生因)의 관계가 아니라, 그렇다면 무엇이냐 하면 인지되는 것(所了)과 인지하는 것(能了= 能顯 =顯因)의 관계이지만…54)

52) 如前二因 於義所立 俱非所作能作性故 不應正理 若以正理而誹撥時 可名能破:『因明正理門論』(『大正藏』32, p.10).

53) gaṅ gi yaṅ don gtan tshigs yin na deḥi tshe tshigs ma bkag paḥi phyir deḥi don ni ma grub par snaṅ ba ñid yin te/ sṅa bshin du chos rnams thams cad kyi gtan tshigs rigs pa ma yin pas bkag baḥi phyir ro// gtan tshigs gñis kyis kyaṅ don bsgrub bar bya ba la de dag rgyu daṅ ḥbras bu ma yin paḥi phyir ḥdi ni rigs pa ma yin no/ rigs pas ḥgog par byed pa ni sun ḥbyin par ḥgyur ba yin no/: Dignāga, *Pramāṇasamuccaya*(앞의 책, p.70, 제3엽).

54) de dag rgyu daṅ ḥbras buḥi dṅos po ma yin paḥi phyir śes pa bsgrub

여기서 인용한 『집량론』의 구절은 앞에서 인용했던 『인명정리문론』과 그 내용이 동일한 것으로 지넨드라붓디의 『집량론주』의 설명에 비추어 볼 때 『인명정리문론』에서 말하는 '소작이나 능작의 성질(所作能作性)', 또 『집량론』에서 말하는 '인과관계(rgyu daṅ ḥbras buḥi dṅos po)'는 '소생과 능생 간의 관계'를 의미함을 알 수 있다. 따라서 상기한 『인명정리문론』과 『집량론』의 구절은 '두 가지 인에 의한다고 해도 존재론적 관계가 아닌 것에 대해서 무인상사와 지·비지상사 논법을 구사하는 것은 타당하지 않다'는 의미로 이해할 수 있으며 이를 뒤집어 해석하면 '인과관계와 같은 존재론적 관계에 대해서는 이 두 논법을 구사할 수 있다'는 의미라고 이해할 수 있다. 즉, 진나 역시 무인상사와 지·비지상사 논법이 존재론적 원인에 대해 구사될 때에는 타당한 논법으로 인정했다고 볼 수 있다.

『니야야와르티까(Nyāya-varṭika)』의 저자 웃됴따까라(Uddyotakara : 550-600C.E.경) 역시 지·비지상사 논법을 생인과 현인 모두를 비판하는 논법으로 간주하였으며 『니야야수뜨라』의 관점을 계승하여 두 가지 인 모두에 대해 지·비지상사 논법이 구사될 경우 과실에 빠진다고 말한다. 이를 인용해 보자.

> 이런 자띠는 모든 인을 공박하는 논법으로, 요인이 지적되는 경우에도 그렇고, 작인의 경우에도 그렇다. 그러나, 이렇게 인과관계를 공박하는 논법에 의해 제시하는 것은 파괴되고 만다. 파괴된다는 것은 무엇인가? 답파(答破,uttara)가 일어나지 못한다는 것이다. 왜냐하면, 대상과 만나거나(至) 만나지 않은(非至) 상태의 원인을 공

---

par bya ba daṅ sgrub par byed pa byed pa dag ni bskyed par bya ba daṅ skyed par byed paḥi dṅos po ma yin gyi/ ḥo na ci śe na shes par bya ba daṅ shes par byed paḥi dṅos po yin śiṅ/: Jinendrabuddhi, Viśalālāmalāvatī-nāma-pramāṇasamuccaya-ṭikā(『티벳대장경』, 台北板 49, p.484, 제5엽).

> 박하는 논법에 의해 증명하는 이런 답파 역시 부정의 대상과 만나거나 만나지 않는다는 점에서 동일한 과실을 갖기 때문이다.[55]

지·비지상사 논법은 요인(了因)과 작인(作因) 모두에 대해 구사되는 논법인데, 이 논법을 구사하는 순간 '이 논법에 의해 작성된 답파'와 '그런 답파를 통해 부정한 대상'과의 관계 역시 지·비지상사 논법에 의한 비판을 면할 수 없기 때문에 지·비지상사 논법은 타당한 논법이 아니란 것이다. 『니야야수뜨라』나 『니야야브하샤』에는 요인과 작인, 또는 현인과 생인에 대한 설명은 등장하지 않기에 요인과 작인을 거론하는 『니야야와르티까』의 구절은 『여실론』(550C.E. 한역)이나 세친의 『불성론』, 또는 진나의 『인명정리문론』과 『집량론』의 영향을 받아 기술된 것으로 짐작된다. 그러나 위의 인용문에서 보듯이 『니야야와르티까』에서는 불교논리서의 경우와 달리 지·비지상사 논법이 작인에 대해 구사 가능하다는 점을 표명하지 않는다. 웃됴따까라는 그 어떤 인에 대해서건 지·비지상사 논법이 결코 구사될 수 없다고 보는 니야야적 전통의 충실한 계승자였던 것이다.

지금까지 고찰해 보았듯이 니야야논서에서는 무인상사와 지·비지상사 논법의 타당성을 전적으로 부정하였지만, 『여실론』은 물론이고 세친의 『불성론』, 진나의 『인명정리문론』과 『집량론』 등 불교논리서에서는 공통적으로 이 두 논법이 생인에 대해 구사되는 경우에 한해 그 타당성을 인정하였다.

---

55) iyaṃ ca jātiḥ sarvahetvapavāda-dvārikā yadi jñāpako hetur apadiśyate tathāpi, yadi kārakas tathāpīti. sā ceyaṃ kārya-kāraṇatvāpavāda-dvāreṇa pravartamānā vyāhatā bhavati. ko vyāghātaḥ, uttarasyānutthānam. katham iti. yad idam uttaraṃ prāpyārthaṃ kāraṇatvāpavādadvāreṇa sādhyed aprāpya veti tasyāpi patiṣedhyaṃ prāpya vāprāpya veti samo doṣaḥ: *Nyāyadarśanam II*, 앞의 책, p.1118[원본은 2018].

Ⅴ. 맺는말 - 중관학과 인명학의 화해

『중론』은 초기불전의 연기설에 토대를 두고 반야경의 공성을 논증한 논서이다. 그리고 그런 논증과정에 반논리적 논법인 자띠 논법의 일부가 도입된다. 앞에서 고찰해 보았듯이 중관논서에서는, 생과 노사, 인식수단과 인식대상, 원인과 결과, 등불과 어둠, 탐욕과 탐욕을 내는 자 등 실재한다고 착각된 사물과 사물, 또는 사태와 사태 간의 관계를 논파할 때 무인상사와 지·비지상사 논법을 구사한다.

반면에 『니야야수뜨라』에서는 무인상사와 지·비지상사를 포함한 자띠 모두를 부당한 논법으로 간주하며 비판한다. '인이 소증에 대해 선행하건, 후속하건, 또 그 양자가 동시적이건 인은 소증에 대해 인의 역할을 할 수 없다'는 무인상사 논법에 대해서는 아들과 아버지, 스승과 제자, 등불과 조명의 예를 들어 반증하며 그 타당성을 반박하고, '인이 소증과 만나건(至) 만나지 않건(非至) 인은 소증에 대해 인의 역할을 할 수 없다'는 지·비지상사 논법에 대해서는 칼과 주문의 예를 들어 반증하며 그 타당성을 반박한다.

그러나, 『니야야수뜨라』적인 자띠 해석을 수용하여 대부분의 자띠 논법을 부당한 논법으로 간주하는 불교논리가들은 무인상사와 지·비지상사 논법에 한해서는 그 타당성에 대해 이중적 태도를 보인다. 즉, 인을 생인과 현인으로 구분한 후 현인의 타당성을 비판하기 위해 이 두 논법이 구사되는 것은 오류이지만 생인의 타당성을 비판하는 경우에는 이 두 논법이 정당한 논법으로 쓰일 수 있다고 말하는 것이다. 생인은 인과관계와 같이 사물과 사물의 관계에서 작용하는 인이기에 존재론적 원인이라고 말할 수 있으며, 현인은 추론식에서 이유와 소증의 관계에서 작용하는 인이기에 인식론적 원인이라고 말할 수 있다. 그리고 『중론』이나 『회쟁론』과 같은 중관논서에서 이 두 논법이 응용되는 경우 그 비판의 소재가 되는 것은 추론식이 아니라, 실재하는 것으로 착각된 사물이나 사태들이다.

불교논리가들은 니야야논사들과 마찬가지로 논리학을 건립하고자 하였기에 논리학 자체의 타당성을 문제 삼는 자띠 논법을 결코 인정할 수는 없었을 것이다. 반면에 『니야야수뜨라』에서와 같이 자띠 논법의 타당성을 전적으로 부인할 경우 중관학적 전통과의 단절이라는 난국에 빠지고 만다. 그러나 불교논리서에서 보듯이 인(因)의 성격을 현인과 생인으로 양분하게 되면 이런 난국에서 벗어날 수 있다. 자띠 논법이 현인에 대해 구사되는 것을 금지함으로써 논리학 자체의 기반이 훼손되는 것을 방지할 수 있고 생인에 대해 구사되는 것은 인정함으로써 중관학과의 단절이 극복될 수 있는 것이다.

불교논리가들은 진속이제설에 입각한 지식론(知識論), 무아설에 입각한 현량론(現量論), 연기설에 입각한 개념론(概念論)과 편충론(遍充論) 등을 구성해 냄으로써 전통적 인도논리학을 불교적 세계관에 부합하도록 재조직하게 되는데, 자띠(jāti) 중 무인(無因), 지·비지상사 논법에 대한 양가적 해석 역시 중관학과 조화를 이룸으로써 불교적 전통을 계승하기 위한 노력의 일환으로 이루어진 것으로 추측된다.

(한국불교학 제27집, 2000년)

중관논리의 기원에 대한 기초적 연구
-『방편심론』의 ‘시동-상응’ 논법에 대한 검토 -

Ⅰ. 연구사 개관 및 연구의 목적

‘대승 불교의 아버지’라고 불리는 용수(Nāgārjuna: 150-250 경)의 중관적 공사상은『중론(Mādhyamika-śāstra)』,『육십송여리론(六十頌如理論, Yukti-ṣaṣtikā)』,『공칠십론(空七十論, Śūnyatā-saptati)』,『회쟁론(廻諍論, Vigraha-vyāvartanī)』,『광파론(廣破論, Vaidalya-Prakaraṇa)』등의 오여리론(五如理論)에 적극적으로 천명되어 있다. 이들 논서에 나타나 있는 중관 사상은 반야계 경전과 기타 초기 대승 경전에 등장하는 쌍차(雙遮) 부정의 경문들이나,『아함』,『니까야』등의 연기설과 무기설, 경량부(經量部)나 독자부(犢子部) 등 아비달마 부파의 비판적 정신 등이 모태가 되어 성립된 것이라고 보는 것이 현대 학자들의 공통된 견해이다. 그러나 위의 논서들에서 구사되고 있는 용수 특유의 중관적 부정 논리에 대한 연구는 몇몇 일본 학자들에 의해서 부분적으로 시도되었을 뿐이다.[1] 중관 논리를 연구하는 경우, 서구어권의 대부분의 학자들은 용수 이후 인도 중관파의 양대 주류였던 귀

* 본 논문의 내용 대부분은 필자의 박사학위(1997년 2월 취득) 논문『용수의 중관논리의 기원』(도서출판 오타쿠, 2019년 출간)에 그대로 수록되어 있다.

1) 宇井伯壽의『印度哲學硏究』2권 및 5권, 山口益의『中觀佛教論考』, 梶山雄一의「佛教知識論の形成」.

류논증파(prāsaṅgika)와 자립논증파(svātantrika)의 논쟁사에 대한 연구에 치중하든지 서구의 형식논리학이나, 논리철학과의 단편적인 비교연구 에 머물고 있을 뿐이어서 중관적 부정 논리의 기원에 대한 연구 성과는 아직 미흡한 감이 있다.[2)]

일찌기 우이하쿠주(宇井伯壽, 1882-1963)는 한역본만 현존하는 불교논리학 서적인 『방편심론(方便心論, Upāyahṛdaya-Śāstra?)』[3)]에 주목하여, 이를 고대 인도의 내과의서인 『짜라까상히따(Caraka-Saṁhitā)』 제3장에 등장하는 논리 사상 및 『니야야수뜨라(Nyāya-Sūtra)』등과 비교하면서 주석적 연구를 시도한 바 있다.[4)] 그러나 우이(宇井)는, 『방편심론』의 내용이 전통적인 인도 논리학과 맥을 같이하는 것으로 간주하고, 그 저자는 용수 이전의 소승 불교도일 것이라고 추정[5)]하고 있을 뿐 용수의 논서에서 구사되고 있는 중관적 부정 논리와 『방편심론』의 논리 사상을 본격적으로 비교하고 있지는 않다.

카지야마유이치(梶山雄一, 1925-2004)는 우이하쿠주의 위와 같은 연구 성과에 토대를 두고 『방편심론』과 『니야야수뜨라』, 『회쟁론』, 『광파론』을 상세하게 비교하면서 『방편심론』은 전통적인 인도 논리학과 궤를 달리하는 논서로 후반부의 상응품(相應品)의 '이십-상응 이론'이 용수의 『회쟁론』이나 『광파론』의 논리 형성에 토대가 되었다는

---

2) 물론, 『니야야수뜨라』의 성립 과정을 밝히려는 목적 하에, 위드야부사나(Vidyābhūṣana), 야코비(Jacobi) 등에 의해 용수 이전의 인도 논리학에 대한 연구나, 용수의 논서와 왓스야야나의 『니야야브하샤』 간의 비교연구는 활발히 이루어지긴 했지만 용수 특유의 중관 논리의 기원에 대한 연구 성과는 아직껏 미흡하다.

3) 大正32, pp.23-28.

4) 宇井伯壽, 「方便心論の註釋的研究」, 『印度哲學研究』 第2, 岩波書店, 東京, 1965, pp.473-485.

5) 宇井伯壽, 「正理學派の成立並に正理經編纂年代」, 『印度哲學研究』 第1, 昭和40年, 東京, pp.202-204.

논지를 펴고 있다. 즉, 『방편심론』은 인도의 전통적 논리 사상에서 이탈해 있는 반-논리학서라는 결론을 내리는 것이다. 이런 논거 위에서 카지야마유이치는 불교와 니야야(Nyāya) 학파 간의 초기 교섭사를 다음과 같이 정리한다.[6]

①『방편심론』의 이십-상응 이론의 형성
②『니야야수뜨라』 제V장의 형성(『방편심론』의 이십-상응 이론에 대한 비판)
③『광파론』과 『회쟁론』의 형성(니야야의 '이십-상응 이론 비판'을 再-비판)
④『니야야수뜨라』 제Ⅱ장의 형성(『광파론』과 『회쟁론』에 등장하는 니야야 비판을 재-비판)

즉, 『방편심론』의 상응 논법이 용수에 의해 수용되어 니야야 등의 외도를 비판하는 도구로 사용되자 니야야 측에서는 『니야야수뜨라』 제V장을 통해 그 논리적 부당성을 나름대로 지적한다. 이어서 용수가 『광파론』과 『회쟁론』에서 이에 대해 반론을 벌이자 니야야 측에서는 『니야야수뜨라』 제Ⅱ장 을 통해 용수를 비판한다.

논자는 『방편심론』에 대한 우이하쿠주의 초기 연구 성과와 그에 대한 카지야마유이치의 비판적 논문을 토대로 하여 『방편심론』 상응품(相應品)의 '이십-상응 이론'에 대해 보다 면밀히 검토한 후 이들 선학들의 연구 성과를 시정 보완함과 아울러 적대자의 오류를 지적하는 용수 특유의 부정 논리의 기원이 이러한 '상응-논법'에 있음을 밝히고자 하였다.

이런 작업의 일환으로 본 논문에서는 먼저 제Ⅱ장을 통해, 『방편심

6) 梶山雄一, 「佛教知識論の形成」, 『講座·大乘佛教』 9, 春秋社, 東京, 1984, pp.43-52.

론』의 저자의 문제, 내용에 대한 개관, 상응이라는 술어의 의미의 문제등에 대한 문헌학적 검토를 시행하였다.

제Ⅲ장에서는 『방편심론』의 '이십-상응' 중 시동(時同)-상응(相應) 논법을 하나의 구체적 사례로 삼아 『니야야수뜨라』의 '이십사-상사' 중 무인(無因)-상사(相似) 논법에 의거하여 그 의미를 규명한 후 용수의 논서에서 이 논법이 구사되는 모습을 추적해 보았다. 『중론』의 각 게송들은 슐로까(Śloka) 형식의 짤막한 운문이기에 그 진술 형식이 상응-논법의 원형에서 많이 이탈해 있다. 그러나 산문체인 『광파론』과 『회쟁론』 주석에서는 용수가 니야야 학파와의 대론을 연출하면서 '상응 논법'을 그대로 구사하며 그 정당성을 변호하고 있는 모습이 발견된다. 따라서 먼저 『광파론』과 『회쟁론』 주석을 통해 '시동-상응 논법'이 용수에 의해 어떻게 이해되고 수용되었는지 검토하였다. 이런 작업을 통해 '상응 논법'에 대한 용수의 수용 방식을 규명한 후 이를 용수의 대표적 논서인 『중론』에 적용해 보았다.

마지막으로 제Ⅳ장을 통해 이러한 '상응 논법'을 중관 사상의 주석 방법론의 하나인 쁘라상가(prasaṅga)법 및 붓다 교설의 방편적 성격 등과 비교해 봄으로써 '상응-논법'의 불교적 논법으로서의 정당성 여부에 대해 검토하였다.

Ⅱ. 『방편심론』에 대한 문헌학적 고찰

1. 『방편심론』의 저자에 대한 문제

『방편심론』은 기원 후 472년 후위(後魏)에서 길가야(吉迦夜)와 담요(曇曜)에 의해 한역된 논서로 산스끄리뜨본이나 티벳본은 존재하지 않고 오직 한역 본만 현존한다. 송판(宋版) 대장경에는 이 논서의 저자가 용수로 되어 있지만 고려대장경에는 작자미상으로 되어 있다.

우이하쿠주는 다음과 같은 몇 가지 이유를 들어 이 논서가 용수의 저작이 아니라 용수 이전의 소승 불교도의 작품일 것이라고 추정하고 있다.[7]

a. 송판대장경에서는 『인명정리문론』의 저자인 대역룡(大域龍, Mahā-Dignāga)보살을 대역용수보살로 오기하는 등 저자를 잘못 기술하는 경우가 많다.

b. 십이인연(十二因緣), 고집멸도(苦集滅道), 삼십칠조도품(三十七助道品), 사사문과(四沙門果) 등을 붓다의 정의(正義)라고 보는데 이는 순수하게 소승불교의 설이다.

c. 공 사상에 대해 언명하는 구절이 다음과 같이 오직 한 군데 등장한다: "일체의 존재는 모두 공하고 적멸하여 환상과 같고 요술과 같으며, 상은 아지랑이와 같고 행은 파초와 같으며, 탐욕의 모습은 부스럼과 같고 독과 같다."[8] 그러나 개공적멸(皆空寂滅)과 같은 것은 통불교적인 설로 소승불교에서도 설하고 있다.

이러한 우이(宇井)의 논거를 대부분의 후학들이 무비판적으로 수용하였기에 용수의 공 사상과 『방편심론』의 관계에 대한 연구가 지금까지 미진했던 것인지도 모른다. 이제 우이가 내세운 논거의 타당성 여부에 대해 하나하나 검토해 보기로 하겠다.

위의 논거 중 a는 그 진위를 가릴 수 없지만 b와 c를 그대로 수용하는 것은 문제가 있다.

먼저 b부터 고찰해 보기로 하겠다. 십이인연 등의 교리를 소승의

7) 宇井伯壽, 앞의 책.

8) 一切法皆空寂滅 如幻如化 想如野馬 行如芭草 貪欲之相如瘡如毒, 大正32, p.25b.

전유물로 보는 것은 대승적 공 사상에 대한 우이(宇井)의 오해에서 비롯되었다고 볼 수 있다. 카지야마가 지적하듯이 십이인연 등의 교리는 소승과 대승이 모두 공유하는 교리인 것이다.[9] 공 사상을 주창하는 용수의 진찬(眞撰)으로 인정되는 『인연심론』이나 『보행왕정론』, 『권계왕송』에서도 초기 경전에 등장하는 모든 교리가 그대로 인정되고 있는 것을 볼 수 있다. 즉, 공 사상에서는 아비달마적 법 사상에 대해 전면적으로 부정하고 있는 것이 아니라 법상에 대한 취착(取着)된 이해만을 시정한다. 대승적 공 사상에 대한 위와 같은 오해는 비단 우이(宇井)에게서만 발견되는 것은 아니다. 일본의 서양 철학자로서 중관 사상의 변증법적 구조에 대해 심도 있는 연구를 행한 바 있는 야지마요우키치(失島羊吉)도 용수의 공 사상에 대해 우이와 같은 오해를 하고 있었기에 심지어는 "『중론』 제26 관십이인연품의 내용이 긍정 표현으로 일관하고 있기에 용수의 원작이었는지 의심이 된다."[10]는 잘못된 판단을 하고 있는 것이다.

c의 경우, 『방편심론』에서는 우이가 지적한 구절 이외에 공 사상을 천명하는 구절이 다수 발견된다. 이를 나열하면 다음과 같다.

ⅰ. 이와 같은 여덟 가지의 깊고 오묘한 논법을 이제 내가 간략히 설하겠노라. 이는 온갖 논의의 문을 열기 위함이요 희론(戱論)을 끊어주기 위함이니라.[11]

ⅱ. 모든 존재는 다 공하여 고요하니 나도 없고 남도 없어 환상과 같고 요술과 같아 진실됨이 없느니라. 이와 같은 심오한 이치는 오직 지혜로운 자만이 이해할 수 있느니라.[12]

---

9) 梶山雄一, 앞의 책, p.13.
10) 야지마 요우기찌, 『空의 철학』, 송인숙 역, 대원정사, 서울, p.143.
11) 如此八種深妙論法我當略說 爲開諸論門 爲斷戱論故, 大正32, p.23c.
12) 諸法皆悉空寂 無我無人如幻如化無有眞實 如斯深義智者乃解, 大正32, p.25a.

iii. 모든 존재는 다 공하여 주체가 없느니라. 나타난 만물은 갖가지 인연으로 이루어지기 때문이니라.[13]

iv. 만일 공의 지혜를 얻는다면 이를 이름하여 참다운 현량이라 하느니라.[14]

v. 유위의 제법은 모두 공하여 적멸하니 마치 허공과 같다.[15]

우이(宇井)가 공 사상이 담겨 있는 유일한 예로 인용한 구절 이외에 노골적으로 공 사상을 표방하는 구절들은 위와 같이 다수 발견된다. 뿐만 아니라 그 논법이 용수의 논법과 유사한 구절들도 많이 발견된다.[16] 이런 구절들의 내용으로 미루어 보면 『방편심론』의 저자는 우이(宇井)의 주장과는 반대로 결코 소승불교만을 신봉하던 인물일 수는 없는 것이다. 공 사상을 숙지하고 있던 대승불교도였거나, 적어도 대·소승적인 소양을 겸비한 인물이었을 것이다.

상세한 논의는 벌이고 있지 않지만 카지야마유이치 역시 십이인연 등의 교리는 대·소승이 공유하는 교리라는 논거 위에서 b의 잘못을 간단히 거론하며 "『방편심론』의 저자를 용수라고 단정하려는 것은 아니지만 그것을 그가 썼다고 해도 이상할 것은 없다."고 우이하쿠주와 상반된 결론을 내리고 있다.[17]

---

13) 諸法皆空無主 現萬物衆緣成故, 大正32, p.25a.

14) 若得空智名爲實見, 大正32, p.25b.

15) 有爲諸法皆空寂滅 猶如虛空, 大正32, p.25c.

16) 만일 누가 '자아'를 말하면 다음과 같이 물어야 한다. "그대가 말하는 자아는 상주하는 것인가, 무상한 것인가. 만일 무상한 것이라면 제행과 마찬가지라서 그대로 단멸하는 것이 되고 상주하는 것이라고 주장한다면 이는 그대로 열반이니 무슨 필요에서 다시 [열반을] 추구하겠느냐?"(若人言我 應當問言 汝所說我 爲常無常 若無常者 則同諸行便是斷滅 若令常者 卽是涅槃 更何須求)

17) 梶山雄一, 앞의 책, p.14.

2. 『방편심론』의 구성

『방편심론』은 일찌기 우이하쿠주가 상세한 해설을 겸한 번역을 하면서 그 내용에 대해 『짜라까상히따(Caraka-Saṁhitā)』와 『니야야수뜨라(Nyāya-Sūtra)』, 그리고 『여실론』[18]과 비교 연구한 바 있다. 이를 토대로 『방편심론』의 내용에 대해 간략하게 설명해 보기로 하겠다.

『방편심론』은 Ⅰ. 명조론품(明造論品), Ⅱ. 명부처품(明負處品), Ⅲ. 변증론품(辨證論品), Ⅳ. 상응품(相應品)의 총 4품으로 구성되어 있는데 이를 우이(宇井)의 과문(科文)에 따라 정리하면 다음과 같다.[19]

Ⅰ. 명조론품,

1. 조론의 취지 2. 팔종 논법 총론 3. 팔종 논법 각론: ⑴유(喩) ⑵소집(所執) ⑶어선(語善) ⑷언실(言失) ⑸지인(知因) ⑹응시어(應時語) ⑺사인(似因) ⑻수어난(隨語難)

Ⅱ. 명부처품,

1. 어법(語法) 2. 부처비부처(負處非負處) 3. 부처각론(負處各論)

Ⅲ. 변증론품,

1. 여법론(如法論) 2. 정법론(正法論)

Ⅳ. 상응품

1. 이십상응 총론(二十相應 總論) 2. 이십상응 각론(二十相應 各論) 3. 여론(餘論) 4. 결론(結論)

『방편심론』 역시 여타의 인도 논서들과 마찬가지로 대론 형식으로 기술되어 있는데 서두에서 질문자는 논서를 짓는 사람은 대체로 화를

18) 大正32. pp.28-36.
19) 宇井伯壽, 『印度哲學硏究』 2, p.474.

잘 내고 잘난 체 하는 경우가 많아 온화한 성품을 가진 자가 적다고 힐난한다. 이에 대해 저자는 Ⅰ. 명조론품에서 '조론의 취지'를 다음과 같이 설명한다.

> 만일 논법에 통달한다면 스스로 선과 악과 공의 모습을 분간하게 되어 온갖 마구니와 사견을 가진 외도들이 괴롭히지도 못하고 방해하지도 못한다. 그러므로 나는 중생들에게 이득을 주기 위해 이 논서를 짓는다. 또 정법이 후세에 널리 퍼지게 하려는 올바른 마음에서 [이 논서를 짓는다]. 마치 암파라 열매를 가꾸기 위해 주변에 가시나무 숲을 둘러서 열매를 보호하는 것과 같다. 지금 내가 논서를 짓는 것도 이와 마찬가지로 정법을 수호하기 위함이지 이름을 날리기 위함이 아니다.[20]

이어서 『니야야수뜨라』의 16구의(句義)와 유사한 내용의 8종 논법에 대해 상세히 설명하고 있는데 그 내용은 『니야야수뜨라』와는 반대로 무아설에 토대를 두고 있다. 또 『니야야수뜨라』에 등장하는 16구의 중 인식대상(prameya: 2), 의혹(saṁśaya: 3), 동기(prayojana: 4), 지분(avayava: 7), 사택(思擇 tarka: 8), 결정(nirṇaya: 9), 논쟁(jalpa: 11), 논힐(論詰 vitaṇḍa: 12) 등에 대한 설명은 결하고 있으며 논의(論議 vāda: 10)에 대한 설명은 제Ⅱ 명부처품(明負處品)에서 '어법(語法)'이라는 이름으로 설명되고 있다.

제Ⅱ 명부처품의 부처는 16구의 중 부처(負處, nigrahasthāna: 16)에 해당된다.

제Ⅲ 변증론품(辨證論品)의 「여법론(如法論)」과 「정법론(正法論)」에서는 자아(ātman)의 존재를 논파하는 논리의 구체적인 실례를 들고

---

20) 若達論者 則自分別善惡空相 衆魔外道邪見之人 無能惱壞作障礙也 故我爲欲利益衆生 造此論 又正欲令正法流布於世 如爲修治菴婆羅果 而外廣植荊棘之林 爲防果故 今我造論亦復如是 欲護正法 不求多聞故(大正32, p.23b.).

있다.

제Ⅳ 상응품(相應品)에서는 외도의 주장을 논파하는 방식인 24가지 상응 논법에 대해 설명하고 있다. 여기에 등장하는 많은 논의가 『니야야수뜨라』 제Ⅴ장에 자띠(jāti)라는 이름으로 기술되어 있는데 『방편심론』에서는 '상응' 논법을 외도를 논파하는 올바른 논법으로 간주한 반면 『니야야수뜨라』에서는 이러한 상응 논법을 인용한 후 자파의 입장에서 재-비판하고 있다. 이 논법이 바로 용수에 의해 채택되어 『광파론』 등에서 니야야 논사를 논파하는데 쓰이고 있는 것이다.

3. 『방편심론』의 '상응' 과 『니야야수뜨라』의 '자띠'

위에서 언급했듯이 『방편심론』의 제Ⅳ 상응품과 자띠(jāti)라는 이름의 『니야야수뜨라』 제Ⅴ장은 그 성격이 정반대이다. 이는 카지야마유이치도 지적하고 있는 것으로[21] 『방편심론』에서 외도를 논파하는 올바른 논법으로 간주되는 상응 논법을 『니야야수뜨라』에서는 잘못된 비판법이라고 재-비판하고 있는 것이다.

카지야마유이치는 '상응'의 원어가 prasaṅga-jāti일 것으로 추정하지만[22] 논자의 졸견으로는 '상응'이란 단순히 'sama'의 번역어라고 생각된다.

『니야야수뜨라』 제Ⅴ장 에서는 『방편심론』의 '상응'을 설명하는 문장을 먼저 거론한 후 반드시 그에 대한 비판적 해설을 덧붙이는데 각각의 자띠(誤難?)의 이름에는 일본 학자들에 의해 '상사'라고 번역된 'sama'라는 술어가 동반된다. 예를 들어 보자.

『방편심론』에서는 도·부도(到·不到) 상응에 대해 다음과 같이 설명한다.

21) 梶山雄一, 앞의 책, p.16.
22) 梶山雄一, 앞의 책, p.23.

> 그대는 '감관에 지각되지 않으므로 자아는 상주한다'고 입론하였다. 도달하므로 인이 되는가 도달치 않는 것인가? 만일 도달치 못한다면 인이 되지 못한다. 마치 불길이 도달치 못하면 태우지 못하는 것과 같고 칼날이 도달치 못한다면 베지 못하는 것과 같다. 자아에 도달치 못한다면 어떻게 인이 되겠느냐? 이를 부도라고 부른다.[23)] 또, 도달하여 인이 되는 것이라면 도달하자마자 인의 이치가 없어진다. 이를 도라고 부른다.[24)]

즉, '자아는 상주한다'는 주장(宗, 또는 所證)의 근거인 '감관에 지각되지 않기 때문에'라는 이유(因)가 주장(宗, 또는 所證)과 접합하지 않아도 인으로서의 역할을 할 수가 없고 접합하고 있어도 인의 역할을 할 수가 없다는 말이다. 『니야야수뜨라』에서는 이를 다음과 같이 정리한다.

> 이유(hetu)는 소증(sādhya)에 접합(prāpti)할까, 아니면 접합하지 않(aprāpti)을까. 접합한다면 차별되지 않는 것으로 되며 접합하지 않는다면 비논증성(非論證性)의 것으로 되기 때문에 도·부도상사(到·不到相似 prāptyaprāpti-samau)[25)]이다(N.S. Ⅴ-1-7).[26)]

위에서 보듯이 『방편심론』에서 간단히 소개되면서 정당한 논법으로 간주되고 있던 '상응' 논법에 대해 『니야야수뜨라』에서는 다음과 같은 이유를 들어 비판하고 있다.

---

23) 부도상응(不到相應).
24) 도상응(到相應).
25) 이렇게 논법의 명칭 뒤에는 언제나 'sama'라는 술어가 부가된다.
26) prāpya sādyamaprapya vā hetoḥ prāptyā 'viśiṣtatvādaprāptyā 'sādhakat vācca prāptyapraptisamau(jāti 중 제9, 10 到·不到相似): Nyāyadarśanam Ⅱ, Rinsen Book co., Kyoto, 1982, p.2016.

부정은 올바르지 않다. 왜냐하면 항아리 등의 완성이 보이기 때문에, 또 [누군가를] 살해할 때 주문(呪文)에 의하기 때문에(N.S. V-1-8)[27]

이런 니야야측의 비판은 『광파론』 제6절에서 용수에 의해 재비판되고 있는데, 어쨌든 『니야야수뜨라』 제V장에는 이것뿐만 아니라 다른 모든 상사(相似 sama) 논법에 대해서도 니야야 학파의 입장에서의 비판이 부가되어 있다. 따라서 『니야야수뜨라』에서 'sama'라는 이름으로 요약되는 논법은 『방편심론』에서 '상응'이라는 이름으로 설명하고 있는 논법이라고 볼 수 있다.

또, 'sama'의 역어로 일본 학자들은 '상사'를 채택하고 있는데 이는 현장 역의 『인명정리문론』에 토대를 둔 번역인 듯하다.[28] 그러나 'sama'는 그저 동일하다는 의미만 갖는 것이 아니라 '서로 견주어 보아 동등하다'는 뜻도 있다.[29] 즈하(Gaṅgānāṭha Jhā)는 이를 'Parity(등위, 等位)'로 번역하고 있고[30] 위드야부사나(M. S. C. Vidyābhuṣana)는

27) ghaṭādiniṣpattidarśanāt pīḍane cābhicārādapratiṣedhaḥ: 왓스야야나(Vātsyāyana)의 주석(Bhāṣya)을 통해 이 의미를 고찰해 보면, 항아리를 만들 때는 도구나 도공의 손(手)이라는 원인이 항아리라는 결과물에 접촉하여 항아리가 만들어지고, 주문으로 남을 살해할 때에는 그의 신체에 접촉하지 않고도 살해가 일어나니 접촉하여 인이되는 경우도 가능하고 접촉하지 않고 인의 역할을 하는 것이 가능하다는 것이다(참고: 『방편심론』의 '宗-因' 관계 비판을 여기에서는 '果-因' 관계에 적용하여 재비판하고 있다. 용수 역시 이러한 변형을 거쳐 논법을 구사한다). 위의 책. p.2016.

28) 所言似破謂諸類者 謂同法等相似過類(앞에서 말했던 '논파와 유사한[sama] 것'을 갖가지 類[jāti]라고 일컫는 것은 同法[sādharmya] 따위의 相似[sama]한 過類[prasaṅga-jāti]를 일컫는 것이다): 大域龍菩薩(Dignāga), 『因明正理門論』, 大正32, p.3c.

29) "sameness of objects compared to one another": Monier Williams, Sanskrit Dictionary, Oxford University Press, 1982, p.1152.

이를 '균형잡기(balancing)'라고 번역하고 있다.[31] '상응'이란 '서로 짝이 된다'거나 '서로 견줄 만하다'는 의미이기에 'sama'에 대한 번역어는 '비슷하다'는 의미의 '상사'보다 'balancing'이나 'Parity'가 그 의미에 더 근접한 표현이라고 볼 수 있다.

『방편심론』에서 외도 논파법으로 제시하고 있는 '상응 논법'이 용수에 의해 채택되어 구사되는 경우, 이는 논증식을 갖춘 반대 주장을 제시하기 위함이 아니다. 차후에 다시 거론하겠지만,[32] 용수는 '상응 논법'을 "당신의 논리학에 따른다면 그와 반대되는 이런 주장도 가능하다"는 쁘라상가(prasaṅga)적 맥락에서 쓰고 있다. 즉, 적대자가 어떤 주장을 한다면 그들이 인정하는 세속적 논리에 입각해 그에 '상응'하는 반대 주장 역시 논리적 타당성을 갖고 도출될 수 있다는 사실을 보여주는 것이 바로 '상응 논법'인 것이다. 이렇듯이 용수의 논파 구조의 전체적인 맥락 하에서 보더라도 『방편심론』의 '상응'은 'sama'의 역어로 보는 것이 타당하다.

그렇다면 『니야야수뜨라』에서는 이런 논법을 어째서 'sama'라는 제목 하에 취급하지 않고 새롭게 'jāti(生)'라는 이름을 창안한 것일까? 왓스야야나(Vāṭsyāyana)는 『니야야수뜨라』 제1장 2-18을 주석하면서 자띠(jāti)의 의미에 대해 다음과 같이 설명하고 있다.

> 이유가 제시되는 경우에 어떤 쁘라상가(prasaṅga: 歸謬)가 생하는 것, 그것이 자띠(jāti)이다. 그리고 그런 쁘라상가는 공통성과 상위성에 의한 반대(pratyavasthāna)이고 논파이며 부정(pratiṣedha)이다.[33]

30) Gaṅgānāṭha Jhā 번역, Nyāya-Sūtras of Gautama Vol Ⅳ, Motilal Banarsidass, 1984, pp.1658-1735.
31) M. S. C. Vidyābhuṣana, The Nyāya Sūtras of Gotama, Oriental Book Print Corporation, Delhi, 1975, pp.140-166.
32) 본고 제Ⅳ장, 1절 참조.

현대 학자들은 자띠(jāti)를 '오난(誤難)(=그릇된 비난)'[34]이나 'Futile Rejoinder(하찮은 말대꾸)'[35]등으로 번역하고 있지만 자띠(jāti)'라는 단어의 의미에 대한 왓스야야나의 설명에서는 비판조의 문구[36]가 발견되지 않는다. 왓스야야나는 어떤 주장을 부정할 경우 그 주장의 근거와 공통되거나 상반된 근거를 들어 쁘라상가(歸結)가 생하게 하는 것이 바로 '자띠(jāti)'라고 설명할 뿐이다. 따라서 '자띠(jāti)'는 『니야야수뜨라』 제5장 전체를 지칭하는 것이 아니라 제5장을 작성하면서 니야야 학파의 입장에서 논파하기 위해 그 대상으로 삼았던 24 가지 '相似(=相應)-논법'의 이명(異名)이라고 볼 수 있다. 즉 '상응 논법'이란 어떤 주장을 보고 그 주장과 동등한(sama) 타당성을 갖는 상반된 주장을 제시함으로써 그 주장에서 쁘라상가가 발생(jāyate)함을 보이는 것이기에, '동등한 타당성을 갖는 상반된 주장을 제시한다'는 측면에서 보면 이 논법을 'sama(相應)'라는 이름으로 부를 수 있고 '쁘라상가가 발생한다'는 측면에서 보면 'jāti(生)'라고 부를 수 있는 것이다. 따라서 'jāti'라는 술어는 그 진정한 의미를 살려 '생과(生過)'라고 번역하는 것이 옳을 듯하다.[37] 용수 역시 『광파론』(제68절)에서 니야야 학파의 16구의를 논파할 때 'jāti'를 '생하다'는 의미로 해석하고 있다.[38]

---

33) prayukte hi hetau yaḥ prasaṅgo jāyate sa jātiḥ / sa ca prasaṅgaḥ sādharmyavaidharrmyābhyāṁ pratyavasthānamupālāmbhaḥ pratiṣedha iti, Nyāya-darśanam Ⅰ, 앞의 책, pp.401-402.

34) 일본 학자들의 번역어.

35) Jhā, 앞의 책.

36) 誤難의 '誤'나 Futile Rejoinder의 'Futile'이라는 부정적 의미.

37) 『여실론』의 저자나 진나(Dignāga), 법칭(Dharmakīrti) 등의 불교논리가들도 'jāti'를 '잘못된 비판(誤難)'으로 보았다. 따라서 이들은 『방편심론』적인 '상응-논법'의 전통과는 단절되어 있었다고 볼 수 있다.

38) 용수가 'jāti-論法'(상응-논법)을 사용함에도 불구하고 이를 부정하지만, 이는 공성을 사용하여 자성을 논파한 후 그 공성조차 다시 부정(空亦復空)하는

또, 왓스야야나의 『니야야브하샤(Nyāya Bhāṣya)』(Ⅰ-1-39의 소)에서는 '상위성(相違性, vaidharmya)과 공통성(共通性, sādharmya)에 토대를 두고 비판을 하는 자'를 '자띠-바딘(Jātivādin)'이라고 호칭하면서 그런 토대 위에서의 반대는 옳지 못하다고 비판하고 있다. 그런데 『니야야수뜨라』 제Ⅰ장(Ⅰ-2-18)에서는 '자띠'를 '공통성과 상위성에 토대를 두고 반대하는 것'[39]이라고 정의하고 있기에 '자띠-바딘(jātivādin)'이란 '그런 자띠-논법에 의해 상대를 논파하려고 하는 사람들'이라는 뜻인 것이다. 용수는 『회쟁론』에서 자신을 공성론자(Śūnyatāvādin)라고 지칭하고 있다. 만일 '자띠'에 기존 학자들의 번역어에서와 같이 부정적인 의미가 내포되어 있다면 '공성론자' 역시 '그릇된 공성론자'라고 번역해야 할 것이다.

어쨌든 '자띠'의 의미는 『니야야수뜨라』와 『니야야브하샤』가 성립된 시기까지는 단순히 '생과(生過)'의 의미로 쓰였다고 볼 수 있기에 현대 학자들의 번역은 니야야학파의 입장에서 숙어화(熟語化)한 의미에 토대를 둔 것이라고 볼 수 있다.[40] 물론 『니야야수뜨라』 제Ⅴ장에서 이런 'jāti'-논법(=상응 논법)이 재-비판되고 있기에 쁘라상가(prasaṅga)를 야기하는 이 논법이 니야야 학파 측에 의해 정당한 논법으로서 인정받지 못했다는 사실만은 분명하다.

것과 같은 맥락에서 이루어지는 부정이라고 보아야 한다. 이를 '씻음'으로서의 부정이라고 명명할 수 있으며 바로 이런 점이야말로 중관적 공 사상의 고유한 특성이다.

39) sādharmyavaidharmyābhyāṁ pratyavasthānaṁ jātiḥ.

40) 산스끄리뜨 사전에서 'jāti'의 의미 가운데 하나로 '오류(誤謬)'를 들고 있는 것도 니야야 학파에 의해 이렇게 숙어화된 의미에 토대를 두고 기술된 것이지 원래의 뜻에 부정적인 의미가 담겨 있지는 않았다(梶山雄一, 앞의 책. p. 각주 14) 참조).

Ⅲ. '시동-상응' 논법의 의미와 그 적용

『방편심론』에 등장하는 이십-상응에 대한 설명은 한역문 자체도 난삽한 곳이 많이 있을 뿐만 아니라 기술의 일관성도 결여되어 있다. 물론 동이(同異)-상응, 도·부도(到·不到)-상응, 시동(時同)-상응, 불생(不生)-상응 등 몇 가지 상응-논법은 용수의 논서에서 쓰이고 있는 모습에서 그리 이탈해 있지 않으나 대부분의 상응-논법은 그 원형을 추적하기 곤란하다. 그러나 이런 상응-논법들 중 몇 가지가 『니야야수뜨라』 제Ⅴ장에서 'sama'라는 이름으로 인용, 요약되면서 비판되고 있는 것이 분명하기에 『니야야수뜨라』에 등장하는 'sama-논법'이 용수에 의해 채용되었던 '상응-논법'이었으리라는 가설을 세울 수 있을 것이다. 이런 가설 하에서 『니야야수뜨라』의 'sama-논법'을 용수가 구사한 논법과 비교해 보면 양 논법 간에 많은 일치점이 발견된다. 그 각각에 대한 검토는 후일로 미루기로 하고 본고에서는 『방편심론』의 '시동-상응' 에 대한 검토를 논의의 확장을 위한 시금석으로 삼아 본다.

1. '시동-상응'41)과 『니야야수뜨라』의 '무인-상사'의 비교

『방편심론』에서는 적대자의 잘못된 추론을 비판하는 방법인 '상응-논법' 중의 하나로 '시동-상응'(kāla-sama)을 들고 있다. 이를 인용해 보자.

---

41) Tucci의 산스끄리뜨 복원본의 번역어, Tucci, Pre Diṅnāga Buddhist Texts on Logic from Chinese Sources, Guiseppe Tucci, Vesta Publications, Madras, 1981.

그대는 '자아는 상주한다'고 입론하고 '[자아는] 감관에 지각되지 않는다'라고 말하였다. [그런데] 이것은 현재인가, 과거인가, 미래인가? 만일 과거라고 말한다면 과거는 이미 소멸하였다. 만일 미래라고 말한다면 이는 아직 존재하지 않는다. 만일 현재라고 말한다면 이는 인(因)이 되지 못한다. 마치 두 뿔이 나란히 생하는 것과 같아 서로 인이 될 수 없다. 이를 시동(時同)이라 이름한다.[42]

이 인용문에서 적대자는 '자아는 상주한다'는 주장(pratijñā: 宗)과 '감관에 지각되지 않기 때문에'라는 이유(hetu: 因)로 이루어진 이지-작법(二支-作法)으로 자신의 논지를 펴는 것으로 되어 있지만 이는 상응품 초두에서 '증다-상응(增多-相應)'을 설명하는 구절에 등장하는 다음과 같은 오지(五支) 형식의 논증식 중에서 종과 인만을 인용한 것임을 알 수 있다.

宗: 자아는 상주한다(我常).

因: 감관에 지각되지 않기 때문에(非根覺故)

喩: 허공은 지각되지 않는다. 그러므로 상주한다. 감관의 지각대상이 되지 않는 일체의 것들은 모조리 다 상주한다(虛空非覺 是故非常 一切不爲根所覺者盡皆是常).

合: 그런데 자아는 감관에 지각되지 않는다(而我非覺).

結: [자아가] 도대체 상주하지 않을 수 있겠는가(得非常乎)?

어쨌든 『방편심론』에 기술되어 있는 내용만 보면, '적대자의 입론 전체'가 과거, 현재, 미래 삼시(三時)에 걸쳐 존재할 수 없다는 것인지, '그 근거'가 삼시에 성립하지 않는다는 것인지 명확하지 않다. 그

42) 汝立我常言非根覺 爲是現在過去未來 若言過去過去已滅 若言未來未來未有 若言現在則不爲因 如二角竝生 則不得相因 是名時同, 大正32, 『방편심론』, p.28.

런데 '무인-상사(ahetu-sama)'[43]에 대한 『니야야수뜨라(정리경, 正理經)』 제V장의 설명과 그에 대한 왓스야야나(Vāṭsyāyana)의 주석을 통해 '시동 상응' 논법의 의미를 복원할 수 있다. 이를 인용해 보자.

> 경(Sūtra): 이유(hetu)가 삼시(三時, traikālya)에 성립하지 않기 때문에 '무인-상사(ahetu-sama)'이다.
> 주석(Bhāsya): 이유라는 것은 능증(能證, sādhana)이다. 그것은 소증(所證, sādhya)보다 이전(pūrva)인가, 이후(paścāt)인가, 아니면 동시(saha)일까? 만일 능증이 [소증보다] 이전이라면 소증이 없는 상황에서 무엇을 논증하겠는가? 만일 이후라면 능증이 없는 상황에서 그것은 무엇의 소증인가? 소증과 능증이 동시에 있는 상황에서는, 두 개가 존재하는 중(vidyamāna)이니 무엇이 무엇을 논증하고(sadhānam) 무엇이 무엇에 대해 논증받(sādhya)겠는가? 그러므로 '이유'(hetu)와 '이유 아닌 것(ahetu)'이 구별되지 않는다. '이유 아닌 것'과의 공통성으로 인한(sādharmyāt) 반대(pratyavasthānam)가 '무인-상사'이다.[44]

즉, '무인-상사'란 '입증하고자 하는 대상(소증: sādhya)'이 '입증되게끔 만드는 근거(능증: sādhana)'보다 선행(pūrva)할 수도 없고, 후속(paścāt)할 수도 없으며, 동시적(saha)일 수도 없다는 논법인 것이다. 이를 『방편심론』의 '시동-상응' 논법에 적용하면 '자아는 상주한다'는 주장(종: pratijñā)에서 '상주한다'는 소증(sādhya)의 근거(능증: sādhana)인 '감관에 지각되지 않는다'는 이유(인: hetu)가 소증보다 선행할 수도 없고 후속할 수도 없으며 동시적일 수도 없다는 것이 된

43) 이것은 宮坂宥勝의 번역어이다(宮坂宥勝, ニヤヤ バシュャの논리학, 山喜房佛書林, 東京, 1956, p.380). 한편 카지야마는 이를 '非因-相似'라고 번역한다(梶山雄一, 앞의 책, p.35.).
44) Nyāyadarśanam Ⅱ, 앞의 책, p.1129

다.

『니야야수뜨라』나 『니야야브하샤』의 설명은, 한역 본만 현존하는 『방편심론』보다 그 내용이 더 구체적일 뿐만 아니라 이를 통해 논리적 술어(technical term)들의 범문을 복원할 수 있기에 용수가 사용했던 상응-논법의 구조를 추적하는 데 있어서 많은 도움을 받을 수 있다.

어쨌든 이와 동일한 논리가 용수의 논서 도처에서 그대로 사용되고 있는 모습이 발견되며 다음 절에서 이에 대해 논의해 보기로 하겠다.

2. 『광파론』과 『회쟁론』에 등장하는 '시동-상응' 논법

『광파론(Vaidalyaprakaraṇa)』은 용수의 오여리론(五如理論) 중에서 '상응-논법'이 가장 원형에 가까운 모습으로 구사되고 있는 논서이다. 카지야마유이치는 『니야야수뜨라』 제Ⅴ장에서 니야야 논사에 의해 논파의 대상으로 인용되는 상응(상사)-논법이 총 여섯 가지가 발견되고[45] 『방편심론』에서 정당한 논법으로서 설명되고 있는 상응-논법은 총 아홉 가지가 발견된다고 주장한다.[46] 그러나 논자의 졸견으로는 『광파론』에서 『니야야수뜨라』의 '반유-상사(反喩-相似)'와 '과-상사(果-相似)'의 논법 등도 그대로 쓰이고 있는데 카지야마는 이를 간과한 듯하다.[47] 그 밖에 '상사-논법'과 '상응-논법'을 잘못 대응시킨 경우도 몇 가지 발견되지만 이에 대한 논의는 후일을 기약하기로 하고

45) 所立相似, 到相似, 不到相似, 無窮相似, 無因相似, 無異相似: 梶山雄一, 앞의 책, p.42.

46) 偏同相應, 不偏同相應, 增多相應, 損減相應, 到相應, 不到相應, 疑相應, 時同相應, 不相違相應, 喩破相應, 不疑相應: 梶山雄一, 앞의 책, '상응·오류 대조표' 참조.

47) 또 『광파론』제3, 20, 22, 63절도 시동상응 논법에 토대를 두고 있다고 볼 수 있는데 이는 본 장 제3절에서 『중론』에 대해 검토할 때 다시 논의하기로 하겠다.

본고에서는 시동-상응(=무인-상사: ahetu-sama) 논법에 한해 그것이 『광파론』에서 어떻게 구사되는지 고찰해 보기로 하겠다.[48]

먼저 카지야마가 시동-상응(時同-相應)의 예로 간주하고 있는 『광파론』 제11절과 제35절을 예로 들어 보겠다. 그 중에 가장 전형적인 본보기는 제11절이다. 이를 인용해 보자.

> 만일 인식방법이 인식대상보다 앞에 있다면 그런 경우 전자는 후자에 있어서의 인식방법이라고 말하겠지만 그 [후자인] 인식대상은 [아직] 존재하고 있지 않은 것으로 된다. 그렇다면 [그것은] 무엇에 대한 인식방법이며 무엇이 [그] 인식방법에 의해서 결정되는 것일까? 또, 만일 [인식방법이 그 대상보다] 나중에 있다고 한다면 이미 인식대상이 존재하고 있는 때에 무엇이 그것의 인식방법으로 되겠는가? 왜냐하면, 아직 발생하지 않은 것이 이미 완전히 발생한 것의 인식방법으로 될 리는 없기 때문이다. [그렇지 않으면] 토끼의 뿔[과 같이 존재하지 않는 것] 등도 인식방법이 되어버린다고 하는 오류에 빠지기 때문이다. 또, 만일 "[양자가] 동시에 있다."고 말한다고 해도 그것은 불가능하다. 가령 동시에 발생하여 [병존하는] 소의 두 뿔이 원인과 결과로서 [관계하는 것은] 불합리한 것과 같은 것이다.(Vaidalya 11절).[49]

여기서 용수는 니야야 학파의 16구의 중 처음 두 구의인 '인식대상(prameya: 所量)'과 '인식방법(pramāṇa: 能量)'의 관계를 선행(pūrva), 후속(paścāt), 공존(saha)의 삼시태(三時態, traikālya)에 대입하여 논파하고 있다. 『방편심론』이나 『니야야수뜨라』에서는 이러한 논법이 논증식 중의 소증(sādhya)과 능증(sādhana)간의 관계에 대해 적용되

---

48) 梶山雄一 역시 세 논서에서 발견되는 쓰이는 시동-상응 논법을 동일한 것으로 본다.

49) バイダルヤ論, 梶山雄一 외 역, 대승불전14, 용수논집, 中央公論社, 東京, 1991, pp.193-194.

고 있었는데 여기서는 그 논리는 동일하지만 그 소재가 소량(所量=인식대상)과 능량(能量 =인식방법)으로 바뀌어져 있다. 그러나 서로 의존적 관계에 있는 능·소의 대립-쌍을 그 소재로 삼아 능·소 양측 간의 선·후·공 관계의 불합리성을 지적하고 있다는 점에서 『광파론』의 이 구절은 『방편심론』의 '시동-상응'이나 『니야야수뜨라』의 '무인-상사'와 동일한 논법이라고 볼 수 있다.

니야야 논사는 '시동-상응' 논법을 이용한 제11절의 이러한 논파에 대해 다시 '시동-상응' 논법을 역-이용하여 재-반박을 한다.

> 그대가 인식방법과 인식대상을 '부정'[=능파(能破)]'하는 것도 '부정당하는 대상[소파(所破)]'에 대하여 선행하든지, 후속하든지, 동시적이든지, 어느 하나일 테니 그런 '부정'도 삼시(三時)에 있어서 성립하지 않는다.[50]

적대자의 주장이 타당하다면 용수는 여기에서 역설적 딜레마(dilemma)에 빠진 꼴이 된다. 즉, 자신이 내세운 '시동-상응 논법을 포기'하든지 아니면 '인식방법과 인식대상을 부정하는 일'을 중단하든지 기로에 서 있는 듯 하며, 그 어느 쪽을 택하든 용수가 논쟁에서 패배할 것처럼 보인다. 그러나 용수는 니야야 논사의 이런 비판은 "인식방법과 인식대상이 존재하지 않는다는 사실을 인정하고 난 다음에 [용수의] 부정을 물리치려 하는 것이기에 [애초에 그렇게] 인정하였을 때 논쟁은 이미 끝난 것이다."라고 재-비판하고 있다. 이것은 『니야야수뜨라』의 '부처(負處 nigrhasthāna: 제16구의)' 중에서 제18항목 '인허타난(認許他難, matānujñā)[51]의 오류'를 이용하여 적대자를 논파한 것이라고 볼 수 있다.[52]

50) 위의 책, p.194.
51) 자신의 견해와 모순된 주장을 스스로 인정하는 것.
52) 梶山雄一, 앞의 책, p.35.

『니야야수뜨라』에서는 이에 대해 다시 반박 논리를 내세우고 있지만[53] 이 문제는 좀 더 심도 있는 연구를 요할 뿐만 아니라 본고의 주제에서도 벗어나 있기에 논의를 이만 줄이기로 한다. 어쨌든 여기서 문제가 되는 것은 동일한 논법이라고 하더라도 용수가 사용하면 정당하고 상대가 사용하면 오류에 빠진다는 점이다. 이것이 바로 상응-논법의 특징인데 본고 제Ⅳ장에서 '상응-논법'의 의의에 대해 조망하면서 이를 다시 거론하기로 하겠다.

'시동-상응' 논법의 또 다른 예로 『광파론』 제35절을 보자.

> 삼시[중 어디]에서도 성립하지 않기 때문에 전체성은 존재하지 않는다. 이미 발생했거나 아직 발생하지 않았거나 또는 지금 존재하고 있는 주장(pratijñā)등[의 다섯 요소[54]] 가운데서 과거, 미래, 또 현재[의 전체성이 있다고 하는 것]는 음미할 만하지 않다. 불합리하기 때문이다. 따라서 전체성은 존재하지 않으며 부분들도 존재하지 않는 것이다.[55]

카지야마유이치는 이 구절이 '시동-상응' 논법에 의거한 것이라고 말을 하고 있지만 보다 엄밀히 말하면 '시동-상응' 논법을 통해 채득된 결론에 의거한 설명문이다.

『회쟁론』에서는 '시동-상응' 논법이 두 번 등장하는데 제20계송에서 적대자가 먼저 이 논법을 역-이용하여 용수를 공격하고 있다. 『회쟁론』 제20게를 보자.

> 부정(pratiṣedha)이 선행(pūrva)하고, 부정당하는 것(pratiṣedhya)이 후속(paṣcāt)한다는 것은 성립되지 않는다. 또 [부정이] 후속한다는

53) N.S. Ⅱ-1-15. 참조.
54) 니야야의 논증식인 오지작법의 종, 인, 유, 합, 결지를 말함.
55) バイダルヤ論, 위의 책, p.206.

> 것도, [양자가] 동시적(yugapat)이라는 것도 성립되지 않는다. 그러므로 자성(svabhāva)은 존재한다.[56]

'모든 것이 자성이 없다'고 자성을 부정하는 용수의 언명에 대해 니야야논사(Naiyāyika)는 '그런 부정은 삼시(三時)에 성립하지 못하니 그런 '부정' 역시 부정될 터이고, 그로 인해 자성이 '긍정'된다는 논지를 펴는데, 이 때 용수가 즐겨 사용하던 '시동-상응' 논법을 역-이용하고 있는 것이다.

『광파론』이나 『회쟁론』에서 적대자인 니야야 논사가 '시동-상응' 논법을 역-이용하여 용수의 '부정적 언명'에 대해 반박한다. 그러나 『광파론』에서는 적대자의 비판의 소재가 '인식대상과 인식방법을 부정하는 용수의 '부정적 언명''이고 『회쟁론』에서는 그 소재가 '자성을 부정하는 용수의 '부정적 언명''이다.

용수는 자신의 '부정적 언명'에 대한 적대자의 비판에 대해, 『광파론』의 경우에는 부처(nigrahasthāna) 중의 하나인 '인허타난(認許他難, matānujñā)의 오류'를 이용하여 논박하였는데, 『회쟁론』 제69게의 경우에는 다음과 같이 다른 맥락에서 적대자를 재-비판하고 있다.

> [그대가 나를 논박하기 위해 역-공격한] 삼시(三時)에서의 이유(hetu)는 [이미] 대답되어졌다. 그것은 [소증과] 마찬가지(sama)[로 그대

---

56) pūrvaṁ cetpratiṣedhaḥ paścātpratiṣedhyamityanupapannam / paścāccānupapanno yugapacca yataḥsvabhāvaḥ san //: 이에 대한 주석에서는 부정 작용(能破)과 부정 대상(所破) 간의 관계를 『광파론』 제11절에서와 동일한 형식을 취해 비판하고 있다. 〈동시 관계〉를 비판하는 경우 등장하는 '소의 두 뿔'의 비유가 여기에서는 '토끼의 두 뿔'로 등장하지만 Bhattacharya는 교정을 보면서 '토끼의'를 삭제하였다. 그러나 이는 카지야마의 지적과 같이 '소의 두 뿔'의 오자일 것이다. The Dialectical Method of Nāgārjuna(Vigrahavyāvartanī), K. Bhattacharya 譯, Motilal Banarasidass, 1978, Text p.22.

의 입장에서는 입증되지 않고 있는 것]이기 때문[에 타당하지 않은 것]이다. 또, [소증과 능증 간의 관계가 선·후·공] 삼시의 [어느 경우에도 성립할 수 없다는] 반-이유(理由, pratihetu)는 [우리들] 공성론자(Śūnyatāvādin)들에게 적합한 것(prāpta)이다.57)

즉, 니야야 논사가, 용수가 구사했던 '시동-상응' 논법으로 용수의 '부정적 언명'을 공격하는 것은 니야야 논사 자신이 근거로 삼고 있지도 않은 논법을 근거로 삼아 논박하는 것이기에 그런 근거 자체도 자파의 입장에서 다시 증명되어야 하는 '소증-상사(sādhya-sama)58)'의

---

57) yastraikālye hetuḥ pratyuktaḥ pūrvameva sa samatvāt / traikālyapratihetuśca śūnyatāvādināṁ prāptaḥ //([ ] 괄호 내의 문장은 논자가 추가한 것): 용수는 이를 다음과 같이 주석한다: "세 가지 시간적 관계에 있어서 부정을 나타내는 [그대의] 논거는 이미 대답되어진 것으로 생각해야 하기 때문이다. 왜 그런가? 소증과 동등(sādhya-sama: 소증-상사)하기 때문이다." 제69게 전반부나 용수의 주석에서 '이유(hetuḥ=sādhya)가 동등(sama)하다'는 설명은, 선·후·공에 걸쳐 삼시에 불성립한다는 이유를 대는 일이 소증-상사(sādhya-sama)의 오류에 빠진다는 것을 축약적으로 설명한 말이다. 따라서 이 게송의 전반부에서 삼시의 이유를 대는 사람은 중관론자가 아니라 적대자이어야 한다.

58) 『니야야수뜨라』에서는 소증-상사(= 所證-相似)가 '似因(hetvābhāsa)'에도 등장하고(N.S. Ⅰ-2-8), '자띠(jāti)'에서도 등장한다(N.S. Ⅴ-1-4). '似因(hetvābhāsa)'에 포함될 경우에는 '소증(sādhya)을 증명하기 위해 동원된 능증(sādhana=hetu: 이유)도 소증과 마찬가지로 증명을 요하는 경우의 잘못'을 말하며, '자띠(jāti)'에 포함될 경우에는 '소증을 증명하기 위해 동원된 실례(dṛṣṭānta)도 소증과 마찬가지로 증명을 요하는 경우의 잘못'을 말한다. 그러나 용수가 '소증-능증-실례'로 구성되는 '삼지-작법'적인 논증식을 염두에 두고 '소증-상사(sādhya-sama)'라는 술어를 사용했을 것 같지는 않다. 그저 어떤 주장과 그 주장의 토대가 되는 근거(이유+실례) 간의 관계에서 이유와 실례를 모두 포함한 그런 '근거' 역시 입증되어야 한다는 의미로 이 술어를 사용했을 것 같다.

오류에 빠져 있다는 것이다. 용수는 이어서 "나는 아무것도 부정하지 않으며, 부정되는 대상도 아무것도 없다. 그러므로 '그대는 부정한다'고 하는 이런 항변은 그대가 날조한 것이다."[59]라는 제63 게송을 재-인용하고 있다. 이 게송에서 보듯이 용수가 상대방을 논파하기 위해 사용하는 '상응-논법'은 결코 어떤 주장이 아니라 다만 적대자의 잘못된 인식을 제거해 주는 역할만 한다고 볼 수 있다.[60]

어쨌든 『회쟁론』 제69게에서 '시동-상응' 논법이 공성론자들에게 적합한(prāpta) 논법이라고 말하는 데서 볼 수 있듯이 '상응-논법'은 용수의 오류론 형성에 직접적인 영향을 주었다. 그렇다면 『광파론』과 『회쟁론』에서 노골적으로 사용되고 있는 '시동-상응' 논법이 용수의 대표적인 논서인 『중론』에서는 어떻게 구사되고 있는지 살펴 보기로 하자.

3. 『중론』에서 구사되는 '시동-상응' 논법

『중론』에서 '시동-상응' 논법이 구사되고 있는 곳은 여러 군데 발견되지만 그 대표적인 예로 제2 관거래품 제1게를 들어 보겠다. 이 게송은 『중론』 내 다른 품에서 가장 많이 재-언급되고 있는 게송[61]일 뿐만 아니라 그 구조에 입각해 갖가지 다른 개념들이 논파되는 모습이 『중론』내 도처에서 발견된다. 이를 직역하여 인용해 보자.

---

59) pratiṣedhayāmi nāhaṁ kiṁcit pratiṣedhyamasti na ca kiṁcit / tamātprat iṣedhayasītyadhilaya eṣa tvayā kriyate //

60) 『회쟁론』 제64게 주석에서는 이를 다음과 같이 표현하고 있다: "사물(bhā va)들에 자성(svabhāva)이 없다는 이 말도 사물의 무자성성(niḥsvabāvatvaṁ)을 만들어내는 것이 아니라 모든 것에 자성이 없음을 알게 할(jñāpayati) 뿐이다."

61) 제3 관육정품 제3게, 제7 관삼상품 제 14게(범송), 제10 관연가연품 제13게, 제16 관박해품 제7게.

> '간 것'은 가지지 않는다. '가지 않는 것'도 역시 가지지 않는다. '간 것'과 '가지 않는 것'을 떠난 '가는 중인 것'은 가지지 않는다.62)

'그가 가는 작용을 간다(gamanam gacchati)'63)고 하는 입론을 예상하여, 용수는 그 가는 작용은 ①'이미 간 가는 작용(gata)', ②'아직 가지 않은 가는 작용(agata)', ③'지금 가고 있는 중인 가는 작용(gamyamāna)'이라는 '가는 작용(gamana)'의 삼시태(三時態, traikālya) 중 어디에도 속하지 않는다는 것을 위와 같은 수동문으로 기술하고 있는 것이다. 여기서 능과 소의 관계를 다음과 같이 설정하면 그 구조를 '상응-논법'에 비교할 수 있게 된다.

전(前, pūrva): 이미 간 것(能)이 간다(所): 사구 분별 중 제1구적인 분별

후(後, paścāt): 아직 가지 않은 것(能)이 간다(所): 사구 분별 중 제2구적인 분별

공(共, saha): 지금 가는 중인 것(能)이 간다(所): 사구 분별 중 제3구적인 분별

청목이나 월칭의 주석을 보면 ①'이미 간 가는 작용(gata)'이나 ②

---

62) gataṁ na gamyate tāvadagataṁ naiva gamyate / gatāgatavinirmuktaṁ gamyamānaṁ na gamyate //(已去無有去 未去亦無去 離已去未去 去時亦無去) (2-1)

63) 이러한 문장이 한국어 어법에는 맞지 않지만 산스끄리뜨어에서는 '간다'는 의미의 '√gam' 동사가 타동사로 쓰기에 위와 같은 문장이 가능하다. 또, 가는 작용의 대상을 한국어에서는 처격(~에)으로 나타내지만 산스끄리뜨어에서는 목적격(~을)으로 나타낸다. 예를 들어 "그는 마을에 간다"가 산스끄리뜨문에서는 "그는 마을을 간다((nagaram gacchati)"는 형식으로 표현되는 것이다.

'아직 가지 않은 가는 작용(agata)'을 부정하는 구조에서 '시동-상응' 논법을 발견하는 것은 어렵지 않다. 청목소에서는 "이미 간 것은 이미 가버렸기 때문에, 아직 가지 않은 것은 아직 간다는 사실이 존재하지 않기에, 가는 것이 없다"고 한다.64) 『방편심론』에서도 '시동-상응' 논법을 설명하면서 "만일 과거라고 말한다면 과거는 이미 소멸하였다. 만일 미래라고 말한다면 이는 아직 존재하지 않는다."고 하기에 '가는 작용'에 대한 제1구와 제2구적인 논파는 그대로 시동-상응 논법이라고 할 수 있다. 그러나 ③'지금 가고 있는 중인 가는 작용(gamyamāna)'에 대한 논파는 '시동-상응' 논법과 그 구조가 다른 듯이 보인다. 즉, '시동-상응' 논법에서는 능과 소가 동시에 있으면 서로 인이 되지 못한다는 의미의 논파를 하는데 반해 여기에서는 '간 것'과 '가지 않은 것'이 없다면 '가는 중인 것'은 있을 수 없다고 논파한다. '가는 중인 것'은 '반은 간 것이고 반은 가지 않은 것'65)이라고 볼 수 있기에 '간 것'과 '가지 않은 것'의 연언적(連言的, conjunctive) 합성을 의미한다. 따라서 위의 후반 게송은 제1구와 제2구를 떠나서는 그것의 연언 명제인 제3구도 있을 수 없다는 의미인 것이다. 따라서 이것만으로는 '가는 중인 것'에 대한 논파 구조가 '시동-상응' 논법과 유사하다고 볼 수는 없다. '시동-상응' 논법이려면 위에 인용했던 『광파론』 제11절의 구절과 같이 "'가는 중인 것'과 '간다'가 동시에 있다면 이는 마치 소의 두 뿔과 같아 서로 인이 되지 못 한다"고 해야 할 것이기 때문이다.

---

64) 『중론』, 김성철 역주, 경서원, 1993, p.53. 참조(이하 『중론』에서 인용되는 게송의 출전은 동 역서에 매겨진 산스끄리뜨 게송의 번호만 기입하기로 하겠다.).

65) "지금 가고 있는 중인 것은 반은 아직 가지 않은 것이고 반은 이미 가버린 것이다.": 『중론』, 앞의 책, p.53. 월칭 역시 다음과 같이 말한다: "여기서 반만 간 것이 가는 중인 것이다(athārdhagataṁ gamyāmanam).", Candrakīrti, Prasannapadā, Poussin 本, Bib. Bud. Ⅳ, 1913, p.93.

그러나 다음과 같은 게송을 보면 제3구인 '가는 중인 것'에 대한 논파도 '시동-상응' 논법에 토대를 둔 것이라는 점을 확인 할 수 있다.

> '가는 중인 것'의 '가는 작용'[=가는 작용이 간다]이라고 한다면 '가는 작용'이 둘로 귀결된다. '가는 중인 것' 바로 그것과, 다시 거기 [=가는 중인 것]에 있는 '가는 작용'에 의해서66)

『방편심론』과 용수의 『광파론』 제11절에서는 능과 소가 동시에 있는 경우 능과 소가 마치 소의 두 뿔과 같아 서로 인이 되지 못한다고 설명한다. 즉, 능은 소와 관계없이 존재하고 소는 능과 관계없이 존재하기에 그 둘은 서로 관계하지 않는 자립적 존재라는 말이 되어 오류에 빠진다는 뜻이다. 그런데 위에 인용한 게송도 '가는 중인 것'과 '가는 작용'이 서로 관계하지 않고 자립적으로 존재하는 꼴이 된다는 의미를 띠고 있기에 관거래품 1게송의 제3구 역시 '시동-상응' 논법과 맥락을 같이 한다고 볼 수 있다.

한편, 카지야마유이치는 『광파론』 내에서 시동-상응 논법이 제11절과 제35절에 두 번 등장한다고 보았는데 지금까지 고찰해 보았듯이 관거래품의 이러한 논리도 '시동-상응' 논법의 범주에 포함되기에 『광파론』 제3, 20, 63절도 동일한 논법의 토대위에서 작성된 것이라고 보아야 한다.

이 게송 이외에 '시동-상응 논법'이 그대로 적용되는 게송은 많이 있다. 그 대표적인 예가 제11 관본제품(觀本際品)의 게송들이다. 이 품에서는 윤회는 무시무종하다는 붓다의 선언을 제1게에 실은 후, 제

---

66) gamyamānasya gamane prasaktaṁ gamanadvayam / yena tadgamyamānaṁ ca yaccātra gamanaṁ punaḥ //(若去時有去 則有二種去 一謂爲去時 二謂去時去)(2-5)

2게 이후 '생(jāti)과 노사(jarāmaraṇā)'를 '원인과 결과' 간의 인과관계에 대입하여 '시동-상응' 논법과 유사한 논법으로 논파하고 있는 것이다. 먼저 '생'과 '노사'를, 『방편심론』의 '시동-상응'에 대응되는 논법인, 『니야야브하샤』의 '무인-상사' 논법에 대입하여 문장을 구성하여 보자.

생은 노사보다 이전인가, 이후인가, 아니면 동시일까? ①만일 이전이라면 노사가 없는 상황에서 무엇이 생이겠는가? ②만일 이후라면 생이 없는 상황에서 그것은 무엇의 노사이겠는가? ③생과 노사가 동시에 있는 상황에서는 두 개가 존재하고 있는 중이니 무엇이 무엇에 대해 생하고 무엇이 무엇에 대해 노사하겠는가? 그러므로 생과 노사는 구별되지 않는다.

이러한 '무인-상사' 논법은 인과 관계(또는 종과 인의 관계)에서 인이 과보다 ①이전(先行: pūrva), ②이후(後續: paścāt), ③동시(saha)일 수 없음을 논증하는 세 가지 논파로 구성되어 있다. 먼저 결과인 노사가 원인인 생보다 '①이전(先行: pūrva)'일 수 없다는 논리를 『중론』 제11 관본제품 제3게와 비교해 보자.

> 만일 생이 앞선 것이고 노사가 나중의 것이라면 노사 없는 생이 되리라. 또 죽지도 않은 것이 생하리라.67)

'무인-상사'적 논법으로는 생이 노사보다 이전에 있다는 생각에 대한 논파를 "①만일 이전이라면 노사가 없는 상황에서 무엇이 생이겠

---

67) pūrvaṁ jātiryadi bhavejjarāmaraṇamuttaram / nirjarāmaraṇā jātirbhavejjāyeta cāmṛtaḥ //(若使先有生 後有老死者 不老死有生 不生有老死)(11-3), 『중론』, pp.205-206 참조.

는가?"라고 표현하였는데 『중론』에서는 약간의 변형을 하여 이를 기술하고 있다. 그러나 이런 변형 역시 '상응-논법' 중 '불생-상응(=果相似)'적으로 이루어진 것이라고 볼 수 있다.68) 어쨌든 생이 노사보다 이전에 존재한다면 생은 '자기-정체성(self-identity)'을 보지하지 못한다는 의미에서 『중론』과 『니야야수뜨라』의 논리는 같은 맥락 위에 있는 것이다.

'②이후(後續: paścāt)'와 '③동시(saha)'에 대한 『중론』의 논파와 『니야야브하샤』의 '무인 상사' 논리적인 논파를 비교해 보자.

> 『중론』: 만일 생이 나중(para)이고 노사가 먼저라면 무인이며 생이 없는 노사가 어떻게 존재하리요?69)
> 『니야야브하샤』적 표현: ②만일 이후(paścāt)라면 생이 없는 상황에서 그것은 무엇의 노사이겠는가?

> 『중론』: 실로 노사와 생이 동시적(saha)이라는 것은 타당하지 않다. (그렇다면) 지금 생하고 있는 중인 것이 죽어버리게 될 것이며 또 그 양자가 무인의 존재가 될 것이다.70)
> 『니야야브하샤』적 표현: ③생과 노사가 동시(saha)에 있는 상황에서는 두 개가 존재하고 있는 중이니 무엇이 무엇에 대해 생하고 무엇이 무엇에 대해 노사하겠는가?

---

68) '과-상사(24번째 jāti)' 논법은 "①원인 가운데 결과가 없다면 결과는 생할 수가 없고, ②원인 가운데 결과가 있어도 결과는 생할 수가 없다."라는 두 가지 비판 논리로 이루어져 있는데 다. 위의 11-3게송은 이 중 ①의 논리를 이용한 것이다. 본고에서는 시동-상응(=무인-상사)만을 논의의 소재로 삼기에 이에 대한 상세한 논의는 후일로 미루기로 한다.

69) paścājjātiryadi bhavejjarāmaraṇamāditaḥ / ahetukamajātasya syājjarāmaraṇaṁ katham //(若先有老死 而後有生者 是則爲無因 不生有老死)(11-4)

70) na jarāmaraṇenaiva jātiśca saha yujyate / mriyeta jāyamānaśca syāccāhetukatobhayoḥ //(生及於老死 不得一時共 生時則有死 是二俱無因)(11-5)

논의에 약간의 가감이 있긴 하지만, 생이 노사보다 이전(pūrva)일 수도 없고 이후(para)일 수도 없으며 노사와 동시적(saha)일 수도 없다는 맥락에서 생과 노사 개념을 논파하기에 이 역시 '시동-상응' 논법에 토대를 둔 논파라고 볼 수 있을 것이다.

'시동-상응(=無因-相似: ahetu-sama)' 논법 이외에, 과(果)-상사(kārya-sama), 가득(可得)-상사(upalabdhi-sama), 도(到)-상사(prāpti-sama), 부도(不到)-상사(aprāpti-sama), 소증(所證)-상사(sādhya-sama), 무궁(無窮)-상사(prasaṅga-sama), 반유(反喩)-상사(pratidṛṣṭānta-sama), 불요증(不了證)-상사(avarṇya-sama), 동이(同異)-상응, 등의 논법도 용수의 논서에서 구사되고 있는 모습이 명확히 보이지만 지면 관계상 그에 대한 논의는 후일로 미루기로 한다.

Ⅳ. '상응 논법'의 의의

1. 월칭의 귀류법과 '상응-논법'

현대 학자들은 쁘라상가 논법을 현대적인 논리학 용어로 귀류법(reductio ad absurdum)이라고 번역한다. 귀류법이란 "어떤 명제의 참임을 직접 증명하는 대신 그 명제의 부정 명제가 참이라는 가정에서 결국 그것이 모순에 귀결한다는 것을 지적하여 간접적으로 원 명제가 참이 아니면 안된다는 것을 주장하는 추리 증명법"71)이다. 물론 이와 반대로 "어떤 명제가 거짓임을 증명하기 위해" 위와 같은 논의를 전개하는 것도 귀류법에 속한다. 월칭 역시 자신의 논법에 대해 다음과 같이 설명한다.

---

71) 世界哲學大事典, 教育出版公社, 1980, p.114.

> [중관론자에게는] 이유(hetu) 명제도 실례(dṛṣṭānta)도 있을 수 없기 때문에 [적대자의] 주장(pratijñā)에 맞춰서 자기 주장의 의미를 증명할 뿐이다. 따라서 이론 없는 주장을 인정하고 있는 것이기 때문에 자기 자신과 모순될 [것조차 있을]뿐만 아니라 적대자에 의해 어떤 판단을 용납하는 일도 없다.72)

예를 들어 "눈은 다른 것을 본다."라고 적대자가 주장하는 경우 다음과 같은 논증식을 세워 적대자의 주장을 논파한다.

> 실례[喩]: 무릇, 자기 자신을 보지 못하는 것은 다른 것도 보지 못한다. 마치 항아리와 같이.
> 적용[合]: 그런데 눈은 자기 자신을 보지 못한다.
> 결론[結]: 그러므로 그것[=눈]은 타자를 보는 것도 결코 아니다.73)

'눈에 자기 자신을 보는 성질'이 있다고 인정하는 사람들은, [그런 성질과] '다른 것을 보는 성질'의 불가분리성(avinābhāvitva)을 인정하기 때문에, 그들의 입장에서 본다면 위와 같이 상반된 결론이 도출되는 논증식이 가능하게 되며,74) 이런 식으로 적대자가 수용하는 논거에 입각해 상반된 결론이 도출되는 것을 보여줌으로써 적대자의 주장을 논파하는 것이 쁘라상가 논법인 것이다.

앞에 인용했던 월칭의 설명에 따르면, 중관론자는 자파의 '이유(hetu)'도 '실례(實例)'도 갖고 있지 않을 뿐만 아니라 어떤 '주장'을 하는 것이 아니어야 하는데, "눈은 다른 것을 본다."는 적대자의 주장을 논

---

72) hetudṛṣṭāntāsambhavāt pratijñānusaratayaiva kevalaṁ svapratijñātārthasādhanamupadatt iti nirupapattikapakṣābhyūpagamāt svātmānamevāyaṁ kevalaṁ visaṁvādayan na śaknoti pareṣāṁ niścayamādhātūmiti / Candrakīrti, 앞의 책, p.19.

73) Candrakīrti, 위의 책, p.34.

74) Candrakīrti, 위의 책. p.35.

파하기 위해 위와 같은 논증식을 세웠다면 자신의 설명에 모순되는 행위가 아닐 수 없다. 그러나 이는 '적대자도 인정하는 세속의 논리에 따르더라도[75] 위와 같은 상반된 논증식이 작성 가능하다'는 사실을 보여줌으로써 적대자의 문제점을 드러내는 것일 뿐이지, 결코 자신이 세운 논증식을 자파의 주장으로써 인정하는 것이 아니다. 이것이 월칭식 귀류논증(prasaṅga)법의 본질이다. 이는 적대자의 논의와 동등한(sama) 타당성을 갖는 상반된 논증식을 도출해 냄으로써 적대자의 논의에 과오(過誤, prasaṅga)가 생한다(jāyate)는 것을 보여주는 것이기에 그 구조는 "상응-논법"과 동일하다고 볼 수 있다.

『중론』 제2 관거래품 제1게의 경우도 적대자가 "가는 작용은 간다"고 주장하는 것에 대해 그 가는 작용이 '[이미] 간 것'이건, [아직] '가지 않은 것'이건, [지금] '가는 중인 것'이건 '가지 않는다'는 상반된 언명이 가능함을 보이는 것일 뿐이지 어떤 주장을 하는 것이 아니라고 보아야 한다.

지금까지 간단히 고찰해 보았듯이 용수에 의해 채택되어 구사된 '상응-논법'적 논파 방법은 월칭의 귀류논증법에 그대로 계승되었다고 볼 수 있다.

본고 제Ⅲ장 2절에서 '상응-논법'의 특징을 거론하면서, '이런 논법을 상대가 사용하면 오류가 되고 용수 자신이 사용하면 정당한 논법이 된다'고 밝힌 바 있는데 그 까닭에 대해 고찰해 보기로 하자. 월칭이 『정명구론(淨明句論, Prasannapadā)』에서[76] 『회쟁론』을 인용하며 밝힌 바 있듯이 중관론자들은 어떠한 주장도 갖지 않는다.[77] 적대자의 주장을 반박은 하지만 이를 위해 내세운 논리식이 중관론자의 주

75) Candrakīrti, 위의 책, pp.35-36.
76) Candrakīrti, 위의 책, p.16.
77) 만일 나에게 무언가 주장이 있다면 바로 그 때문에 나에게 과실이 있으리라. 그런데 우리들에게 주장은 없다. 『회쟁론』, 제29게송.

장은 결코 아닌 것이다. “상대의 입장에 서면 그러그러한 부당한 논리도 가능한 꼴이 된다.”고 적대자에게 제시하는 역할만 하는 것이 중관론자의 논리이다. 이렇게 ‘자신의 주장 없이 상대의 오류를 지적한다’는 맥락 위에서만 ‘상응-논법’은 정당한 논파법으로서의 가치를 갖는다. 그러나 니야야 측에서는 ‘상응-논법’의 효용을 잊은 채 이를 잘못 이용해 자신의 ‘주장’을 반증하려고 하는 것이다.

『니야야수뜨라』의 자띠(jāti) 이론에서 『방편심론』의 상응-논법이 비판을 받는 것도 이를 하나의 주장으로 오해했기 때문이다. 예를 들어 『니야야수뜨라』 제Ⅴ장에서 ‘가능-상사(可能-相似, upapatti-sama)’를 비판하는 내용을 보면 니야야 학파 측에서 ‘상응-논법’을 하나의 주장으로 생각했다는 점이 명확히 드러난다.

가능-상사(upapatti-sama)란 “양방의 이유가 가능함을 보임으로써”[78] 상대의 주장을 논파하는 논법인데, 어떤 주장과 그에 대한 이유가 있을 때 그와 다른 이유가 가능하기에 반대 주장도 성립한다는 것을 보여 주는 것이다. 그런데 니야야 측에서는 이를 역으로 이용하여, “그런 ‘반대 주장’이 가능하다면 자파(니야야)의 ‘원-주장’은 그 ‘반대 주장에 대한 반대 주장’이니 거꾸로 자파의 원-주장에 의해 그 반대 주장이 가능-상사(upapatti-sama)적으로 논파 가능하다”는 의미의 반론을 편다. 이런 식의 반박은 논파를 위해 제시된 ‘상응-논법’적 논증식을 하나의 ‘주장’으로 오해함에서 비롯된 부당한 반박인 것이다.

2. 붓다 교설의 방편적 성격과 ‘상응-논법’

용수가 중관논서들을 작성하면서 수용했으리라고 추정되는 『방편심론』의 ‘상응-논법’이나 『니야야수뜨라』의 ‘상사-논법’과, 그와 동일

78) N.S. Ⅴ-1-25.

구조를 갖고 있는 월칭의 쁘라상가(prasaṅga)-논법은 그 성격이 붓다 교설의 방편적 성격과 일치한다고 볼 수 있다. 붓다는 '뗏목의 비유(船筏譬喩)'를 들어 교설의 방편성에 대해 설명하고 있다.[79] 뗏목을 타고 공포스러운 차안에서 안온한 피안으로 건너 간 사람이 그 뗏목을 다시 짊어지고 가려는 생각이 어리석은 것이듯이, 붓다가 설시한 선법(善法)조차 뗏목과 같은 방편일 뿐이지 목적은 되지 못한다는 것이다.

붓다의 설법은 응병여약(應病與藥)과 같은 대기설법(對機說法)이기에 어떤 사람에게는 '자아가 있다'고 설하고 다른 사람에게는 '자아가 없다'고 설하기도 하며 다른 이에게는 '자아가 있는 것도 아니고 없는 것도 아니다'라고 설하기도 한다.[80] 교설의 방편적 성격으로 인해 붓다는 경우에 따라 서로 상충되는 설법을 베풀기도 한다.

'쁘라상가(prasaṅga)-논법'이나 '상응-논법'에서도 적대자의 어떤 주장을 보고, 그를 반대하기 위해 다른 주장을 내세우는 것이 아니라, 적대자의 논리에 의거하여 적대자의 주장과 상반된 주장이 도출 가능함을 보여줄 뿐이다. 즉, 중관론자가 적대자를 논파하기 위해 내세운 진술은 다만 상대방이 내세운 주장의 문제점만 드러낼 뿐이지 그 진술 자체를 자신들의 주장으로 삼지 않기에 마치 강을 건너게 해 주는 뗏목과 같은 역할을 한다고 볼 수 있다.

이와 같이 붓다의 방편적 교설이나, 『방편심론』의 상응-논법, 월칭의 쁘라상가-논법은 '말과 논리'로 이루어지지만 그 '말과 논리'는 그 자체가 목적이 아니라 단지 수단일 뿐이라는 점에서 맥을 같이 하는 것이다.

---

79) 『增壹阿含經』, 卷第38, 大正2, p.760a..
80) 『중론』, 제18 관법품 제6게.

Ⅴ. 요약 및 연구전망

1. 요약

지금까지 논자는, 용수가 『광파론』이나 『회쟁론』에서 구사했던 중관 논리가 『방편심론』 제Ⅳ장 상응품이나 『니야야수뜨라』 제Ⅴ장 '자띠(jāti)-이론'에서 발견된다는 우이하쿠주와 카지야마유이치 등의 연구 업적에 토대를 두고, 20가지 '상응-이론'들 중 '시동-상응' 논법을 시금석으로 삼아 이들의 연구 결과와 면밀히 대조하면서, 이들이 내렸던 몇 가지 결론을 시정함과 아울러, 이들이 미처 다루지 않았던 『중론』에까지 논의를 확대하는 작업을 시도하였다.

먼저 제Ⅱ장을 통해 『방편심론』의 저자에 대한 문제와, '상응'과 'jāti'라는 술어의 의미에 대해 검토하여 보았다.

『방편심론』의 저자를 용수 이전의 소승불교도였을 것이라고 잘못 추정하였던 우이(宇井)의 견해는 우이(宇井) 자신이 대승적 공 사상에 대해 오해하고 있었던 데서 비롯되었다고 볼 수 있다. 즉, 우이(宇井)는 십이인연이나 사성제등의 교리를 공 사상에서 배척하였다고 보았기에, 이런 교리를 붓다의 정의(正義)로 간주하는 『방편심론』은 소승불교도가 쓴 것이라고 착각했던 것이다. 공 사상에서는 아비달마 교리를 배척하는 것이 아니라 아비달마 교리에 대한 취착(取着)된 이해만을 시정하는 것이라는 점에서 우이(宇井)의 논지는 반박된다. 또 공 사상을 거론하는 구절은 우이(宇井)가 지적하는 부분 이외의 것도 다수 발견된다.

카지야마유이치는 『방편심론』 상응품에 등장하는 '상응'의 원어가 'prasaṅga-jāti'일 것이라고 추정한다. 그러나 『니야야수뜨라』와 대조해 보면, 이는 단순히 'sama'의 역어이며 현대 일본 학자들이 '상사'

로 번역하고 있는 『니야야수뜨라』 내의 'sama'라는 술어도 『방편심론』에서와 같이 '상응'으로 번역하는 것이 옳을 듯하다. 또, 현대 학자들은 'jāti'를 '오난(誤難, 그릇된 비난)'이나 'Futile Rejoinder(하찮은 말대꾸)' 등 부정적인 의미로 번역을 하고 있는데 이는 『니야야 학파』의 비판적인 시각이 개입된 번역으로 원래적인 의미는 아님을 알 수 있었다. 왓스야야나의 『니야야브하샤』, 용수의 『광파론』 등에서 보듯이 그 원래적인 의미는 '[쁘라상가를] 발생한다'는 것으로 '상응-논법'의 효용을 의미하는 것이지, '오난'등의 역어에서 보듯이 '상응-논법'에 대해 비난하는 의미가 내포되어 있지는 않았다.

제Ⅲ장을 통해 논자는 20가지 '상응-논법' 중 '시동-상응'을 예로 들어 그것이 『방편심론』, 『니야야수뜨라』, 『광파론』, 『회쟁론』, 『중론』에서 구사되고 있는 모습을 고찰해 보았다. '시동-상응' 논법은 『광파론』이나 『회쟁론』은 물론이고 용수의 대표적인 논서인 『중론』에서도 약간의 변형을 거쳐 쓰이고 있는 것을 발견할 수 있었다.

제Ⅳ장에서는 이러한 '시동-상응' 논법이 월칭의 쁘라상가 논법이나 붓다의 방편적 교설과 동일한 맥락을 갖는다는 사실을 간략히 밝혔다. 즉, '말과 논리'에 의해 상대방의 주장을 논파하지만 그런 논파에 쓰인 '말과 논리'는 '도구'로서의 역할만 하는 것이지 그 자체가 목적이나 어떤 주장은 아니라고 보는 점에서 삼자(三者)의 방법은 일치한다.

2. 연구전망

중관 논리의 기원을 모색하는 연구의 일환으로, 본고에서는 적대자의 오류를 지적해내는 용수 특유의 논리가 『방편심론』에서 비롯되었다고 보아 그에 대한 문헌학적인 검토를 간략히 시행한 후, '시동-상응' 논법을 하나의 모형으로 삼아 용수의 논서에 나타난 논리와 대조

연구하였다. 그러나 '상응(=상사)-논법'은 『방편심론』에는 20가지, 『니야야수뜨라』에는 24가지가 기술되어 있다. 용수의 논리에 끼친 상응-논법의 영향을 파악하기 위해서는, 이들 두 문헌에 등장하는 '상응-논법'들의 정밀한 대조를 통해 각 논법들의 엄밀한 의미를 복원해내는 작업이 선행해야 한다. 이 때 작자미상의 『여실론』이나 진나(Dignāga)의 『인명정리문론』에 등장하는 '상응-논법'에 대한 설명도 참조해야 한다. 그리고 이를 바탕으로 용수의 제 논서에 등장하는 다양한 논법과의 비교 연구를 시행해야 할 것이다.

용수는 '상응-논법'을 수용하여 자신의 논서에서 자유자재로 구사하고 있지만 불교 논사였던 진나(Dignāga)와 법칭(Dharmakīrti)은 『니야야수뜨라』에 쓰여 있는 입장과 마찬가지로 이 논법을 부당한 논법으로 간주하였다. 이들은 『방편심론』의 논리 사상과는 단절되어 있었다. 『니야야수뜨라』나 『니야야브하샤』 등에서 이 논법을 부정하는 근거와, 위의 불교 논리학자들이 이 논법을 부정하는 근거를 비교해 본다면 양 학파 간의 논리 사상의 차이점이 보다 명확히 밝혀질 것이다.

이런 작업을 통해 중관 논리의 구조가 규명되고 나면, 중관적 논파 방식을 이용해 현대 심리학 이론, 형법 이론, 과학철학, 물리학, 논리철학 이론 등 인간의 사유가 구성(construct)해 내는 온갖 이론의 문제점에 대해 반야의 메스를 가할 수 있을 것이다.

(인도철학 제5권, 1995년)

『중론』 게송 제작의 비밀

팔부중도사상의 시원으로서의 『도간경』과 연기의 중도적 의미

Ⅰ. 『도간경』에 주목하는 이유와 그 연구 방법

흔히 불교 사상의 핵심을 〈연기〉라고 한다. 막상 연기의 의미가 무엇이냐는 물음을 받게 되면 피상적으로 〈모든 사물은 서로 의존해 있다〉는 의미라고 대답할 수도 있으리라. 그러나 보다 구체적인 설명을 하려다 보면 그 의미의 광범위함에 당혹감을 느끼게 되기가 일쑤이다. 업감연기론을 위시하여 진여연기론, 아뢰야연기론, 무진(無盡)연기론 또 십이연기설, 사연설 및 팔부중도연기설 등에 이르기 까지 불교 교학 전반에 걸쳐 다양한 연기설이 교시되고 있음을 볼 수 있는 것이다. 이 중에서 팔불 중도 연기는 『중론』 서두의 팔불게를 의미하는 바 용수(Nāgārjuna, 150-250)의 대승적 연기관이 집약된 것이라고 할 수 있다.

팔불게는 『반야경』에 자주 등장하는 쌍차부정의 대구(對句)에서 유래하는 것으로 이해하는 것이 통설이며[1] 그에 대한 이해는 『중론』 내 각 품의 논리에 의거해서 모색해 볼 수도 있을 것이다.[2] 그러나 팔불게가 포함되어 있는 『중론』 서두의 귀경게와 그에 대한 주석을 검토해 보면 팔불게와 십이연기설의 관계를 명확히 해야 할 필요를

1) 眞野龍海, 「龍樹における般若經の理解」, 『龍樹教學の研究』, p.203 참조.
2) 安井廣濟, 『中觀思想の研究』, pp.107-151 참조.

느끼게 된다. 귀경게를 보기로 하자.

anirodham anutpādam anucchedam aśāśvatam/
不生亦不滅 不常亦不斷
anekartham anānārtham anāgamam anirgamam//
不一亦不異 不來亦不出
yaḥ pratītyasamutpādaṃ prapañcopaśamam śivam/
能說是因緣 善滅諸戲論
deśayāmāsa saṃbuddhastaṃ vande vadatāṃ varam//
我稽首禮佛 諸說中第一
소멸하지도 않고 생겨나지도 않으며 항상되지도 않고 단절된 것도 아니며
동일하지도 않고 다르지도 않으며 오는 것도 아니고 가는 것도 아니며,
희론을 적멸하며 길상인 연기를 가르쳐 주셨던 부처님,
최고의 설법자이신 그분께 예배합니다.

여기서 연기(pratītyasamutpāda)라는 단어는 '소멸하지도 않고 생겨나지도 않으며 항상되지도 않고 단절된 것도 아니며 동일하지도 않고 다르지도 않으며 오는 것도 아니고 가는 것도 아닌'이라는 팔불게에 의해 수식되면서 복합완료형의 동사 deśayāmāsa의 목적격으로 쓰이고 있다. 즉 팔불게는 곧 연기를 의미한다는 말이다. 용수가 이처럼 팔불게가 곧 연기라고 이해한 근거는 무엇일까?

현대 학자들은 연기를 오(五)지연기, 구(九)지연기, 십(十)지연기, 십이지연기 등으로 구분하면서 원시 불교에서의 연기설의 원형을 찾아보려고 다양한 논의를 벌이고 있지만[3] 용수 당시 통용되던 연기설

3) 최봉수, 「초기불교의 연기사상 연구」(동국대박사학위논문, 1989), pp.11-43 참조.

은 삼세양중인과설적인 십이지연기였다.[4] 그러나 무명에서 시작하여 노사로 이어지는 십이연기와 쌍차부정의 대구로 표현된 팔불게는 그 외형이 너무 다르다. 또 『중론』 주석서에서도 팔불게의 의미를 설명하면서 '종자 → 싹 → … → 꽃 →열매'로 이어지는 식물의 인과관계를 예로 들고 있기는 하지만 유정류 생사의 인과관계인 십이연기설과 팔불게의 관계에 대한 구체적인 설명은 찾아 볼 수 없다.

그런데 『도간경』에서는 종자에서 열매로 이어지는 인과 관계가 외연기(外緣起)라는 명칭으로 등장할 뿐만 아니라 무명에서 노사로 이어지는 십이연기설을 이 외연기에 대비시켜 내연기(內緣起)라는 이름으로 거론하면서 이 내연기와 외연기에 대해 팔불게와 유사한 형식의 설명을 가하고 있다. 『중론』 주석서에서 그 설명을 결하고 있었던 팔불게와 십이연기의 관계를 『도간경』의 내연기설을 통해 조망해 볼 수 있다.

테라모토엔가(寺本婉雅, 1872-1940) 역시 팔불게 성립과 관계가 있음직한 경전을 나열하면서 그 중의 하나로 『대승도간경』을 지적하지만 상세한 논의는 결하고 있다.[5]

『도간경』에서의 설명을 단서로 용수의 연기관을 파악할 수 있을 뿐만 아니라 더 나아가 원시경전[6]에서 다양하게 설시되는 연기설의 진정한 의취를 포착할 수도 있을 것이다.

---

4) 용수는 인연심론이나 중론의 관십이인연품을 통해 아비달마에서의 삼세양중인과설의 연기관을 소개하고 있다.

5) 寺本婉雅 譯, 『中論 無畏疏』, p.42.

6) 엄밀히 말해 〈원시불교〉라는 용어는 사용할 수가 있어도 〈원시경전〉이라는 용어를 쓰는 것은 문제가 된다. 『아함경』이나 『Nikāya』, 율장 등의 제 문헌들도 소승 논부 시대에 각 교파에서 자파의 소의경전으로 취사선택하여 편집한 것이라 원시성에서 이탈해 있기 때문이다. 그러나 불교학계의 관례에 따라 본고에서도 편의상 이 문헌들에 대한 지시어로 〈원시경전〉이라는 용어를 쓰기로 한다.

그러나 이를 위해서는 선결하여야 할 점이 몇 가지 있다.

첫째, 용수가 도대체 『도간경』을 보았을까? 수많은 대승경전이 용수 이후에 성립된 것으로 추정되고 있다. 따라서 용수 사상에 끼친 도간경의 영향을 파악하려면 『도간경』이 용수 이전에 유포되어 있었어야 할 뿐만 아니라 용수의 저술에서도 그 영향의 흔적이 보여야 한다. 논자는 제2장에서 『도간경』류 문헌의 종류와 그 성립시기에 대해 논의해 봄으로써 이 문제를 풀어 보았다.

둘째, 『도간경』에 등장하는 제반 교리의 특징은 무엇이며 그 연원은 어디서 찾을 수 있을까? 용수는 붓다의 근본정신으로 돌아가자는 의도에서 자신의 교학을 펼쳤다고 한다.[7] 그렇다면 용수가 참조했을 도간경의 교설 역시 원시경전에 그 연원을 두어야 한다. 이를 파악하기 위해 제3장에서는 도간경의 중심 교설을 소개함과 아울러 이 교설들과 여타 경전과의 관계를 고찰하였다.

그리고 이러한 논의를 토대로 마지막 제 4장에서는 팔불게와 십이연기설의 진정한 의미와 상호관계를 조망해 보았다.

Ⅱ. 『도간경』에 대한 문헌학적 검토

1. 『도간경』류의 제 문헌.

『도간경』 전체의 산스끄리뜨 원문은 현존하지 않는다. 다만 Candr

---

7) 『중론』 청목소에서는 다음과 같이 용수 교학의 의의를 설명한다.〈후 오백세의 상법시대가 되자 사람의 근기가 우둔해져 십이연기나 오온 십이처 십팔계설 등의 결정적인 상을 추구하기만 하여 불타의 의도는 알지 못하고 다만 그 문자에만 집착하게 된다. … 용수 보살은 이런 여러 가지 오류를 시정하기 위해 이 중론을 저술하였다〉 (大正30, 중론, pp.1b-c)

akīrti(월칭, 月稱, 650경)의 『Prasannapadā(정명구론, 淨明句論)』[8), Śāntideva(적천, 寂天, 650-700)[9)]의 『Śikṣāsmuccaya(대승집보살학론, 大乘集菩薩學論)』[10)], Prajñākaramati(지작혜, 智作慧, 10세기경)의 『Bodhicaryāvatārapañjikā(입보리행론세소, 入菩提行論細疏)』, Yaśomitra(稱友)의 『Sphuṭārthā Abhidharmakośavyākhyā(阿毘達磨俱舍論明瞭義疏)』[11)] 및 『Śuklavidarśanā(乾慧)』 등에 인용되어 있는 산스끄리뜨 단편들을 이용한 Poussin의 복원본이 있으며 위의 단편들과 한역을 토대로 산스끄리뜨문을 재구성한 Aiyaswami의 노작[12)]이 있을 뿐이다.[13)]

티벳역본으로는『Ḥphags-pa sāluḥi ljaṅ-ba shes bya-ba theg-pa chen-poḥi mdo』(聖稻苗大乘經, 8세기 이전)[14)] 와 용수의 작이라고 전해지는 2종의 『Ḥphags-pa sāluḥi ljaṅ-baḥi tshig leḥu』(聖稻芉頌) 및 그에 대한 용수의 주석이라는 『Ārya-śālistambaka nāma mahāya

8) 월칭(Candrakīrti)은 *Prasannapadā* 제26장 관십이인연품 마지막 제12게송을 주석하면서 『도간경』 전체의 절반이 넘는 후반부를 그대로 인용하고 있다; 本多 惠 역, Prasannpadā, pp.502-510 참조.

9) 한역인 『대승집보살학론』에는 법칭(Dharmakirti: 600-660)의 저술로 되어 있다.

10) 산스끄리뜨 文: Bibliotheca Buddhica Vol. I, pp.219-10째줄~227-10째줄 (한역: 大正32, p.119).

11) Yaśomitra, *Sphuṭārthā Abhidharmakośavyākhyā*, Unrai Wogihara Ed., SANKIBO BUDDHIST BOOK STORE,TOKYO, 1971, Part I, p.293.;사리불이 미륵 보살에게 질문을 꺼내는 도간경 도입부만이 인용되어 있다. 뒤에 살펴보겠지만 이 인용문은 한역 불설대승도간경의 산스끄리뜨 원본인 듯하다.

12) Aiyaswami Sastri, *Āryaślistamba sūtra*(ADYAR LIBRARY,1950)

13) 山田龍城,『梵語佛典の諸文獻』, p.108.

14) 티벳장경, 북경판, Vol.34, 303-2-8~306-3-8. 고사본을 묻은 것이 719-791년 사이이기에 범본에서 티벳어로 번역된 것은 8세기 이전이다,『印佛研』29, p.118 참조.

na-sūtra-ṭīkā』(大乘稻芊經頌釋)[15]와 Kamalaśīla의 주석이 현존한다.

한역본으로는 『요본생사경(了本生死經)』(지겸 역, 220-253), 『불설도간경(佛說稻芊經)』(역자미상), 『자씨보살소설대승연생도간경(慈氏菩薩所說大乘緣生稻芊喩經)』(불공 역, 705-774), 『대승사려사담마경(大乘舍黎娑擔摩經)』(시호 역, 980경), 『불설대승도간경(佛說大乘稻芊經)』(역자미상) 등의 5종[16]이 현존하며 이 중 역자미상의 『불설대승도간경』에 대한 주석서로 돈황본 『대승도간경수청소(大乘稻芊經隨廳疏)』(법성 술)[17]가 전해진다.

그 외에 독립된 경전은 아니지만 한역 『불아비담경출가상품』(진제 역, 499-569)[18]에 『도간경』의 거의 대부분이 삽입되어 있다.

『도간경』은 3세기 지겸(支謙)의해 번역된 『요본생사경』 이후 10세기 경에 번역된 『대승사려사담마경』에 이르면서 그 내용상 약간의 변화를 보인다. 우선 『요본생사경』을 제외한 4종의 한역본과 티벳역본에서는 경을 설한 주체가 미륵보살로 되어 있다. 즉 연기에 대한 사리불의 질문에 대해 미륵보살이 답을 하는 식으로 경전을 끌어 나간다. 그러나 시대적으로 가장 먼저 번역(220-253)된 『요본생사경』에서는 사리불 자신이 붓다의 설법을 듣고 그 설법의 의미를 여러 현자들에게 설명하는 것으로 경전이 구성되어 있다. 즉 후대로 가면서 교설의 주체가 아비달마의 권위자이며 지혜제일인 성문 사리불에서 유식

15) 티벳장경, 북경판, Vol.103, 169-270, Vol.104, 12-29.
16) 大正16, pp.815-823.
17) 大正85, p.543; 이는 Kamalaśīla 주석을 법성이 번역하여 불설대승도간경 원문에 삽입한 것이다; 芳村修基, 「Kamalaśīla造 稻竿經釋 法成譯の推定」, 『印佛硏』4-1, pp.128-129. 참조.
18) 大正24, p.958; 진제의 번역이므로 6세기 중반(557-569)에 중국에 소개되었다. 그 내용은 『불설대승도간경』과 유사하여 최초 번역본인 『요본생사경』보다 많이 변화된 모습을 보인다.

불교의 시조라고 전승되는 대승보살 미륵으로 교체되는 것이다. 가장 마지막으로 번역됐으리라고 사료되는 『대승사려사담마경』에 이르러서는 제8식(第八識)이라는 용어와 식종자(識種子)라는 용어조차 등장하기에 『도간경』은 용수 이후 유식불교의 영향 하에서 몇 차례 개찬되었으리라고 짐작된다.

한편 티벳역본인 『Ḥphags-pa sāluḥi ljaṅ-ba shes bya-ba theg-pa chen-poḥi mdo』(성도묘대승경, 聖稻苗大乘經)은 한역의 『불설대승도간경』(역자미상)과 그 내용이 동일하다. 용수의 저작으로 전해지는 『Ḥphags-pa sāluḥi ljaṅ-baḥi tshig leḥu』(성도간송)은 『성도묘대승경』의 내용을 70수의 게송으로 요약한 것일 뿐이다.[19] 또 송에 대한 용수의 주석서라는 『Ārya-śālistambaka nāma mahāyana-sūtra-ṭīkā』(대승도간경송석)에는 유식불교의 삼성설과 종, 인, 유 삼지작법 등이 등장하기에 이 주석은 빨라야 세친(330-400) 이후에 저술되었을 것으로 사료되어 용수의 진작(眞作)이라고 할 수 없다.[20]

산스끄리뜨문인 『Prasannapadā』와 『Śikṣasmuccaya』에 인용된 『도간경』 역시 티벳 역과 마찬가지로 역자미상의 한역 『불설대승도간경』과 그 내용이 일치한다.[21]

2. 『도간경』류 제 문헌의 성립시기

우선 그 번역 시기가 확실한 것은 『요본생사경』(지겸 역, 220-25

19) 大南龍昇, 「稻竿經註釋書の思想」, 『印佛硏』16-1, p.215.
20) 大南龍勝, 위의 책, p.215.
21) Aiyaswami는 티벳역본 및 산스끄리뜨 단편 양자가 동진록에 등재되어 있는 역자미상의 『불설도간경』과 그 내용이 일치한다고 하지만(Aiyaswami, 앞의 책 Introduction, x x) 논자가 검토해 본 바로는 『불설도간경』은 수십군데에서 위의 두 판본과 경문의 차이를 보이는 반면 오히려 『불설대승도간경』은 두 판본과 그 내용이 거의 그대로 일치한다.

3), 『자씨보살소설대승연생도간유경』(불공 역, 705-774), 『대승사려사담마경』(시호 역, 980경)이다. 나머지 한역본과 티벳역본 및 산스끄리뜨본의 성립시기에 대해 하나하나 추적해 보기로 하자.

먼저 한역본 중 『불설도간경』은 『동진록(東晋錄)』에 수록되어 있기에 동진(317-420)시대 이전으로 그 성립시기의 하한선을 잡을 수 있다. 또 〈Skandha〈온(蘊)〉에 해당하는 용어를 〈음(陰)〉으로 번역함을 볼 수 있는데 『출삼장기집(出三藏記集)』[22]의 기준에 의거하면 〈음〉이라는 번역어는 구마라습(343-413; 385년에 중국에 옴)이후가 되어야 비로소 등장함을 알 수 있다. 이로 미루어 볼 때 우선 『동진록』의 『불설도간경』은 385-420 사이에 번역됐다고 추정할 수 있는 것이다.

Aiyaswami는 역자미상의 이 『불설도간경』은 그 문체로 보아 구마라습의 번역인듯 하다고 간략히 언급하고 있다.[23] 논자는 이 언급을 확인해 보고자 『불설도간경』에서 쓰인 핵심적인 불교 용어와 구마라습 번역본의 용어를 비교해 보았는데 양자가 완전히 일치하고 있음을 확인할 수 있었다.[24] 한역본 중 『요본생사경』 이후 그 번역 연대가

22) 僧祐 撰, 大正55, p.5; 구마라습 이전에는 Skandha를 衆이라고 번역했다고 한다. (참고로 구마라습은 陰이라고 번역했고 현장이후에야 비로서 蘊으로 번역한다.)

23) Aiyaswami, 앞의 책

24) 『중론』 청목소에서 보듯이 구마라습은 Pratītyasamutpāda를 연기라고 번역하지 않고 인연 이라고 번역하며 『불설도간경』에서도 역시 그렇다. 구마라습 번역의 『대지도론』은 그 양이 방대하기에 쓰인 역어의 사례 역시 풍부하다. 『대지도론』 에서 연기라는 용어가 등장하기는 하지만 인연이라는 역어에 비해 그 출현 빈도는 극히 미미하다(대정신수대장경 색인, 참조). 여래십호와 팔정도 및 십이연기의 각 지분의 명칭도 일치한다. 특히 십이연기 중 老死憂悲苦惱라는 번역어는 중론 청목소와 일치한다. 마지막으로 앞에서 잠깐 언급했던 Skandha에 대한 번역어를 검토해 보기로 하자. 요본생사경에는 Skandha라는 단어가 포함된 문장이 빠져 있으므로 논의에서 제외하기로 한다. 불설도간경에서는 〈陰〉이라고 번역하며 다른 세가지 한역본 모두 그에 대해

가장 앞선 것이 『불설도간경』인 것이다.

다음으로 역자 미상의 『불설대승도간경』에 대해 살펴보기로 하자. 먼저 여기서는 Skandha에 해당하는 번역어를 〈온〉이라고 쓰고 있기에 그 번역시기는 아무리 빨라도 현장의 역경 작업 이후(645)라고 볼 수 있다.[25] 앞에서 언급했듯이 이 번역본은 티벳역본이나 산스끄리뜨 단편과 그 내용이 완전히 일치하는데 그 단편이 실려 있는 월칭(月稱, Candrakīrti, 600-650)의 『Prasannapadā(淨明句論)』와 적천(寂天, Śantideva, 650-700)의 『Śikṣasamuccaya(大乘集菩薩學論, 學處要集)』의 성립시기로 미루어 보아 이 『불설대승도간경』의 원본이 7세기 초 인도 내에 널리 유포되어 있었으리라고 추정할 수 있다. 결론적으로 『불설대승도간경』은 그 정확한 번역 연대는 알 수 없으나 현장 역경 이후에 중국에서 번역되었다는 것만은 확실하고 인도 내에서의 성립 시기는 적어도 600년대 중엽 이전이라고 볼 수 있다.

〈蘊〉이라고 번역한다. 동진록에 수록된 역자 미상의 불설도간경은 시기적으로 보나 그 번역 용어로 보나 구마라습의 번역임이 거의 확실하다. 물론 『출삼장기집』에서 말하는 구역의 대표적인 역자로 진제도 생각할 수 있다. 진제도 구마라습처럼 인연, 음, 우비고뇌 등의 번역어를 쓴다. 그러나 『도간경』의 거의 대부분이 실려 있는 진제 역 『불아비담경출가상품』(大正24, p.958)과 동진록의 『불설도간경』을 대조해 보면 다른 여러 가지 용어의 번역에서 양자가 불일치함을 볼 수 있다.시기적으로도 동진록에 진제의 번역물이 실릴 수 없다. 따라서 『불설도간경』의 역자로 진제는 제외된다.

25) 승우(僧祐)는 『출삼장기집』(大正55)에서 서진(西晋)이전의 번역을 구역이라고 규정하고 구마라습 이후의 번역을 신역이라고 규정하면서 그 번역용어를 비교하고 있다. 그러나 현장의 역경 이후가 되면 승우가 규정한 구역과 신역 및 진제 역까지 합쳐 모두 구역으로 분류하고 현장 이후의 번역을 신역이라고 규정한다. 현장 역 이전에는 불교 용어를 음사할 때 쁘라끄릿뜨어나 중앙아시아 방언의 발음을 그대로 음사했으나 현장 이후의 신역은 산스끄리뜨의 원어를 음사하고 있다. 따라서 역자 미상의 경전은 그 쓰인 용어를 보고 번역시기를 추정할 수 있다; 中村元 編, 『佛教語大辭典』, p.272 참조.

지금까지의 논의를 토대로 『도간경』류 제 문헌의 성립 시기의 하한선을 순서대로 나열하면 다음과 같다.

a.『요본생사경』 (지겸 역)	250 이전
b.『불설도간경』 (구마라습역?)	400 전후 이전
c.『불설대승도간경』 (역자미상) 티벳역본 산스끄리뜨본	600 중엽 이전
d.『자씨보살소설불설대승연생도간유경』 (불공 역)	774 이전
e.『대승사려사담마경』 (시호 역)	980 경 이전

어쨌든 『도간경』류 문헌 중 가장 먼저 번역된 『요본생사경』의 한역 연대(223-250)가 용수의 생존 시기(150-250)이기에 용수가 『중론』을 저술하면서 『도간경』을 참조했을 가능성은 충분하며 티벳 불교에서 『도간경』의 송(頌)과 석(釋) 모두의 작자를 용수에 귀속시킨다는 점에서 티벳에서는 『도간경』과 용수와의 연관성을 충분히 인지하고 있었다고 볼 수 있다. 뿐만 아니라 월칭이 『Prasannapadā』 도처에서 『도간경』을 인용 하고 있는 것으로 미루어 보아 『도간경』이 중관 사상의 이해에 필수적인 경전이었음을 알 수 있다.

Ⅲ. 『도간경』의 내용과 여타 경전과의 관계

『도간경』에는 수종의 이본이 있었지만 내연기, 외연기, 육계설, 연기에 대한 오종관, 안식의 오인연 등 핵심적인 교리에 있어서는 모든 번역본의 내용이 일치한다. 이제 산스끄리뜨 단편과 티벳역본과 한역본이 모두 존재하는 『불설대승도간경』 (범(梵); Āryaśālistamba Sūtra, 장(藏); Ḥphags-pa sāluḥi ljaṅ-ba shes bya-ba theg-pa chen-poḥi mdo)을 중심으로 『도간경』의 내용과 여타 경전과의 관련성에 대해 살펴보기로 하겠다.

1. 『도간경』 도입부에 대한 검토

붓다는 도간, 즉 벼줄기를 보고 여러 비구들에게 다음과 같은 설명을 한다.

> 연기를 보는 자는 법을 보고 법을 보는 자는 佛을 본다.[26)]

이에 대해 의문을 품은 사리불이 미륵보살에게 그 의미를 묻는 장면으로 『도간경』은 시작한다. 그러나 최초의 번역본인 『요본생사경』

---

26) 티벳장경, 북경판, Vol.34, p.303-3-5, "sus rten-cir-ḥbrel-par-ḥbyuṅ-pa mthoṅ-pa des chos mthoṅ ṅo/ sus chos mthoṅ-pa des saṅs-rgyas mthoṅ ṅo//"(연기를 보는 자 그는 법을 본다. 법을 보는 자 그는 佛을 본다.) 이 귀절은 『요본생사경』을 포함하여 모든 판본의 서두에 등장하는 유명한 문구로 월칭의 『Prasannapadā』 (Candrakīrti, *Prasannapadā*, Vallee Poussin Ed. Bibliotheca Buddhica Ⅳ, p.160.)에서도 인용되고 있음은 물론이거니와 『중론』 본송에서도 다음과 같이 등장한다. "是故經中說 若見因緣法 則爲能見佛 見苦集滅道(yaḥ pratītyasamutpāda paśyatīdaṃ sa paśyati/ duḥkhaṃ samudayaṃ caiva nirodhaṃ mārgameva ca//)", 중론 제 24 관사제품, 제 40게. 그러나 이것은 『도간경』 특유의 사상은 아니다. 『Majjhima-Nikāya』[Vol. I (P.T.S.본), pp.190-191]에서도 다음과 같은 구절을 찾아볼 수 있다: "yo paṭiccasamuppādaṃ passati so dhammaṃ passati, yo dhammaṃ passati so paṭiccasamuppādaṃ passati(연기를 보는 자 그는 법을 본다. 법을 보는 자 그는 연기를 본다)".

만은 사리불 자신이 직접 여러 현자들에게 그 의미를 설명해 주는 것으로 되어 있다. E. Conze에 따르면 대승경전에서는 의도적으로 지혜 제일이었던 성문 사리불을 우둔한 모습으로 그리고 있다고 한다.[27] 『도간경』 역시 대승경전으로 채용되는 과정에서 대승보살 미륵을 등장시킴으로써 사리불을 격하시키는 작업을 수행하였던 것 같다. 소승적인 아비달마의 권위자였던 사리불이 경을 설하는 모습은 대승불교도들에게 틀림없이 못마땅하게 생각되었으리라. 따라서 사리불 자신이 경을 설한 주체로 되어 있는 『요본생사경』은 아직 대승적인 왜곡이 이루어지기 전의 『도간경』의 모습이라고 하겠다.

본론의 각주 25의 인용문에서 볼 수 있듯이 『도간경』과 『중론』 관사제품 제 40게가 동일하지는 않다. 즉 『중론』에서는 연기를 보는 자는 고집멸도의 사성제를 본다고 하여 법이라는 용어가 사성제로 대체된다. 대부분의 『도간경』계 경전에서는 법의 의미가 팔정도라고 풀이하고 있으나 유독 『요본생사경』에서만은 법이 곧 사성제라고 하여 『중론』의 내용과 일치를 보이고 있다. 따라서 만약 용수가 이 게송에서 염두에 둔 경전이 『도간경』이었다면 그 원본은 여러 『도간경』계의 문헌중 『요본생사경』 이었다고 할 수 있으리라.

2. 『도간경』의 연기사상

『도간경』에서는 『아함』, 『Nikāya』 및 아비달마 문헌에 등장하는 다양한 교설을 나열하면서 그에 대해 공관적 해석을 가하고 있다. 먼저 연기에 대한 『도간경』적 해석을 살펴보기로 하자.

연기에는 두 가지 종류가 있다. 외연기(外緣起)와 내연기(內緣起)가 그것이다. 외연기는 종자에서 시작하여 싹, 꽃을 거쳐 열매까지 이

---

27) E. Conze, *Buddhism: Its essence and development*, 한형조 역, 『한글 세대를 위한 불교』, p.133.

어지는 바깥 사물의 흐름을 말하고 내연기는 무명에서 시작하여 행, 식을 거쳐 노사까지 이어지는 유정류 생사의 흐름을 말한다. 또 그 내, 외연기는 다시 인상응(因相應)과 연상응(緣相應)의 두 가지로 나누어진다. 내, 외연기의 인상응이란 종자에서 열매 또는 무명에서 노사에 이르기까지 내, 외연기 전후 지분의 상관관계를 말하고 연상응이란 각 지분의 토대가 되는 지(地), 수(水), 화(火), 풍(風), 공(空), 시(時, 내연기는 식[識])의 육계(六界)를 의미한다.

십이지연기를 의미하는 내연기 사상은 원시경전 도처에서 발견되고 있어서 『도간경』 고유의 사상이 아닌 것이 확실하지만 종자와 싹의 관계를 논하는 외연기 사상은 원시 경전에서 그리 흔하게 발견되지는 않는다.[28] 그러나 『아비달마대비바사론』[29]과 2세기 초의 인물 마명(馬鳴, Asvaghoṣa, 80-150경)의 『불소행찬』(Buddhacarita)[30]에서 이 외연기 사상을 거론하고 있는 것으로 보아 용수 이전에 이 외연기 사상이 널리 유포되어 있었던 것만은 틀림없을 것 같다.[31]

3. 연기에 대한 중도적 조망

연기에 대한 설명이 그저 연기 지분을 나열하는데서 그친다면 『도

---

28) 『잡아함경』 권 제12(大正2, p.79a-b)를 보면 십이연기를 나무 심는 것에 비유하여 외연기 사상의 싹이 보이긴 한다. 한편 『불설아함정행경』에서 근종자(根種字), 경종자(莖種字), 절종자(節種字), 괴종자(壞種字), 종종자(種種字) 등 오종 종자를 거론하는 경문이 보이긴 하지만(大正2, p.893c) 그 내용은 외연기 사상과 다르다.

29) 大正27. p.122b; 십이연기를 根, 莖, 枝, 葉, 花, 果에 비유한다. 이 논서의 단편적인 이역본인 『아비담비바사론』(大正28, p.35)에도 외연기설이 기재되어 있다.

30) 大正4, p.27.

31) 이 이외에 『入楞伽經』(南條文雄 校訂, 梵文入楞伽經, p.82), 『十二門論』(第1 觀因緣門) 등에도 외연기 사상이 등장한다.

간경』 역시 소승 아비달마적 법유사상을 갖고 있음에 불과하다고 말할 수 있을 것이다. 그러나 이어서 외연기의 각 요소인 종자, 싹… 열매 및 지, 수, 화, 풍, 공, 시(時) 육계와 내연기의 각 요소인 무명, 행, 식 … 노사 및 지, 수, 화, 풍, 공, 식(識)의 육계 모두에 대해 다음과 같은 법무아(法無我, dharmanairātmya)적 설명을 덧붙인다.

> 그 싹은 〈내가 종자에서 생겼다〉는 생각을 하지 않는다.…이 중에서 地도 역시 〈내가 능히 종자의 형태를 유지시키겠다〉는 생각을 하지 않는다.…無明도 역시 〈내가 능히 行이 생기게 하겠다〉는 생각을 하지 않는다. 행도 역시 〈내가 무명에서 생겼구나〉하는 생각을 하지 않는다.…識도 역시 〈내가 능히 이 몸의 名色의 싹을 성취하겠다〉는 생각을 하지 않는다.…名色의 싹은 스스로 지어진 것이 아니며 남이 지은 것도 아니며 스스로와 남이 함께 지은 것도 아니며 대자재천이 지은 것도 아니며 시간에서 전변된 것도 아니며 자성(自性, Prak ti)에서 나타나는 것도 아니다.[32]

그러나 이러한 중도적 기술 형태도 『도간경』 특유의 것은 아니다.『잡아함경』과 『Saṃyutta Nikāya』에 공히 등재되어 있는 『노경(蘆經, Nalakalapiyaṃ)』에서도 내연기에 대해 다음과 같은 설명을 하고 있다.

> 노사(老死)는 자작(自作, sayaṃkataṃ)도 아니고 타작(他作, paraṃ kataṃ)도 아니며 자타구작(自他俱作, sayaṃkatañca paramkatañc a)도 아니고 비자작비타작(非自作非他作, asayaṃkataṃ aparaṃ ka taṃ)도 아니다. … 생에 연하여(paccayṃ) 노사가 있는 것이다. 생은 自作도 아니고 … 유 … 취 … 애 … 행은 비자작비타작(非自作非他作)도 아니다. 무명에 연하여 행이 있다.[33]

---

32) 大正16, pp.825b~825b(티벳장경, 북경판, Vol.34, 304-2-1~304-5-5).

이 이외에도 '존우작(尊祐作), 숙작(宿作), 무인무연작(無因無緣作)' 등을 비판하는 『중아함』 중의 『광경(廣經)』에서의 기술[34]이 『도간경』에 취의(取義)되었다고 볼 수 있다. 한편 우이하쿠주는 『도간경』이 『장아함』 중의 『대연방편경』을 참조하면서 『잡아함』 제 12권에 있는 십이인연설을 설한 여러 경전들에서 발달한 것이라고 주장하고 있다.[35] 어찌하든 위에 인용한 『도간경』의 문구는 『Saṃyutta Nikāya』의 『노경』이나 『중아함』의 『광경』 및 『장아함』 중의 『대연방편경』에서 이미 다루어지고 있었던 주제였다. 용수 역시 『중론』 제 1 관인연품 제 3게에서 다음과 같이 선언하고 있다.

> 자신으로부터도 아니며 다른 것으로부터도 아니며 자신과 다른 것 양자로부터도 아니고 아무 원인 없이도 아니다. 그 어느 것이건 그 어느 곳에서건 생은 도대체 존재하지 않는다.[36]

『중론』에서의 생에 대한 사구부정적인 견해(四種不生)는 일찌기 『아함경』류의 여러 경전들에서 피력되었던 견해였고 『도간경』 역시 이를 기술하면서 좀 더 구체적인 설명을 가하고 있는 것이다.

4. 팔불게의 시원인 오종관(五種觀)

논자가 본고를 통해 소개해 보려고 했던 교설이 바로 도간경의 오종관이다. 외연기의 경우는 종자에서 싹이 생할 때 종자와 싹의 관계,

---

33) *Saṃyutta Nikāya* Ⅱ,(P.T.S)pp.112-115, 및 『雜阿含經』(大正2)p.81a-c
34) 大正1., p.435(*A.N.* Vol. I , pp.173-174).
35) 宇井伯壽, 『印度哲學硏究』2, p.267.
36) Na svato nāpi parato na dvābhyaṃ nāpy ahetutaḥ / Utpannā jātu vidy ante bhāvāḥ kvacana ke cana //

내연기의 경우는 이 세상에서 죽어 저 세상에 태어날 때, 즉 죽을 때의 오온과 다시 태어날 때의 오온의 관계가 다음과 같이 오종의 관계임을 관찰하라는 것이다.

a. 불상(不常) -------------------- rtag-par ma yin-pa
b. 부단(不斷) -------------------- chad-par ma yin-pa
c. 불이(不移) -------------------- pho-par ma yin-pa
d. 종어소인이생대과(從於小因而生大果) -- rgyu chuṅ ṅu las ḥbras bu chen-po mṅon par ḥgrup-pa
e. 여피상사(與彼相似) -------------- ḥdra paḥi rgyud du[37]

『도간경』에서 오종관을 설명하면서 씨앗과 싹의 관계를 예로 들고 있는데 이를 외연기의 오종관이라고 부르며 이 외연기의 오종관이 『중론』 주석서에서 팔불게를 설명하는 내용과 거의 흡사하다. 『도간경』에서 말하는 외연기 오종관을 설명해 보자. 씨앗과 싹이 서로 다르며 씨앗이 소멸하지 않은 채 싹이 생기는 것이 아니기에 불상(不常)이다. 과거의 씨앗이 괴멸하고서 싹이 생하는 것이 아니며 마치 저울의 축이 한 쪽이 기울어져 내려가면 다른 한 쪽이 올라가듯이 (씨앗에 의존해서 싹은) 생하는 것이기에 부단(不斷)이다. 싹은 씨앗과 다르고 씨앗은 싹과 다르기에 불이(不移[= 不去])이다. 작은 씨앗에서 큰 결과가 생하기에 종어소인이생대과(從於小因而生大果[작은 원인에서 큰 결과가 생긴다= 不一])이다.[38] 심은 씨앗에 해당하는 결과가

37) 티벳장경, 303-3-2.
38) 『중론』 청목소(大正30, p.2a)에서는 不一을 설명하면서 〈씨앗이 싹이 아니고 싹이 씨앗이 아니기 때문〉이라고 하여 오히려 『도간경』의 不移 개념과 동일하다. 그러나 不一을 설명하는데는 從於小因而生大果라는 『도간경』의 표현이 더 근사한 설명이 될 것 같다.

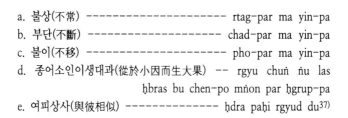

생하기에 여피상사(與彼相似[不異])이다.[39]

물론 외연기인 씨앗과 싹의 관계로서의 오종관에 대한 설명이 『중론』 주석서와 그대로 일치하는 것은 아니다. 불이(不移)라는 개념이 그 외형은 팔불게의 불거(不去)와 유사하지만 그 설명은 오히려 불일(不一)과 같다. '종어소인이생대과'라는 개념도 그 설명이 『중론』 주석서와 동일하지는 않다. 그러나 양자의 취지는 같다고 볼 수 있다. 『중론』 팔불게는 서로 다른 의미를 갖는 것이 아니라 인과관계를 여덟 가지 측면에서 조망한 것일 뿐인데[40] 이 오종관 역시 인과관계에 대한 다섯 가지 측면에서의 조망이라는 점에서 양자의 공통점을 찾을 수 있다는 말이다. 굳이 양자를 대비시키자면 오종관은 팔불게 중에서 불상, 부단, 불거, 불일, 불이에 해당한다고 볼 수 있으리라.

『중론』 주석서에서는 팔불게를 설명하면서 씨앗과 싹의 관계인 외연기만 예로 들고 있는데 도간경 오종관에서는 내연기인 십이연기에까지 오종관을 적용하고 있는 것이다.[41] 내연기의 경우 식의 종자가 입태하여 명색의 싹을 내는 과정, 즉 삼세양중인과론적이면서 태생학

39) 이는 청목소의 설명과 같다. 不異에 대해 청목소에서는 다음과 같이 반문법으로 설명하고 있다;〈만약 다르다면 그 씨앗의 싹이라거나 그 씨앗의 줄기라거나 그 씨앗의 잎이라고 어떻게 분별하겠느냐? 그러므로 不異이다.〉

40) 『중론』 주석서에서 설명하는 팔불게의 의미를 요약하면 다음과 같다: 不生: 씨앗 없이 싹이 생하는 것이 아니다. 不滅: 씨앗이 생할 때 싹이 완전히 소멸하는 것이 아니다. 不常: 씨앗이 싹으로 항상되게 이어지는 것은 아니다. 不斷: 씨앗과 싹이 완전히 단절된 것이 아니다. 不一: 씨앗과 싹이 동일한 것이 아니다. 不異: 씨앗과 싹이 다른 것이 아니다. 不來: 씨앗이 싹 아닌 다른 곳에서 오는 것이 아니다. 不出: 씨앗이 싹에서 나오는 것이 아니다; 『중론』 청목소 및 무외소 관인연품 귀경게 주석.

41) 應以五種觀內因緣之法 云何爲五 不常 不斷 不移 從於小因而生大果 與彼相似… (『佛說大乘稻芉經』, 大正16, p.825c, 티벳장경으로는 Vol.34, p.306-1-7)

적인 십이지연기에 대해 오종으로 관찰하라고 설하고 있다. 죽음에 임박한 당시의 사온(死蘊)과 자궁 내에 생하는 순간의 생온(生蘊)에 있어서 소멸한 그 오온이 생할 오온과 다르므로 불상이다. 마치 저울축이 기울듯이 (사온에 의존하여서) 생온이 있게 되므로 부단이다. 모든 유정류는 비중동분처(非衆同分處)[42]에서 능히 중동분처(衆同分處)를 생하므로[43] 不移(=不去)이다. 업은 작은데 큰 이숙(異熟)을 감득하므로 종어소인이생대과(=不一)이다. 지은 원인과 같은 그 과보를 받으므로 여피상사(=不異)이다.[44]

『도간경』에서는 외연기에서의 종자와 싹의 관계와 더불어 내연기에서의 사음과 생음의 관계에 대해서도 다섯 가지로 관찰하고 있다. 오종관적 조망을 외연기뿐만 아니라 내연기인 십이연기중 인과의 첫째 마디인 식의 입태 과정에까지 적용하는 것이다. 즉 식의 입태 과정이 상, 단, 거, 일, 이를 떠나 중도적으로 이루어진다는 말이다.

내연기에 대한 오종관적 조망 즉 중도적 조망 역시 여러 문헌에서 발견된다. 기원전 1-2세기경에 성립되고 법장부(法藏部)의 논장이라고 추정[45]되는 『사리불아비담론』에서도 식의 입태 과정을 다음과 같이 기술하고 있다.

> … 後識滅已 卽生初識 謂此時過 謂此滅彼生 謂此終彼始 非彼命彼身 非異命異身 非常非斷 非去非來 非變 非無因非無作 非此作此受 非異作異受 …
>
> … 임종시의 마지막 식이 멸하고 나서 다시 태어나는 최초의 식이

---

42) 衆同分(sattva sāmaya):유정의 공통성, 생명있는 수많은 존재들을 서로 비슷하게 만드는 요소, 현대 생물학적으로 〈종(species)〉을 의미하는 듯하다.

43) 예를 들어 사람으로 태어났다가 죽은 후 다시 태어날 때 축생이나 천상 같은 다른 몸으로 태어나기도 하는 것.

44) 大正16, pp.825c-826a ; 티벳장경, 앞의 책 303-3-2~304-3-7.

45) 平川 彰, 이호근 역, 『인도불교의 역사』, 민족사, p.161.

> 생할 때 시간이 흘렀다느니 여기서 소멸하여 저기서 생했다느니 여기서 끝마치고 저기서 시작한다고 말하는데 그 목숨과 몸뚱이가 전생의 것과 같은 것도 아니고 다른 것도 아니며 항상된 것도 아니고 단절된 것도 아니며 가지도 않고 오지도 않는다. …46)

십이연기에 대한 중도적 조망은 『아함경』 이나 『Nikāya』도처에서 발견할 수 있다. 『잡아함경』에서는 다음과 같이 단상중도로써 십이연기를 조망하고 있다.

> 스스로 짓고 스스로 받는다고 하면 상견에 떨어지고 다른 것이 짓고 다른 것이 받는다고 하면 단견에 떨어진다. 의설(義說)과 법설(法說)은 이런 양 극단을 떠나 중도에 입각해서 법을 설한다. 이른바 이것이 있음에 저것이 있고 이것이 일어남에 저것이 일어나니 무명을 연하여 행이 있고…47)

전생에 임종시의 오온이 후생에 태어나는 순간의 오온으로 항상되게 이어지는 것도 아니고(不常) 그 양자가 완전히 단절되어 있는 것도 아니라는(不斷) 등의 오종관으로 표현된 『도간경』의 설명은 삼세양중인과론적으로 해석된 십이연기설의 첫째 인과 마디에 대한 중도적 조망이라고 볼 수 있으며 위에 인용한 『잡아함경』의 경문에서는 이러한 중도적 조망이 십이연기 각 지분의 전후 인과관계 모두에로 확대 적용되고 있음을 볼 수 있다. 따라서 팔불게의 시원이 되는 『도간경』의 오종관도 『도간경』 이전의 원시경전에서 이미 다루어지고 있었던 관점이었다고 할 수 있다.

---

46) 大正28, p.608a-b.
47) 大正2, p.85c.

지금까지 『도간경』의 연기 사상과 그에 대한 중도적 조망에 대해 살펴본 바에 의하며 『도간경』의 핵심사상은 모두 그 이전의 경전에서 이미 다루어지고 있었던 것임을 알 수 있다.

Ⅳ. 『도간경』을 통해 본 팔불게와 십이연기의 의미

이제 지금까지의 연구결과를 토대로 본론 서두에서 제기했던 문제를 풀어보기로 하겠다. 본론 서두에서 논자는 『중론』 관인연품 귀경게를 인용하면서 팔불게와 연기를 동격으로 취급한 용수의 연기관은 무엇에 입각한 것일까? 라는 의문을 제기했었다. 즉 무명에서 시작하여 노사로 이어지는 십이연기설과 쌍차부정의 대구로 표현된 팔불게는 무슨 관계가 있을까?

〈이것이 있음에 저것이 있고 이것이 멸함에 저것이 멸한다〉는 연기 공식의 의미가 〈원인이 있기에 결과가 생하며 원인이 멸하면 결과가 멸한다〉는 의미라면 단순한 인과론과 하등의 차이가 없다. 삼세양중인과설도 과거의 이인(二因: 무명, 행)과 현재의 오과(五果: 식, 명색, 육입, 촉, 수), 현재의 삼인(三因: 애, 취, 유)과 미래의 이과(二果: 생, 노사)의 양쪽의 인과 쌍이 되풀이하여 끝없이 계속된다는 의미라면 이 역시 생사유전하는 유정류에 있어서 업과 과보의 인과관계를 기술한 것에 불과한 것이 된다.

그러나 원인이 있기에 결과가 있다는 단순한 인과론이 연기의 의미일 수는 없다. 인도 내 어느학파나 자파의 인과론을 주창하고 있었다. 예를 들어 전변설(轉變說, Parināma-vāda) 계통의 상캬(Saṃkhya) 학파에서는 인중유과론(因中有果論, Satkārya-vāda)적인 인과론을 펼쳤으며 적취설(積聚說, Ārambha-vāda) 계통의 와이세시까(Vaiśeṣika) 학파에서는 인중무과론(因中無果論, Asatkārya-vāda)적인 인과론을 주장했던 것이다. 불교도들은 인중유과론은 상견(常見)이고 인중무과론은 단견(斷見)이라고 설명하면서 양자 모두 극단적인 견해, 즉 사견이라고 비판하였다. 『도간경』의 오종관이나 『잡아함경』의 단상 중도 사상에서 볼 수 있듯이 상견과 단견의 양 극단(二邊)을 떠난 중도적인 세계관이 바로 정견이다. 이것이 '인중유과적인 인과론'(상견)도 아니고 '인중무과적인 인과론'(단견)도 아닌 '연기(Pratītyasamutpāda)론'이다. 따라서 연기란 단순한 인과관계가 아니라 한마디로 〈중도적 인과관계〉라고 부를 수 있을 것이다.

인과관계가 이렇게 중도적으로 이루어져야지만 연생(緣生, 유전연기)하여 세상만사가 전개 되고 연멸(緣滅, 환멸연기)하여 적정한 열반에 들 수 있다. 인과 과가 항상되거나 단절되어 있다면 우리 눈앞에서 변화하며 나타나는 이런 세상이 있을 수 없는 것이다. 인중유과론이나 인중무과론은 그저 이론일 뿐이며 실상은 연기, 즉 중도 인과적으로 벌어진다.

붓다는 세간의 '상(常), 단(斷)' 여부, 영혼과 육신의 '일(一), 이(異)' 여부 등의 14가지 난문을 받을 때 무기답으로 일관한다. 그러나 그것으로 그치지 않고 십이연기의 교설이 뒤에 이어지는 경문이 많이 보인다. 어째서 붓다는 무기답 뒤에 상투적으로 십이연기를 설하는 것일까? 무기답과 연기설의 관계에 대해 『대지도론』에서는 다음과 같이 해명하고 있다.

『대지도론』에서는 대치실단(對治悉檀)을 설명하면서 탐진치 삼독 중 치심이 많은 사람은 연기관으로 치료해야 한다고 말한다.[48] 이때의 치심이란 소나 양처럼 어리석은 것을 의미하는 것이 아니라 바로 사견을 내는 것을 의미한다.[49] 14난문의 의심을 품는 사고방식 근

---

48) 大正25, p.60a-b.

저에는 단, 상, 일, 이 등의 치우친 세계관, 즉 〈사견〉이 깔려 있기에 양극단(二邊)을 떠난 중도적 세계관인 연기의 교설로 이를 치료하는 것이다. 우치인의 14난문에 대한 붓다의 무기답은 답변을 회피하는 것이 아니다. 질문 자체가 잘못되었기에 그런 질문이 생기게 한 극단적 사고방식(二邊)을 시정해 주는 중도론인 연기설을 설함으로써 질문 자체의 무의미함을 일깨워 주는 것이다. 즉 질문에 토대를 둔 답을 하는 것이 아니라 그런 질문이 생기게 한 사고 방식을 시정해 줌으로써 질문 자체를 해소시켜 버린다. 이와 같이 우치인의 대치실단에서도 연기의 중도적 성격이 중시된다.

앞에서 인용했던 『아함경』의 경문[50]에는 연기의 불상부단적 측면이 기술되어 있었고 『도간경』에서는 부단, 불상, 불거, 불일, 불이의 의미를 갖는 오종관적인 중도로 연기가 설명되어 있었다. 용수의 팔불게는 이 오종관에 불생, 불멸, 불래의 삼불이 추가된 것으로 볼 수 있다. 『중론』 주석서에서는 팔불을 설명하면서 종자와 싹의 관계 즉 외연기만 예로 들고 있다. 그러나 『도간경』에서는 팔불게의 시원이라고 볼 수 있는 오종관이 외연기는 물론이고 내연기인 십이연기에까지 적용되고 있다. 따라서 팔불게가 종자와 싹의 인과 관계뿐만 아니라 무명, 행, 식, 명색 등 십이연기 각 지분간의 인과관계에도 적용될 수 있음을 알 수 있다. 한편 『반야경』에서 팔불게가 그대로 등장하지는 않지만 네 가지 대립쌍 각각이 독립적으로 언급된 사례는 많이 볼 수 있다. 따라서 용수의 팔불게는 원시경전이래 『도간경』에 이르기까

---

49) 大正25, p.60; 愚癡人者 非如牛羊等愚癡 是人欲求實道 邪心觀故生種種邪見 如是愚癡人當觀因緣 是名謂善對治法(어리석은 사람이라고 해서 소나 양처럼 어리석다는 것이 아니다. 이런 사람은 참된 진리를 추구하고자 하지만 삿된 마음으로 관찰하기에 갖가지 사견을 생하게 된다. 이런 어리석은 사람들은 인연(=연기)을 관조해야 한다. 이것을 이름하여 올바른 대치법이라고 부른다).

50) 본고, 각주46의 인용 경문 참조.

지 면면히 계승된 연기의 중도적 측면을 『반야경』의 쌍차부정적 중도 사상과 결합시켜 『중론』 서두에서 공표한 것이라고 할 수 있다. 다시 말해 용수는 연기의 진정한 의미를 〈팔부중도적 인과관계〉라고 파악하였다. 〈무명에 연하여(pratyaya) 행이 있고 행에 연하여 식이…〉라는 연기설에서 〈연하여(pratyaya)〉 의 의미가 바로 〈팔부중도적 인과관계〉라고 할 수 있다.

십이연기설에서 피연생과(彼緣生果)라는 일방향의 연기관이 『중론』에서는 상의상대적 연기관으로 변화한다는 야스이고우사이(安井廣濟)의 지적[51]은 연기를 단순한 인과관계로 파악한데서 비롯된 기우인 듯하다. 논자의 졸견으로는 시간의 흐름에 따라 발생하는 계기적인 사건에 주안점을 두고 그 인과관계를 팔부중도적으로 조망한 것이 십이연기설이고[52] 동시적으로 공존하는 구기적(俱起的)인 사건에 주안점을 두고 그 동시적인 인과관계를 팔부중도적으로 조망한 논리를 많이 거론한 것이 『중론』이라고 볼 수 있을 것 같다.[53] 따라서 용수에 이르

51) 安井廣濟, 위의 책, p.14.

52) 물론 십이연기설에도 구기적인 측면이 있다. 즉 식과 명색의 관계가 그렇다. 그러나 아비달마 논서를 보면 십이지의 모든 지분이 식과 명색과 같이 상의상대적 관계에 있지만 특히 그 사례가 빈번한 일방향의 계기성(繼起性)을 강조하고자 십이지연기설의 표현 양태가 계기적인 모습을 띄고 있다는 의미의 설명을 한다. 『공칠십론』 제 11게와 제 13게를 보면 용수 역시 십이지 각 지분이 상의상대적이라고 생각했음을 알 수 있다. '무명은 행 없이는 생하지 않는다. 더우기 행은 무명 없이는 생하지 않는다. 이 양자는 서로 인이 된다. 그러므로 (이 양자는) 자성이 있는 것으로 성립하지 않는다(제 11게)', '아버지는 자식이 아니다. 그러나 그들 양자는 다른 시간에 있지 않다. 그렇지만 역시 그 양자는 동시에 있는 것도 아니다. 십이지도 그와 같다(제 13게).'(安井廣濟, 앞의 책 p.99 참조.)

53) 예를 들어 관거래품에서는 〈가는 놈〉과 〈가는 작용〉과 〈가는 모습〉, 관오음품 에서는 〈색인〉과 〈색〉, 관육종품에서는 〈空相〉과 〈虛空〉, 관연가연품에서는 〈연료〉와 〈불〉 등의 상의상대적 관계, 즉 동시적 구기적 의존관계를

러 연기의 개념이 바뀐 것이 아니라 연기를 적용하여 논의하는 대상이 바뀐 것일 뿐이라고 하겠다.

이렇게 연기의 의미를 중도로 파악하는 용수의 견해는 『중론』 제24 관사제품 18게에 잘 나타나 있다. 연기란 〈중도적 인과론〉이라는 본고의 결론을 입증하는 의미에서 이를 인용하면서 졸론을 끝맺기로 하겠다.

> yaḥ pratītyasamutpādaḥ śūnyatāṃ tāṃ pracakṣmahe/ 衆因緣生法 我說卽是無
> sā prajñaptirupādāya pratipatsaiva madhyamā// 亦爲是假名 亦是中道義
> 우리들은 연기인 것, 그것을 공성이라고 간주한다./
> 그것(=空性)은 의존된 가명이며, 그것이 바로 중도이다.//

(불교연구 제8권, 1992년)

논하면서 그렇게 서로 의존하는 개념들의 무자성성(즉 개념의 적멸)을 역설하고 있다.

『도간경』 번역

성스러운 도간이라는 대승경

Āryaśālistamba nāma mahāyanasūtra*

Ⅰ. 서장

1. 설처와 설자

1. 다음과 같이 나는 들었다. [한 때] 세존께서 대비구중인 1250명의 비구들과 왕사성에 있는 영취산에 머물러 계셨다. 그 때 존자 사리불은 미륵보살 마하살이 가 있을 장소[1]로 다가갔다. 둘은 서로 바르고 정겨운 대화를 주고받은 후 평평한 바위에 앉았다.(Av.3.28)[A2.29, M1.110]

2. 사리불의 물음

2. [그 때] 존자 사리불은 미륵보살 [마하살]에게 다음과 같이 말했다. "[미륵이시여, 오늘 여기서 세존께서] 볏단(도간, 稻芉: śālistamb

---

* 본 번역의 산스끄리뜨 저본은 Aiyaswami Sastri, *Ārya Śālistamba Sūtra*, Madras: Adyar Library, 1950.

1) 원문은 gantavya이나 한역문에 의하면 경행처(經行處, caṅkrama).

a)을 바라보신 후 비구들에게 다음과 같은 경구(經句: sūtra)를 말씀하셨습니다. '비구들이여, 연기를 보는 자는 법을 보고 법을 보는 자는 부처를 본다.' 이렇게 말씀하시고 세존께서는 조용히 계셨습니다. 미륵이시여, 이렇게 세존께서 설하신 경구의 의미는 무엇입니까? 연기란 무엇이며, 법이란 무엇이며, 부처란 무엇입니까? 또 어째서 연기를 봄으로써 법을 봅니까? [또 어째서 법을 봄으로써 부처를 봅니까?](Av.3.28)[M.1.110, M.1.191, S3.120]

3. 미륵의 간략한 대답

(1) 연기의 의미

3. 이렇게 말했을 때 미륵보살 마하살은 존자 사리불에게 다음과 같이 말했다. "[존경하는 사리불이여,] 법왕(dharmasvāmin)이시며, 일체지자(sarvajña)이신 세존에 의해 설시된 것은 '비구들이여, 연기를 보는 자는 법을 보고 법을 보는 자는 부처를 본다'입니다. 여기서 이른바 연기란 무엇인가? [소위 연기란, 이것이 있기에 저것이 있고, 이것이 생하기에 저것이 발생된다.] 무명을 연하여 제행이 있고, 제행을 연하여 식이 있으며, 식을 연하여 명색이 있고, 명색을 연하여 육입이 있으며, 육입을 연하여 촉이 있고, 촉을 연하여 수가 있으며, 수를 연하여 애가 있고, 애를 연하여 취가 있으며, 취를 연하여 유가 있고, 유를 연하여 생이 있으며, 생을 연하여 노사와 슬픔과 통곡과 괴로움과 고민과 두려움들[이 있게 된다. 그래서 이러한 막대한 순수 고온(苦蘊, kevalasya mahato duḥkha skandha)의 집기(集起, samudaya)가 있게 된다.](Bp.386)[m1.263]

4. [그러므로 무명이 멸하기 때문에 제행이 멸하고, 제행이 멸하기 때문에 식이 멸하며, 식이 멸하기 때문에 명색이 멸하고, 명색이 멸하

기 때문에 육입이 멸하며, 육입이 멸하기 때문에 촉이 멸하고, 촉이 멸하기 때문에 수가 멸하며, 수가 멸하기 때문에 애가 멸하고, 애가 멸하기 때문에 취가 멸하며, 취가 멸하기 때문에 유가 멸하고, 유가 멸하기 때문에 생이 멸하며, 생이 멸하기 때문에 노사와 슬픔과 통곡과 괴로움과 고민과 두려움들이] 소멸된다. 그래서 이러한 막대한 순수 고온의 소멸이 있게 된다. 이것이 연기임이 [세존에 의해] 설시되었다.(Bp.387)[M.1.263]

(2) 법의 의미

5. [법이란 무엇인가? 성스러운 팔정도인데, 그것은 다음과 같다. 정견과 정사와 정어와 정업과 정명과 정정진과 정념과 정정이다. 이런 성스러운 팔정도라는 것은 결실과의 만남이며 열반으로, 한 마디로 축약하여 법이라고 세존에 의해 설시되었다.](T.)[D.1.157]

(3) 부처의 의미

6. [거기서 세존인 부처란 무엇인가? 일체법(sarva-dharma)을 깨달았기에 부처라고 불리는 분, 그 분은 '성스러운 지혜의 눈(ārya-prajñā-cakśu)'과 '법의 몸(dharma-śarira)'을 성취한 분이다. 그는 유학(有學, śaikṣa)[2]과 무학(無學, aśaikṣa)[3]의 법을 본다.](T.)

(4) 경구 해설

7. 거기서 어떻게 연기를 보는가? 이에 대해 세존께서 말씀하셨다.

2) 사향사과(四向四果) 중 아라한과를 제외한 사향삼과.
3) 무학위(無學位)인 아라한과.

'항상 언제나 영혼을 갖지 않은 것이며(nirjīva), 여실하여 전도되지 않은 것이며(yathāvad-aviparita), 영혼이 없으며(ajīva), 생하는 것이 아니며(ajāta), 생성되는 것도 아니고(abhūta), 지어지는 것도 아니고(akṛta), 작위된 것도 아니며(asaṃskṛta: 無爲), 장애도 아니고(apratig ha), 인식의 대상도 아니며(anālambhana), 상서롭고(śiva), 공포가 없으며(abhaya), 잡을 수 없고(anāhārya), 사라지지 않으며(avyaya), 적막한 것도 아닌(avyupaśama) 성격(svabhāva)의 이런 연기를 보는 자, 그 자는 법을 본다. 또, 이와 같이 항상 언제나 영혼을 갖지 않은 것 등을 위시하여 내지 적막한 것도 아닌 성격의 것을 보는 자, 그 자는, 성스러운 법을 명확히 이해(abhisamaya: 現觀)하는 경우 올바른 앎에 토대를 둔 접근에 의해, 무상의 법의 몸(anuttara-dharma-ś arīra)인 부처를 본다.(Bp.576, 387)[U.80]

Ⅱ. 본장 - 미륵의 상세한 대답

1. 연기의 구조

8. 무엇 때문에 연기라고 불리는가? 인을 가지고 연을 가지며 무인이 아니고 무연이 아니[기에 연기]라고 설시된다. (Bp.577, Msl.108)

9. [거기서 연기의 상(相, lakṣaṇa)이 세존에 의해 요약되었다.] '이것은 연에 의한 결과이다. 여래가 출현하건 출현하지 않건 이런 법성(dharmatā)은 실로 상존(常存, sthita)하는 것이다. 즉 상존하는 법성이며(dharma-sthititā), 확고한 법성이고(dharma-niyāmatā), 진여이며(tathatā), 허위가 아니고(avitathatā), 변하지 않는 진여이며(ananyatat hatā), 실재하는 것이고(bhūtatā), 진실된 것이며(satyatā), 참된 것이고(tattva), 전도된 것이 아니며(aviparītatā), 모순된 것이 아니다(avip

aryayatā)[4]'라고.(Av.3.28, B.2.19)[S.2.25]

10. 더욱이 이런 연기는 두 가지 원인(kāraṇa)으로부터 발생된다. 어떤 두 가지 원인으로부터 발생되는가? 인(hetu)과 결부된 것으로부터, 또 연(pratyaya)과 결부된 것으로부터. 그것은 다시 외적인 것과 내적인 것의 두 가지로 조망되어야 한다(draṣṭavya).(Bp.577, Msl.108, B.2.19)

2. 외연기

(1) 외연기 중 인과 결부된 것

① 외연기 중 인과 결부된 것의 내용

11. 그 중 외적인 연기에서 인과 결부된 것은 무엇인가? 그것은 다음과 같다. 씨앗으로부터 싹이 있고 싹으로부터 잎이 있고 잎으로부터 가지가 있고 가지로부터 줄기가 있고 줄기로부터 꽃턱(gaṇḍa)이 있고 꽃턱으로부터 꽃눈(garbha)이 있고 꽃눈으로부터 꽃받침(śūka)이 있고 꽃받침으로부터 꽃(puṣpa)이 있고 꽃으로부터 열매(phala)가 있다. 씨앗이 없으면 싹은 존재하지 않으며, … 꽃이 없으면 열매는 존재하지 않는다. 그러나 씨앗이 있으면 싹의 발달이 있게 되고, … 그런 식으로 꽃이 있으면 열매의 발달이 있게 된다.

② 외연기 중 인과 결부된 것에 대한 무아관

거기서 씨앗은 다음과 같이 생각하지 않는다. '나는 싹을 발달하게

4) 원문은 aviparyastatā이나 Aiyaswami Sastri本에 의거하여 정정한다.

한다'라고. 싹도 역시 다음과 같이 생각하지 않는다. '나는 씨앗에 의해 발달된 것이다'라고. … 그런 식으로 꽃은 다음과 같이 생각하지 않는다. '나는 열매를 발달하게 한다'라고. 열매도 역시 다음과 같이 생각하지 않는다. '나는 꽃에서 발달된 것이다'라고. 반면에 씨앗이 있을 때 싹의 발달이, 출현이 있다. 그와 같이 꽃이 있을 때 열매의 발달이, 출현이 있다. 이와 같이 외적인 연기 중에서 인(hetu)과 결부된 것이 조망되어야 한다(draṣṭavya).(Bp.577, Msl.108, B.2.19)

(2) 외연기 중 연과 결부된 것

① 외연기 중 연과 결부된 것의 내용

12. 외적인 연기에서 연(pratyaya)과 결부된 것은 어떻게 조망되어야 하는가? 육계(六界)의 화합(samavāya)에 기인하는 것으로. 어떤 육계의 화합에 기인하는 것으로? 지(地, pṛthivi) 수(水, ap) 화(火, teja) 풍(風, vāyu) 공(空, ākāśa) 시절(時節, ṛtu)의 화합에 기인한다는 이런 점이 외적인 연기 중에서 조망되어야 할(draṣṭvya) 연과 결부된 것이다.(Bp.578, Msl.109, B.2.19)

13. 거기서 지계는 씨앗을 유지시키는 작용을 한다. 수계는 씨앗을 적신다. 화계는 싹을 성숙시킨다. 풍계는 씨앗을 터지게 한다. 공계는 씨앗이 억눌리지 않게 하는 작용을 한다. 시절도 역시 씨앗을 변화시키는 작용을 한다. 이런 연들이 없는 경우에 씨앗으로부터 싹이 나타나지 않는다. 그러나 외적인 지계의 결함이 없고, 또 그와 같이 수, 화, 풍, 공, 시계의 결함이 없을 때 그런 모든 것들의 화합으로부터 씨앗이 소멸하고 있을 때에 싹의 발달이 있게 된다.(Bp.578, Msl.109, B.2.19)

② 외연기 중 연과 결부된 것에 대한 무아관

14. 거기서 지계는 다음과 같이 생각하지 않는다. '나는 씨앗을 유지시키는 작용을 한다'라고. … 그런 식으로 시절(ṛtu)도 역시 다음과 같이 생각하지 않는다. '나는 씨앗을 변화시키는 작용을 한다'라고. 싹도 역시 다음과 같이 생각하지 않는다. '나는 이런 연들로부터 변화된 것이다'라고. 반면에 그런 연들이 존재할 때에, 씨앗이 소멸할 때에 싹의 발달이 있다. [… 이런 식으로 꽃이 존재할 때에 열매의 발달이 있다.][5] 또 이런 싹은 스스로 만들어진 것이 아니며 다른 것으로부터 만들어진 것도 아니고 양자로부터 만들어진 것도 아니며 자재신(自在神, īśvara)에 의해 화현된 것(nirmita)도 아니고 시간(kāla)에 의해 전변(轉變)된 것(pariṇāmita)도 아니며 근본원질(prakṛti)로부터 발생된 것(saṃbhūta)도 아니고 단일한 원인(ekakāraṇa)에 의존한 것(adhīna[6])도 아니며 원인 없이 발생된 것도 아니다. 지와 수와 화와 풍과 공과 시가 화합함으로써 씨앗이 소멸할 때에 싹의 발달이 있게 된다. 이와 같이 외적인 연기 중에서 연과 결부된 것이 조망되어야 한다(draṣṭvya).(Bp.578, Msl.109, B.2.19)[S.2.21, A.1.173]

(3) 외연기에 대한 5종관

15. 여기서 외적인 연기는 다섯 가지 원리(kāraṇa)에 의해 조망되어야 한다. 어떤 다섯 가지에 의해서인가? 이어진 것(śaśvata)이 아닌 것으로, 끊어진 것(uccheda)이 아닌 것으로, 이동하는 것(saṃkrāntita)이 아닌 것으로, 작은 원인(parītta-hetu)으로부터 커다란 결과(vipula-phala)가 발달하는 것으로, 그것과 유사하게(tatsadṛśa) 연속되는 것

5) 『大乘稻芉經』, 大正藏16, p.824b.
6) 원문은 adhina이나 Aiyaswami Sastri本에 의거하여 정정한다.

(anuprabandha)으로.(Bp.579, Msl.109)

16. '이어진 것이 아닌 것으로'란 어떠한 것인가? 씨앗과 싹이 서로 다르기 때문에 또 씨앗 그대로가 싹인 것이 아니기 때문이다. 반면에 씨앗이 소멸되면 싹이 발생한다. 따라서 '이어진 것이 아닌 것으로'이다.(Bp.579, Msl.109)

17. '끊어진 것이 아닌 것으로'란 어떠한 것인가? 미리 소멸한 씨앗으로부터 싹이 발생하는 것이 아니며 소멸하지 않는 씨앗으로부터 [싹이 발생하는 것]도 아니다. 그래서 씨앗이 소멸하는 바로 그 시간(samaya)에, 저울의 막대가 오르고 내리는 것과 같이 싹이 발생한다. 따라서 '끊어진 것이 아닌 것으로'이다.(Bp.579, Msl.109)

18. '이동하는 것이 아닌 것으로'란 어떠한 것인가? 씨앗과 싹은 동일하지 않다. 그러므로 '이동하는 것이 아닌 것으로'이다.(Bp.579, Msl.109)

19. '작은 원인으로부터 커다란 결과가 발달하는 것으로'란 어떠한 것인가? 작은 씨앗이 뿌려져서 커다란 결과를 발달하게 한다는 것이다. 그러므로 '작은 원인으로부터 커다란 결과가 발달하는 것으로'이다.(Bp.579, Msl.109)

20. '그것과 유사하게 연속되는 것으로'란 어떠한 것인가? 뿌려진 씨앗과 같은 종류의 결과를 발달하게 한다는 것이다. 그러므로 '그것과 유사한 것으로 연속되는 것으로'이다. 이와 같이 외적인 연기는 다섯 가지 원리에 의해 조망되어야 한다.(Bp.579, Msl.109)

3. 내연기

21. 내적인 연기도 역시 두 가지 원리(kāraṇa)에 토대를 두고 발생한다. 어떤 두 가지에 토대를 두는가? 인(hetu)과 결부된 것에 토대를 두며, 또 연(pratyaya)과 결부된 것에 토대를 둔다.(Mp.560, B.2.19)

(1) 내연기 중 인과 결부된 것

① 내연기 중 인과 결부된 것의 내용

22. 그 중 내적인 연기에서 인과 결부된 것은 무엇인가? 그것은 다음과 같다. 무명을 연하여 제행이 있고, 제행을 연하여 식이 있으며, 식을 연하여 명색이 있고, 명색을 연하여 육입이 있으며, 육입을 연하여 촉이 있고, 촉을 연하여 수가 있으며, 수를 연하여 애가 있고, 애를 연하여 취가 있으며, 취를 연하여 유가 있고, 유를 연하여 생이 있고, 생을 연하여 노사와 슬픔과 통곡과 괴로움과 고민과 두려움들이 발생한다. 그래서 이러한 막대한 순수 고온의 집기(集起)가 있게 된다. 무명이 만일 존재하지 않게 된다면 제행은 결코 알려지지 않을 것이고 … 그와 같이 생이 만일 존재하지 않게 된다면 노사는 알려지지 않을 것이다. 그러나 무명이 존재할 때에 제행의 발달이 있게 되며 … 그와 같이 생이 존재할 때에 노사의 발달이 있게 된다.

② 내연기 중 인과 결부된 것에 대한 무아관

거기서 무명은 다음과 같이 생각하지 않는다. '나는 제행을 발달시킨다'라고. 제행도 역시 다음과 같이 생각하지 않는다. '우리들은 무명에 의해 발달되었다'라고. … 그와 같이 생도 역시 다음과 같이 생각하지 않는다. '나는 노사를 발달시킨다'라고. 노사도 역시 다음과 같이 생각하지 않는다. '나는 생에 의해 발달되었다'라고. 그러나 무명이 있을 때에 제행의 발달이, 출현이 있게 된다. … 그와 같이 생이 있을 때에 노사의 발달이 출현이 있게 된다. 이와 같이 내적인 연기에서 인과 결부된 것이 조망되어야 한다.(Mp.560, Ss.219, Msl.110, B.2.19)[S.2.10]

(2) 내연기 중 연과 결부된 것

① 내연기 중 연과 결부된 것의 내용

23. 내적인 연기에서 연과 결부된 것은 어떻게 조망되어야 하는가? 육계(六界)의 화합에 기인하는 것으로. 어떤 육계의 화합에 기인하는 것으로? 지, 수, 화, 풍, 공, 식계의 화합에 기인한다는 점이 내적인 연기 중에서 조망되어야 할 연과 결부된 것이다.(Mp.561, Ss.220, Msl.110, B.2.19)

24. 그 중 내적인 연기에서 지계(地界)는 무엇인가? 신체를 융합함(saṃśleṣa)으로써 견고하게 발달시키는 것, 이것을 지계라고 부른다. 신체를 응집하는(anuparigraha) 작용을 하는 것, 이것을 수계라고 부른다. 신체에서 먹고 마시고 씹은 것을 소화하는 것, 이것을 화계라고 부른다. 신체에서 흡기와 호기의 작용을 하는 것, 이것을 풍계라고 부른다. 신체의 내부에서 빈 공간을 발달시키는 것, 이것을 공계라고 부른다. 갈대 묶음의 결합처럼 명색을 발달시키는 것으로 신체와 결합되어 있는 오식(五識)과 번뇌에 물든 의식(意識), 비구들이여, 이것을 식계라고 부른다. 거기서 이런 연들이 존재하지 않는 경우에 신체의 발생은 있을 수 없다. 그러나 내적인 지계에 결손이 없을 때에, 또 그와 같이 수, 화, 풍, 공, 식계에 결손이 없을 때에 그로 인해 모든 것들이 화합함(samavāya)으로 인해 신체의 발생이 있게 된다.(Mp.561, Ss.220, Msl.110, B.2.19)[M.1.421-423]

② 내연기 중 연과 결부된 것에 대한 무아관

25. 거기서 지계는 다음과 같이 생각하지 않는다. '나는 신체를 견고하게 발달시킨다'라고. 수계는 다음과 같이 생각하지 않는다. '나는

신체를 응집하는 작용을 한다'라고. 화계는 다음과 같이 생각하지 않는다. '나는 신체에서 먹고 마시고 씹는 것을 소화하게 한다'라고. 풍계는 다음과 같이 생각하지 않는다. '나는 신체에서 흡기와 호기의 작용을 한다'라고. 공계는 다음과 같이 생각하지 않는다. '나는 신체의 내부에서 빈 공간을 발달시킨다'라고. 식계는 다음과 같이 생각하지 않는다. '나는 신체를 발달시킨다'라고. 신체 역시 다음과 같이 생각하지 않는다. '나는 이런 연들에 의해 발생된 것이다'라고. 반면에 이런 연들의 화합으로 인해 신체의 발생이 있게 된다.(Mp.562, Ss.221, Msl.111, B.2.19)

26. 거기서 지계는 자아(ātman)가 아니며, 유정(sattva)이 아니며, 영혼(jīva)이 아니며, 생명(jantu)이 아니며, 인간(manuja)이 아니며, 사람(mānava)이 아니며, 여성(strī)이 아니며, 남성(puṃs)이 아니며, 중성(napuṃsaka)이 아니며, 내(aham)가 아니며, 나의 것(mama)이 아니며, 다른 어떤 것이 아니다.(Mp.562, Ss.221, Msl.111)[M.1.421] {… 이와 같이 수계와 화계와 풍계와 공계와 식계도 역시 자아(ātman)가 아니며, 유정(sattva)이 아니며, 영혼(jīva)이 아니며, 생명(jantu)이 아니며, 인간(manuja)이 아니며, 사람(mānava)이 아니며, 여성(strī)이 아니며, 남성(puṃs)이 아니며, 중성(napuṃsaka)이 아니며, 내(aham)가 아니며, 나의 것(mama)이 아니며, 다른 어떤 것이 아니다.}[7]

(3) 내연기에 대한 종합적 해설

① 12지분에 의한 내연기 해설

a. 12지연기의 의미-1

---

7) 『大乘稻芉經』, 大正藏16, p.824c.

27. 그 중에서 무명이란 무엇인가? 바로 이런 육계에 대해 하나(aikya)라고 생각하고(saṃjñā), 덩어리(piṇḍa)라고 생각하며, 상주한다(nitya)고 생각하고, 지속된다(dhruva)고 생각하며, 영원하다(śāsvata)고 생각하고, 즐거움(sukha)이라고 생각하며, 자아(ātman)라고 생각하고, 유정(sattva)이라고 생각하며, 영혼(jīva), 개아(個我, pudgala), 인간(manuja), 사람(mānava)이라고 생각하고, 나를 만든 것(ahaṃkāra)이라고 생각하며, 나의 것을 만든 것(mamakāra)이라고 생각하는 따위와 같은 갖가지 무지(ajñāna), 이것을 무명이라고 부른다. 그와 같은 무명이 있을 때에 갖가지 대상(viṣaya)에 대해 탐욕과 진에(瞋恚)와 우치(愚癡)가 나타난다. 대상에 대한 탐욕과 진에와 우치, 이것을 제행(諸行)이라고 부른다. 사물(vastu)을 낱낱이 인식하는 것이 식이다. 식과 함께 생하는 네 가지 비물질적인 취온(取蘊)들[8], 그것이 명(名, nāma)이다. 그리고 사대종(四大種)을 취하여 즉, 색(rūpa)을 취하여 하나로 압축한 것, 그것이 명색이다. 명색에 부착된 감관들이 육입이다. 세 가지 법[9]이 결합하는 것이 촉이다. 촉을 통한 경험(anubhava)이 수다. 수를 추구하는 것이 애다. 애가 증장된 것(vaipulya)이 취다. 취에서 생긴 것이며, 다시 태어나게 하는 업이 유다. 유가 원인이 되어 온이 출현하는 것이 생이다. 생(生, jāta)한 온이 완전히 성숙하는 것이 늙음이다. 늙은 온이 사라지는 것이 죽음이다. 죽어 가면서 어리석음과 집착이 내부에서 타는 것이 슬픔(śoka)이다. 슬픔을 토로하는 것이 통곡(parideva)이다. 오식신(五識身)과 결부된 불쾌함을 경험하는 것이 괴로움(duḥkha)이다. 의식(manas)과 결부된 정신적 괴로움이 고민(daurmanasya)이다. 또, 이와 같은 식의 다른 미세한 번뇌들, 그것들은 두려움들이다.(Mp.562, Ss.221, Msl.111, B.2.19)[S.2.3]

8) 오온 중 수, 상, 행, 식.
9) 근, 경, 식의 三者.

b. 12지연기의 의미-2

28. 거기서, 엄청난 어둠(mahāndhakāra)을 의미하기에 무명이라 하고, 형성작용(abhisaṃskāra)을 의미하기에 제행이라 하며, 식별작용(vijñāpana)을 의미하기에 식이라 하고, 서로 의존함(anyo 'nyopasta mbhana)을 의미하기에 명색이라고 하며, 들어가는 문(āyadvāra)을 의미하기에 육입이라 하고, 접촉작용(sparśana)을 의미하기에 촉이라고 하며, 경험작용(anubhavana)을 의미하기에 수라고 하고, 지극한 갈망(paritarṣaṇa)을 의미하기에 애라고 하며, 취함(upādāna)을 의미하기에 취라고 하고, 새로운 유로 태어남(punarbhavajana)을 의미하기에 유라고 하며, 온이 출현함(prādurbhāva)을 의미하기에 생이라고 하고, 온이 성숙함(paripāka)을 의미하기에 늙음이라고 하며, 소멸(vināśa)을 의미하기에 죽음이라고 하고, 슬퍼함(śocana)을 의미하기에 슬픔이라고 하며, 말[語]로 통곡함(vacanaparidevana)을 의미하기에 통곡이라고 하고, 신체적 고통(kāyasaṃpīdana)을 의미하기에 괴로움이라고 하며, 정신적 고통(cittasaṃpīḍana)을 의미하기에 고민이라고 하고, 미세한 번뇌(upakleśana)를 의미하기에 두려움들이라고 한다.(Bp.388, Mp.564)[S.2.3]

c. 12지연기의 의미-3

29. 또는, 실재에 의지하지 않고, 허구에 의지하는 무지(ajñāna)가 무명이다. 그와 같이 무명이 있을 때, 복덕에 속한 것(puṇya-upaga)들, 복덕이 아닌 것에 속한 것들, 부동(不動, āniñjya)[10]에 속한 것들인 세 가지 행들이 발달한다. 거기서 복덕에 속한 제행에는 바로 그런 복덕에 속한 식이 있게 된다. 복덕이 아닌 것에 속한 제행에는 바

10) 원문은 āneñjya이나 사전에 등재되어 있지 않다.

로 그런 복덕이 아닌 것에 속한 식이 있게 된다. 부동에 속한 제행에는 바로 그런 부동에 속한 식이 있게 된다. 이것을 '제행을 연하여 식이 있다'고 부른다. '식을 연하여 명색이 있다'는 것은 다음과 같다. 수 등의 비물질적인 네 가지 온들이 곳곳의 유(bhava)에 대해 경도(傾倒)하게(nāmayanti) 하기에 명(nāma)이다. 또, 색온과 함께 하는 명과 색이기에 명색이라고 불린다. 명색이 증장하여 육입의 문을 통해 소작(所作, kṛtya)과 능작(能作, kriya)들이 전개된다. 그것을 '명색을 연하여 육입이 있다'고 부른다. 육입으로부터 여섯 가지 촉신(觸身, sparśakāya)이 전개된다. 이것이 '육입을 연하여 촉이 있다'고 불린다. 어떤 부류의 촉이 존재할 때마다 그와 같은 부류의 수가 전개된다. 이것이 '촉을 연하여 수가 있다'고 불린다. 그런 수를 구별함으로써 즐기게 하고, 기뻐하고, 갈구하고, 갈구함에 머무는 것, 그것이 '수를 연하여 애가 있다'고 불린다. 즐거워하고 기뻐하고 갈구하면서 '사랑스러운 색(色), 행복의 색과 내가 분리되지 말아라'라며 그치지 않고 더욱 더 욕구함이 있다. 이것이 '애를 연하여 취가 있다'고 불린다. 그와 같은 욕구가 몸(身)과 입(口)과 마음(意)으로 다시 태어나게 하는 업을 짓게 한다. 그것은 '취를 연하여 유가 있다'고 불린다. 그런 업에 의해 생겨난 온들이 발달하는 것, 그것이 '유를 연하여 생이 있다'고 불린다. 생한 것(jātya)에 의해 발달된 온들이 쌓여 가고 성숙함으로 인해 소멸이 있게 된다. 이것이 '생을 연하여 노사가 있다'고 불린다. (Mp.564, Ss.223, Bp.479, Msl.111)[S.2.3-4, S.3.14]

d. 12지연기에 대한 진제적 조망

30. 이와 같은 십이지의 연기는 서로 인이 되며, 서로 연이 되고, 결코 무상하지 않고 상주하지 않으며, 유위(saṃskṛta)가 아니고 무위(asaṃskṛta)가 아니며, 무인이 아니고 무연이 아니며, 인식자(vedayit

ṛ)가 아니고, 파괴되는 법이 아니며, 사라지는 법이 아니고, 소멸하는 법이 아니며, 태초의 시간에서 전개된 것이 아니고, 단절된 것이 아니며, 흐르는 물처럼 진행된다.(Mp.566)

② 4지분에 의한 내연기 해설

a. 4지분의 내용

31. 이런 연기가 단절되지 않고 흐르는 물처럼 진행되긴 하지만, 이런 십이지분의 연기 중에서 네 가지 지분들은 취합작용을 위해 원인(hetutva)으로 작용한다. 네 가지란 무엇인가? 무명(avidyā)과 애(tṛṣṇā)와 업(karman)과 식(vijñāna)이다.(Mp.566)

32. 그 중에서 식은 씨앗의 성격(svabhāva)을 띤 원인(hetu)이다. 업(karman)은 밭의 성격을 띤 원인이다. 무명과 애는 번뇌(kleśa)의 성격을 띤 원인이다. 업과 번뇌가 식의 씨앗을 발생시킨다. 그 중에서 업은 식의 씨앗에 대해 밭의 작용을 한다. 애는 식의 씨앗을 적신다. 무명은 식의 씨앗을 뿌린다. 이런 연들이 없는 경우에 식의 씨앗이 발달하는 일은 없다.(Mp.566, Ss.224, Bp.480, Msl.112)[A.1.223]

b. 4지분에 대한 무아관

33. 거기서 업은 다음과 같이 생각하지 않는다. '나는 식의 씨앗에 대해 밭의 역할을 한다'라고. 애도 역시 다음과 같이 생각하지 않는다. '나는 식의 씨앗을 적신다'라고. 무명도 역시 다음과 같이 생각하지 않는다. '나는 식의 씨앗을 뿌린다'라고. 식의 씨앗 역시 다음과 같이 생각하지 않는다. '나는 이런 연들에 의해 발생되었다'라고.(Mp.566, Ss.224, Bp.481, Msl.112)

34. 그리고 업의 밭에 놓여지고, 애의 습기에 적셔지고, 무명에 의해 뿌려진 식의 씨앗이 자라난다. 곳곳에서 발아함(upapatti)으로써 재생의 장소인 어미의 자궁에서 명색의 싹을 발달시킨다.

c. 4지분에 대한 진제적 조망

또, 명색의 싹은 스스로 만들어진 것이 아니며 다른 것으로부터 만들어진 것도 아니고 양자로부터 만들어진 것도 아니며 자재신에 의해 화현된 것도 아니고 시간에 의해 전변된 것도 아니며 근본원질로부터 발생된 것도 아니고 단일한 원인에 의존한 것도 아니며 원인 없이 발생된 것도 아니다. 어미와 아비의 교접으로 인해, 또 시절의 화합으로 인해, 또 그 밖의 연들의 화합으로 인해, 욕망(āsvādānu)으로 충만한 식의 씨앗이 어미의 자궁에서 명색의 싹을 발달시킨다. 주재자가 아니며(asvāmika), '나의 것'이 아니고(amama), 소유물이 아니며(aparigra ha), 그와 반대되는 것도 아니고(apratiarthika), 허공과 같으며(ākāśas ama), 환상(māyālakṣaṇa)과 같은 성격(svabhāva)의 제법에서, 인과 연들의 결손이 없기 때문이다.(Mp.567, Ss.224, Bp.481, Msl.112)[M. 1.226]

(4) 내연기에 대한 종합적 예시

① 내연기 중 안식의 예시

a. 내연기 중 안식의 발생과정

35. 그것은 예를 들어 다음과 같다. 다섯 가지 원인(kāraṇa)에 의해 안식이 발생된다. 어떤 다섯 가지에 의하는가? 즉, 눈을 연하여,

또 색과 빛과 허공과 '거기서 생한 주의력(tajjamanasikāra)'을 연하여 안식이 발생된다. 여기서, 안식에 대해 눈은 의지처로 작용한다. 색은 대상으로 작용한다. 빛은 밝히는 작용을 한다. 허공은 막지 않은 작용을 한다. '거기서 생한 주의력'은 억념(憶念)하는 작용을 한다. 이런 연들이 없는 경우 안식은 발생되지 않는다. 그러나 안(眼) 내입처(ādhyātmika-ayatana)의 결손이 없을 때, 또 그와 같이 색과 빛과 허공과 '거기서 생한 주의력'의 결손이 없을 때에, 그로 인해 모든 것들이 화합(samavāya)으로써 안식이 발생된다.

b. 내연기 중 안식에 대한 무아관

거기서 눈은 다음과 같이 생각하지 않는다. '나는 안식의 의지처로 작용한다'라고. 그와 마찬가지로 색도 역시 다음과 같이 생각하지 않는다. '나는 안식의 대상으로 작용한다'라고. 빛도 역시 다음과 같이 생각하지 않는다. '나는 안식에서 밝히는 작용을 한다'라고. 허공도 역시 다음과 같이 생각하지 않는다. '나는 안식에서 막지 않는 작용을 한다'라고. '거기서 생한 주의력' 역시 다음과 같이 생각하지 않는다. '나는 안식에서 억념하는 작용을 한다'라고. 안식도 역시 다음과 같이 생각하지 않는다. '나는 이런 연들에 의해 발생되었다'라고. 그러나 존재하는 이런 연들이 화합함으로써 안식의 발생이 있게 된다. 이와 마찬가지로 나머지 감관들의 경우도 동일한 방식이 적용된다.(Mp.567, Ss.225, Msl.113)[M.1.190]

② 내연기 중 윤회의 예시

a. 거울의 비유

36. 거기서 그 어떤 법(dharma)도 이 세상에서 저 세상으로 이동하지 않는다. 인과 연들의 결손이 없기 때문에 업에 대한 과보에 해당하는 인식(karmaphalaprativijñapti)이 있는 것이다. 비구들이여, 그것은 마치 깨끗한 거울에 얼굴의 영상이 보이는 것과 같다. 그런데 거기서 얼굴이 거울로 이동하는 것이 아니라, 인과 연들의 결손이 없기 때문에 얼굴에 대한 인식이 있는 것이다. 그와 같이 이 세상에서 그 어떤 것이 떠나가는 것이 아니며, 다른 곳에서 생기하는 것도 아니다. 인과 연들의 결손이 없기 때문에 업에 대한 과보에 해당하는 인식이 있는 것이다.(Mp.568, Ss.225, Bp.481, Msl.113)

b. 달의 비유

37. 비구들이여, 그것은 다음과 같다. 4000유순(由旬, yojana) 높이에 있는 둥근 달이 주행하는데, 작은[11] 물그릇에 다시 달의 영상이 보인다. 그러나 높은 하늘인 그 위치에서 떠나가 작은 물그릇으로 이동하는 것이 아니다. 인과 연들의 결손이 없기 때문에 둥근 달의 인식이 있는 것이다. 이와 같이 이 세상에서 그 어떤 것이 떠나가는 것이 아니며, 다른 곳에서 생기하는 것도 아니다. 인과 연들의 결손이 없기 때문에 업에 대한 과보에 해당하는 인식이 있는 것이다.(Mp.568)

c. 불의 비유

38. 그것은 마치 불이 취(取, upādāna)의 연이 있는 경우에 타오르며, 취의 결손으로 인해 타오르지 않는 것과 같다. 바로 그와 같이 업

---

11) 원문은 paritta이나 Aiyaswami Sastri本에 의거하면, 이는 parītta의 誤植이다.

과 번뇌에서 발생된 식의 씨앗이 곳곳에서 발아함(upapatti)으로써 재생의 장소인 어미의 자궁에서 명색의 싹을 발달시킨다.

d. 내연기 중 윤회에 대한 무아관

주재자가 아니며, '나의 것'이 아니고, 소유물이 아니며, 그와 반대되는 것도 아니고, 허공과 같으며, 환상과 같은 성격의 제법에서, 인과 연들의 결손이 없기 때문이다. 이와 같이 내적인 연기 중에서 연과 결부된 것이 조망되어야 한다.(Mp.568, Ss.226, Bp.482, Msl.113) [M.1.259]

(5) 내연기에 대한 5종관

39. 여기서 내적인 연기는 다섯 가지 원리에 의해 조망되어야 한다. 어떤 다섯 가지에 의해서인가? 이어진 것이 아닌 것으로, 끊어진 것이 아닌 것으로, 이동하는 것이 아닌 것으로, 작은 원인으로부터 커다란 결과가 발달하는 것으로, 그것과 유사하게 연속되는 것으로.(Mp.569, Ss.226, Bp.482, Msl.114)

40. '이어진 것이 아닌 것으로'란 어떠한 것인가? 죽음의 말단에 온들이 별도로 있고, 탄생의 부분에 온들이 별도로 있다. 죽음의 말단에 있는 온들은 결코 탄생의 부분이 아니다. 그러나 죽음의 말단에 있는 온들이 소멸하면 탄생의 부분에 있는 온들이 나타난다. 그러므로 '이어진 것이 아닌 것으로'이다.(Mp.569, Ss.226, Bp.482, Msl.114)

41. '끊어진 것이 아닌 것으로'란 어떠한 것인가? 미리 소멸한 죽음의 말단에 있는 온들에서 탄생의 부분에 있는 온들이 나타나는 것이 아니며 소멸하지 않는 씨앗으로부터 [싹이 발생하는 것]도 아니다. 그러나 죽음의 부분에 있는 온들이 소멸하면, 저울의 막대가 오르고 내

리는 것과 같이, 바로 그 시간에 발생의 부분의 온들이 나타난다. 따라서 '끊어진 것이 아닌 것으로'이다.(Mp.569, Ss.226, Bp.482, Msl.114)

42. '이동하는 것이 아닌 것으로'란 어떠한 것인가? 동일하지 않은 중생의 종(種, nikāya)들이 공통된 범주(衆同分)에서 생을 발달시킨다. 그러므로 '이동하는 것이 아닌 것으로'이다.(Mp.569, Ss.226, Bp.483, Msl.114)

43. '작은 원인으로부터 커다란 결과가 발달하는 것으로'란 어떠한 것인가? 작은 업이 지어졌는데 커다란 과보의 이숙(異熟)이 체험된다. 그러므로 '작은 원인으로부터 커다란 결과가 발달하는 것으로'이다.(Mp.569, Ss.226, Bp.483, Msl.114)

44. '그것과 유사한 것으로 연속되는 것으로'란 어떠한 것인가? 감수되는(vedanīya) 지어진 업과 똑 같이 감수되는 이숙이 체험된다. 그러므로 '그것과 유사하게 연속되는 것으로'이다. 이와 같이 외적인 연기는 다섯 가지 원리에 의해 조망되어야 한다.(Mp.569, Ss.227, Bp.483, Msl.114)

Ⅲ. 종장

1. '연기를 봄'의 의미와 그 소득

45. 사리불이여, 그 누구라고 하더라도 올바른 지혜(prajñā)에 의해, 항상 언제나 영혼을 갖지 않은 것이며, 영혼이 없으며, 여실하여 전도되지 않은 것이며, 생한 것이 아니며, 생성되는 것이 아니고, 지어지는 것도 아니고, 작위된 것도 아니며, 장애도 아니고, 가림도 아니며(anāvaraṇa), 상서롭고, 공포가 없으며, 잡을 수 없고, 사라지지 않고,

적막한 것도 아닌 성격의 이런 연기를, 세존에 의해 올바르게 설시된 그대로, 있는 그대로(yathābhūtam) 보는 자, 즉 실재하지 않는 것(asat)으로, 허망한 것(tuccha)으로, 텅 빈 것(rikta[12])으로, 시든 것(asāra)으로, 질병(roga)으로, 거품(gaṇḍa)으로, 화살(śalya)로, 위험한 것(agha)으로, 무상(anitya)으로, 괴로움(duḥkha)으로, 공(śūnya)으로, 무아(anātman)로 총괄적으로 보는 자, 그런 자는 이전의 한계로 치달리지 않는다. 즉, '도대체 나는 과거세에 존재했나, 과거세에 존재하지 않았나? 도대체 나는 과거세에 누구였나? 도대체 과거세에 나는 어떠했나?' 또 미래의 한계로 치달리지 않는다. 즉, '미래세에 나는 존재할 것인가, 미래세에 나는 존재하지 않을 것인가? 미래세에 나는 누가 될 것인가? 미래세에 나는 어떻게 될 것인가?' 또 현재에 대해서도 치달리지 않는다. '도대체 이것은 무엇일까? 이것은 도대체 어떠한 것일까? 존재란 무엇이며, 우리는 무엇이 될 것인가? 이 존재들은 어디서 왔을까? 여기서 떠나가 어디로 갈 것인가?'라고.(Mp.593, Ss.227, Msl.114)[S.2.112, S.2.26]

46. 어떤 사문과 바라문들이 각자의 세계에 대해 갖는 견해들, 즉 아뜨만론(ātma-vāda)에 대한 믿음들, [중생론(sattva-vāda)에 대한 믿음들,] [명아론(命我論, jīva-vāda)에 대한 믿음들], [개아론(個我 論, pudgala-vāda)에 대한 믿음들,] [기복의 의식(儀式, kautuka-maṅgala)에 대한 믿음들]과 같은 것들, 그것들은 여기서 그 때에 폐기되며, 완전히 파악되며, 근절되며, 딸라나무(tāla)의 꽃(mastaka)[13]과 같이 시들어 버리며, 미래에는 생하지도 않고 멸하지도 않는 법들이 된다.(Mp.594)[S.1.219]

12) 원문은 ṛktatas이나 Aiyaswami Sastri本에 의거하여 riktatas로 정정한다.
13) 야자나무 계통인 딸라(tāla) 나무는 성장 후 녹색의 커다란 꽃을 피우고 나서 죽는다(Ross Reat주, p.72).

2. 여래의 수기

47. [존경하는 사리불이여, 이와 같이 '법에 대한 감내(法忍)'를 갖추어, 이런 연기를 올바르게 이해하는 자, 그 자에게는 여래(tathāgata), 아라한(arhat), 정등각자(正等覺者, samyaksambuddha), 명행족(明行足, vidyācaraṇasampanna), 선서(善逝, sugata), 세간해(世間解, lokavid), 무상조어장부(無上調御丈夫, anuttara puruṣadamyasārathī), 천인사(天人師, śāstṛ devamanuṣyāṇām), 불(佛, buddha), 세존(bhagavat)께서, 정등각자(samyaksambuddha)가 될 것이라고 무상정등보리(無上正等菩提, anuttarasamyaksambodhi)로 수기하신다.]'(T.)

3. 대중의 찬탄

48-a. 그러자, 존자 사리불은 미륵보살 마하살의 말씀에 대해 찬탄하고서, 기뻐하고서, 자리에서 일어나서 걸어갔다. 그리고 그 비구들도.(Mp.594)[M.1.271]

49-b. [미륵보살 마하살이 이와 같이 설하자, 존자 사리불은 천신과 인간과 아수라와 건달바의 무리(loka)와 함께 기뻐하면서 미륵보살 마하살의 말씀에 대해 찬탄하였다. 성스러운 도간이라는 대승경이 완결되었다.](T.)[D.3.76]

(불교원전연구 제1권, 2001년)

『중론』 귀경게 팔불의 배열과 번역

Ⅰ. 문제의 제기

1. 팔불 배열의 문제

인도에서 저술된 『중론』에 대한 1차적인[1] 주석서 중 현존하는 것은 용수(Nāgārjuna: 150-250경)의 자주라고 전승되는 『무외소』, 구마라습(Kumarajīva: 350-409)에 의해 한역된 『청목소』, 불호(Buddhapalita: 470-540경)의 『근본중론주』(Mūlamadhyamakavṛtti), 중관자립논증파(Svātantrika)의 시조인 청변(Bhāvaviveka: 500-570경)의 『반야등론』(Prajñāpradīpa), 유식논사인 안혜(Sthiramati: 510-570경)의 『대승중관석론』, 월칭(Candrakīrti: 600-650경)의 『정명구론[2]』(Prasannapadā) 등이 있다. 이 중 『정명구론』은 산스끄리뜨본과 티벳역본으로 현존하고, 『청목소』와 『대승중관석론』은 한역본만 현존하며, 『

1) 인도에서 찬술된 『중론』에 대한 2차적인 주석서로는 청변의 『반야등론』에 대한 관서(觀誓, Avalokitavrata)의 주석인 『般若燈論廣釋』(*Prajñāpradīpaṭīka*)의 티벳역본이 있으나 이는 본고의 논의 대상에서 제외한다.
2) 이는 山口益의 작명이다: 山口益 譯, 『淨明句論とづくる月稱造中論釋一』(東京: 弘文堂書房, 昭和22年).

무외소』, 『불호주』는 티벳역본만으로 현존하고, 『반야등론』은 한역본과 티벳역본으로 현존한다.

그런데 이들 주석서에서 귀경게 팔불(八不)의 배열 순서는 일치되지 않는다. 현존하는 유일한 산스끄리뜨본인 『정명구론』의 귀경게는 다음과 같이 번역된다.

> 소멸하지도 않고(不滅) 발생하지도 않으며(不生), 단멸하지도 않고(不斷) 상주하지도 않으며(不常), 같지도 않고(不一) 다르지도 않으며(不異), 오지도 않고(不來) 가지도 않으며(不去), 희론이 적멸하며 상서로운 연기를 설해 주신 정각자에게, 설법자들 중 으뜸이신 그 분께 예배드립니다.[3]

여기서 전반부의 팔불게는 ①불멸→②불생→③부단→④불상→⑤불일→⑥불이→⑦불래→⑧불거[4]의 순서로 배열되어 있다. 한역본 중 『반야등론』 역시 이와 동일한 순서에 의해 팔불을 배열하고 있으며, 『대승중관석론』의 경우 팔불게 중 앞의 사불만 인용하고 있는데 그에 대한 주석에서는 『정명구론』과 동일한 배열에 의해 팔불을 소개하고 있다. 『중론』에 대한 직접적인 주석서는 아니지만 『중론』의 이치에 의거하여 반야경의 공 사상을 이해시키기 위해 저술된 무착의 『순중론의입대승반야바라밀경초품법문(順中論義入大乘般若波羅蜜經初品法

---

3) anirodham anutpādam anucchedam aśāśvatam/ anekārtham anānārtham anāgamam anirgamam// yaḥ pratītyasamutpādaṃ prapañcopaśamam śivam/ deśayāmāsa saṃbuddhas taṃ vande vadatāṃ varam//(*Madhyamaka Kārikā*[이하 *M.K.*라고 약칭한다], 귀경게).

4) 본고 '4. 종합적 고찰'에서 보듯이 팔불은 '不生 …', 또는 '無生 …', '非生 …' 등으로 번역이 가능하나, 이하 본 논문에서 팔불을 가리킬 때에는 이 세 가지를 포괄한 팔불에 대한 호칭으로 그 번역된 의미와 무관하게 '不生, 不滅 …'을 사용하기로 한다.

門)』[5]에도 이 세 논서와 동일한 순서에 의해 팔불이 배열되어 있다.

그런데 구마라습 번역의 『청목소』의 경우는 팔불이 ②불생→①불멸→④불상→③부단→⑤불일→⑥불이→⑦불래→⑧불거의 순으로 배열되어 전 사불의 배열 순서가 산스끄리뜨문과 다르다. 한편 티벳역본의 경우, 모두 ①불멸→②불생→③부단→④불상→⑦불래→⑧불거→⑥불이→⑤불일의 순으로 배열되어 후 사불의 순서가 산스끄리뜨 원문과 다르다. 심지어 산스끄리뜨문 월칭소를 그대로 직역했다고 생각되는 티벳역본에서조차 이와 같은 배열을 보인다. 이렇게 『중론』에 대한 제 주석서에서 팔불을 다르게 배열하고 있는 이유는 무엇일까? 이를 해명하고자 하는 것이 본 논문의 첫 번째 목표이다.

2. 팔불 번역의 문제

또 팔불의 '불'은 산스끄리뜨어에서 부정을 의미하는 접두사 'a' 또는 'an'[6]의 번역어이다. 한역본 귀경게의 경우 팔불 중의 'a'나 'an'은 그대로 '불'로 번역되지만 주석에서는 '무'라고 번역되기도 한다.[7] 비단 팔불게뿐만 아니라 『중론』 내 다른 게송에 대한 번역, 또 『중론』뿐 아니라 다른 모든 한역 경전에서 부정표현을 번역할 때, '불(不)', '무(無)', '비(非)' 등의 번역어가 혼용되는 것을 볼 수 있다. 이 중 어느 하나만이 올바른 번역어일까, 아니면 모두 다 쓰일 수 있는 것일까? 이렇게 다양한 번역이 보이는 이유는 무엇일까?

또 팔불 중 불일불이(anekārtham anānārtham)와 불래불거(anāgamam anirgamam)는 제(諸) 번역본에서 다르게 번역한다. 『청목소』에

5) '『중론』의 이치에 의거하여 대승반야바라밀경 초품에 들어가는 법문': 略하여 『순중론(順中論)』이라고 한다.

6) 자음 앞에서는 a 모음 앞에서는 an이 사용된다.

7) 『順中論』(『大正藏』30, p.45a); 『大乘中觀釋論』(『大正藏』30, p.136a) 등.

서는 anekārtham anānārtham 중의 'artha'를 무시하고 불일불이라고 번역하지만 『순중론』에서는 '의(義)'라는 말에 의해 이 의미를 살리고 있다.[8] 또 티벳역본의 경우도 'don'이라는 말에 의해 'artha'의 의미를 그대로 살려 번역한다.[9] 또 불래불거 중 '거'의 경우 유독 『청목소』에서만 '출(出)'이라고 번역한다. 그 이유는 무엇이며 올바른 번역은 어떤 것일까? 이렇게 팔불 번역의 문제에 대해 해명하고자 하는 것이 본 논문의 두 번째 목표이다.

Ⅱ. 팔불의 배열

1. 불생불멸과 불상부단

이러한 팔불게의 원형은 무엇일까? 어째서 용수는 팔불 중 불생불멸과 불상부단을 『반야경』 등의 일반적 배열과 달리 불멸불생 부단불상의 순으로 배열하였을까? 먼저 전재성도 지적하고 있듯이[10] 전반 사불의 산스끄리뜨 원문을, 구마라습의 한역본에서와 같이 ①불생→② 불멸→③불상→④부단의 순으로 배열할 경우 Śloka[11]의 운율에 어긋

8) '不一不異義': 『順中論』(『大正藏』30, p.39c).
9) don tha dad min don gcig min(非異義 非一義).
10) 전재성, 「『중론』 귀경게 『무외소』의 연구」, 『가산학보』 창간호(서울: 가산불교문화연구원, 1991), pp.185-213.
11) 『중론』은 모두 Śloka 형식의 게송으로 이루어져 있다. Śloka란 Veda의 Anuṣṭubh(4×4조의 찬가)에서 발달된 서사시 형식으로 16음절 짜리 반절 시두 수(또는 8음절 짜리 Pāda 4개)로 이루어져 있다. Pathyā(일반)형과 Vipulā(확장)형의 두 가지가 있다: Macdonell, *A Sanskrit Grammar for Students* (Oxford, Oxford University Press, 1927)의 Appendix. 참조.

나고 만다. Śloka에는 Pathyā형과 Vipulā형의 두 가지가 있는데, Vipulā형은 다시 네 가지로 나누어지며 그 운율은 다음과 같다.

Pathyā형
① · · · ·　⏑ – –·　· · · ·　⏑ – ⏑·
Vipulā형
② ·– ⏑ –　⏑ ⏑ ⏑·　· · · ·　⏑ – ⏑·
③ ·⏑ – –　⏑ ⏑ ⏑·　· · · ·　⏑ – ⏑·
④ ·– ⏑ –　– ⏑ ⏑·　· · · ·　⏑ – ⏑·
⑤ ·– ⏑ –　–, – –·　· · · ·　⏑ – ⏑.12)

그런데 팔불 중 앞의 사불을 한역본에서와 같이 'anutpādam anirodham aśāśvatam anucchedam'의 순으로 배열할 경우 다음과 같은 운율을 갖게 된다.

⏑ – – ⏑　⏑ ⏑ – ⏑　⏑ – ⏑ ⏑　⏑ – – ⏑

여기서 둘째 Pāda와 넷째 Pāda의 운율이 Śloka 형식에서 벗어나 있다. Śloka 작시법에서 이와 같은 배열은 허용되지 않는다. 그러나 『청목소』 이외의 다른 주석에서와 같이 ①불멸→②불생→③부단→④불상으로 배열해 보면 그 운율은 다음과 같이 분석된다.

⏑ ⏑ – ⏑　⏑ – – ⏑　⏑ – – ⏑　⏑ – ⏑ ⏑

이는 Pathyā형 Śloka이다. 따라서 전 사불의 원래적 형태는 '불멸불생 부단불상'이라고 볼 수 있을 것이다. 그러면 유독 구마라습만은

12) 약호의 의미: · 장음이나 단음 모두 가능 / ⏑ 단음 / – 장음.

어째서 이를 '불생불멸 부상불단'로 표기하며 그 순서를 바꾸었을까? 이는 그 당시 유포되어 있던 다른 불전들에서의 일반적 배열 순서에 따르기 위해서였던 것으로 생각된다.[13] 오히려 산스끄리뜨 원문의 경우 Śloka 운율에 맞추기 위해, 피치 못하게 일반적 배열에서 벗어나 전 사불의 배열 순서를 전도시킨 것이라고 볼 수 있다.[14]

2. 불일과 불이

그러면 후 사불에 대해 조망해 보자. 앞에서 보았듯이 후 사불의 경우는 티벳 번역본에서만 일관되게 ⑦불래→⑧불거→⑥불이→⑤불일의 순으로 배열하고 있다. 산스끄리뜨 원문이나 한역본에서 마지막에 위치하는 불래불거가 앞에 배열되고, 불이불일을 마지막에 배열된다. 또, 산스끄리뜨 원문이나 한역본의 불일불이가 티벳 번역본에서는 일률적으로 불이불일로 되어 있다. 팔불게의 티벳역문은 다음과 같다.

'gag pa med pa skye med pa, chad pa med pa rtag med pa/(무멸무생, 무단무상/)
'ong ba med pa 'gro med pa, tha dad don min don cig min//(무래무거, 비이의비일의//)

과거의 역경가들은 불전을 번역할 때 그 내용뿐만 아니라 형식의

13) 舍利弗 是諸法空相 不生不滅 不垢不淨 不增不減 是空法 非過去 非未來 非現在: 『대품반야경』(『大正藏』8, p.213a). 그 밖에 同, p.225, p.230, p.231, p.234 등. 是性空不常不斷 何以故 是性空 無住處 亦無所從來 亦無所從去(同, p.402c).
14) 전재성도 지적하듯이, 『무외소』에서는 전 사불의 도치가 운율의 문제에서 비롯된 것이라는 점을 언급하고 있다.

복원도 중시하였다. 즉, 운문은 반드시 자국어의 운문의 형식을 빌어 번역하였던 것이다. Śloka의 경우 중국에서는 오언(五言) 고체시(古體詩)의 형식으로 번역하였고, 티벳의 역경가들은 마지막에 Synalepha[15]를 갖는 3 Pāda의 시로 번역하였다.[16] 그런데 여기서 보듯이 산스끄리뜨 원문의 불일→불이의 배열이 티벳역문에서는 불이→불일〈비이의(非異義)→비일의(非一義)〉로 도치되어 있다. 이렇게 불일과 불이를 도치시킨 이유는 무엇일까? 불일불이 즉, 'anekārtham-anānārtham'은 티벳어로 'tha dad don min don gcig min'〈비이의비일의(非異義非一義)〉으로 번역되는데 각 음절의 강세는 다음과 같이 분석된다.

강(1)	약(0)	강(1)	약(0)	강(1)	약(0)	약(0)
tha	dad	don	min	don	gcig	min
異		義	非	義	一	非

여기 인용한 티벳역 게송의 시형식을 우리말의 음조로 번안할 경우, '강약강약 강약약'의 4×3조에 해당될 것이다. 이 번역문은 불일불이의 배열이 바뀌어 있기는 하지만 anekārtham-anānārtham이라는 산스끄리뜨 원문의 의미가 남김없이 담겨 있다.[17] 그런데 산스끄리뜨 원문의 의미를 모두 담으면서, 원문의 순서도 복원하고자 할 경우 불

15) 두 음절이 하나의 음절로 결합되는 현상을 말한다.

16) 티벳의 시 중 주기적 운율(periodical metre)을 갖는 시송의 경우, 다음과 같은 기본형으로 이루어져 있다; [강(1) 약(0)] [강(1) 약(0)] [강(1) 약(0)]. 그런데 Śloka는 통상적으로 이 중 세 번째 詩脚(Pāda)의 마지막 음절에 Synalepha를 갖는 운율시로 번역되었다. 이는 다음과 같다; [강(1) 약(0)] [강(1) 약(0)] [강(1) 약(00)]. Stephan V. Beyer, The Classical Tibetan Language(Sri Satguru Publication, 1992), p.410.

17) an = min, eka = gcig, artha = don, a = min, nānā = tha dad, artha = don.

일불이는 티벳어로 다음과 같이 번역된다.

1 0 1 0 1 1 0 0
don gcig min pa don tha dad min

즉, 3음절(100)이어야 할 후반부가 4음절로 증가될 뿐만 아니라, 운율도 흐트러지고 만다(1100). 그러나 여기서 tha dad don min을 선행시킬 경우, tha dad don min don cig min으로 표현 가능하여 4×3조 시송의 운율 구조에 부합하게 된다. 용수가 팔불을 Śloka의 형식으로 표현하기 위해, 전통적으로 불생불멸과 불상부단이라고 표현되던 전 사불을 불멸불생과 부단불상이라고 도치시켰듯이, 티벳의 역경가들은 불일불이를 티벳 시송의 운율에 맞추기 위해 불가피하게 불이불일로 도치시켰던 것이다.[18]

그러면 또 티벳역 주석서에서 불래불거와 불이불일의 배열이 바뀐 것은 무엇 때문일까? 티벳역 『반야등론』은 물론이고 산스끄리뜨문이 현존하는 티벳역 『정명구론』에서조차 후 사불의 순서는 ⑦불래→⑧불거→⑥불이→⑤불일로 되어 있다. 또 그에 대한 주석에서의 배열도 이와 마찬가지다. 그러면 전재성의 주장[19]과 같이 티벳역 팔불의 순서가 원래의 순서라고 보아야 할까? 그런데 한역 『반야등론』의 경우 팔불게는 물론이고 주석 역시 이와 달리 ⑤불일→⑥불이→⑦불래→⑧불거의 순으로 후 사불을 배열한다. 한역 『반야등론』과 티벳역 『반야등론』이 저본으로 삼았던 산스끄리뜨문 『반야등론』이 각각 달랐을까?

18) Ames 역시 이와 동일한 주장을 간단하게 언급하고 있다: William L. Ames, “Bhāvaviveka's Prajñāpradīpa, A Translation of Chapter One: 'Examinations of Causal Conditions'(Pratyaya)”, *Journal of Indian Philosophy* Vol. 21(Dordrecht: D. Reidel Publishing Company, 1993), p.239, 각주 52.
19) 전재성, 앞의 책.

그렇다고 가정하기는 힘들 것이다. 어느 쪽이 원래의 배열일까?

이런 난제에 대한 실마리가 『무외소(無畏疏)』에서 발견된다. 인도의 Jñānagarbha와 티벳의 Kluḥi Rgyal Mtshan이 공역한 『무외소』에서는 팔불게와 팔불게에 곧바로 이어지는 팔미(八迷)[20]에 대한 어의 해설에서는 다른 티벳역본에서와 마찬가지로 ⑦래→⑧거→⑥이→⑤일의 순으로 그 의미에 대해 설명하고 있다. 그러나 이어서 『불모반야바라밀다경(佛母般若波羅蜜多經)』의 경문이 인용된 후 두 차례에 걸쳐 팔불에 대한 상세한 설명이 계속되는 데, 그 두 경우 모두 팔불을 ①불멸→②불생→③부단→④불상→⑤불일→⑥불이→⑦불래→⑧불거의 순으로 설명하고 있다. 산스끄리뜨문의 배열과 일치하는 것이다.

티벳에서, 『반야등론』의 번역자나, 『정명구론』의 번역자는 팔미(八迷), 또는 팔불에 대한 주석을 티벳문으로 번역한 귀경게에 맞추어 용의주도하게 모두 재배열하였는데, 『무외소』의 번역자는 팔불게 직후의 주석만을 이와 같이 재배열하고, 반야경 인용 후 나중에 다시 등장하는 팔불에 대한 주석은 산스끄리뜨 원문 그대로 번역했던 것이다. 반야경 번역에 몰두했다가 무심코 드러낸 일종의 실수였다. 따라서 티벳의 모든 역경가들이 저본으로 삼았던 산스끄리뜨문 귀경게에서 팔불의 배열은, '①불멸→②불생→③부단→④불상→⑤불일→⑥불이→⑦불래→⑧불거'의 순이었다고 결론지을 수 있다. 한편, 귀경게의 배열을 도치시킬 필요가 없었던 『반야등론』 한역자의 경우 팔불을 산스끄리뜨 원문의 순서에 맞추어 그대로 번역했던 것이다.

3. 불래불거와 불이불일

그러면 또 티벳의 역경가들이 귀경게를 번역하면서 불래불거와 불

---

20) 이는 팔불의 부정 대상인 生, 滅, 斷, 常, 一, 異, 來, 去를 의미한다.

이불일의 순서를 바꾼 까닭은 무엇일까? 팔불 중 다른 부분은 모두 '○ ○ / med pa / ○ med pa'로 되어 있다. 즉, 두 번째 Pāda는 'med pa'이고 세 번째 Pāda의 Synalepha 부분 역시 'med pa'로 되어 있다. 그러나 'tha dad don min don gcig min'(불이불일)의 경우 두 번째 Pāda는 'don min', 세 번째 Pāda의 Synalepha 부분은 'gcig min'으로 다른 육불과 그 형태를 달리 한다. 따라서 불래불거와 불이불일의 순서가 바뀐 것은 시송의 운율을 부드럽게 하기 위한 목적에서 비롯된 것이라고 보아야 할 것이다.[21] 즉, 티벳역자는 팔불이 부드럽게 낭송되게 만들기 위해 '두 번째 Pāda(med pa)와 Synalepha(med pa)'가 동일한 전 육불을 먼저 배열한 후, 마지막에 이들과 이질적인 '두 번째 Pāda(don min)와 Synalepha(gcig min)'를 갖는 불이불일을 배열했던 것이다.

4. 비이의비일의(非異義非一義)의 문제

그러면 또, 팔불 중 다른 육불의 경우는 'med pa'라는 부정표현을 사용하였는데, 유독 불일불이에 대해서만 'min pa'라는 부정표현을 사용한 이유는 무엇일까? 다시 말해 무이의무일의(無異義無一義)라고 번역하지 않고, 비일의비이의(非一義非異義)라고 번역한 이유는 무엇일까? 『반야등론』의 영역자 Ames는, '티벳어 번역자가 다른 육불은 bahuvrīhi(소유복합어)로 간주했던 반면 불이불일만은 karmadhāraraya(동격한정복합어)로 보았다'고 말한다.[22] 그러나 『반야등론』에서는 팔불게를 주석하면서 '하나의 의미가 아니다(don gcig min)'라는 말은 '하나의 의미가 있지 않음'(don gcig yod pa ma yin pa)을 의미한다

21) 이에 대해 『반야등론』의 영역자 Ames 역시 동일한 생각을 피력한다: Ames, 앞의 책.
22) Ames, 위의 책.

고 설명한다.[23] 여기서 '있지 않음'(yod pa ma yin pa)의 의미는 '없음'(med pa)과 동일하다. 즉, 불일불이에서 말하는 부정의 의미는 다른 육불에서 말하는 부정의 의미와 다르지 않다. 즉, 'don gcig min'은 'don gcig med'라고 번역해도 무방하다. 따라서 이런 주석을 읽고 이해했던 티벳의 역경가가 팔불 중 불이불일만을 karmadhāraraya(동격한정복합어)로 다르게 해석했다고 추측할 수는 없다. 팔불에서 말하는 부정에 대한 번역의 일관성을 중시한다면 불이불일은 'tha dad don med don gcig med'라고 번역되어야 했을 것이다. 그러나 그럼에도 불구하고 이렇게 번역되지 않은 이유는 무엇일까?

이는 artha의 번역어인 don의 의미를 훼손하지 않기 위해서였을 것이라고 생각된다. 산스끄리뜨어 artha는 '목적, 의미, 대상 등' 여러 가지 의미를 갖는다. 한편 이에 대한 티벳어 번역어인 don은 '의미, 생각, 진실 등'의 의미를 갖는다. 즉, artha는 대부분 don으로 번역될 수 있지만 don에는 artha로 환원될 수 없는 의미도 있다. 'don min'이라고 말할 경우 don은 '의미'라는 뜻을 갖게 되기에 'don min'은 산스끄리뜨 원문의 취지와 같이 '의미가 아니다'라는 뜻이 되지만 'don med'라고 번역할 경우, 'don med byis pa'(thoughtless boy)라는 용례에서 보듯이 'don'은 '생각, 앎'이라는 뜻이 되고 'don med'는 '사려 깊지 못한'(thoughtless)[24]을 의미하게 되어 된다.[25] 의미에 왜

23) 乃至, '하나의 의미가 아님'이라고 하는 것은, 여기에 '하나의 의미가 있지 않음'이다(don gcig min zhes bya ba 'i bar du yang 'di la yang don gcig pa yod pa ma yin pa'o): 티벳어에서는 ma yin pa라는 인식부정과 ma yod pa라는 존재부정을 구분하지만 인구어족인 산스끄리뜨어에서 부정을 뜻하는 접두사 a나 an, 또 불변화사 na는 두 가지 의미로 모두 쓰인다. 따라서 귀경게에 대한 번역과 그에 대한 주석에 대한 번역에서 'a나 an'을 달리 해석한 것은 어족의 차이로 인해 발생한 피치 못한 혼란이었다고 볼 수 있을 것이다.

24) Jäschke, *Tibetan-English Dictionaty*(London: Routledge & Kegan Paul

곡이 일어나는 것이다. 불일불이의 부정에 대해 'med pa'가 아닌 'mi n pa'를 사용한 것은 티벳 번역문에서 artha의 의미를 되살리기 위한 불가피한 선택이었다고 볼 수 있다.

또, 'don gcig min'은 '수식어가 피수식어의 뒤에 위치한다'는 티벳어의 일반적 어순 규칙에 합치한다. 그러나 'tha dad don min'의 경우 '수식어가 뒤에 온다'는 규칙에 부응하기 위해서는 'don tha dad min'이라고 썼어야 할 것이다. 그러나 그렇게 배열할 경우, 앞의 두 Pāda의 강세가 '[강약] [약약]' 이 되고 말아 '[강약] [강약]'의 운율 원칙에 어긋나게 된다.[26] 따라서 'tha dad don min don gcig min'은 원문의 의미도 해치지 않고 운율 원칙도 어기지 않으면서, 불일불이의 뜻을 티벳어로 근사하게 번역해 낸 최선의 번역문이라고 보아야 할 것이다.

이상과 같은 논의를 종합해 볼 때 팔불게는 원래, 산스끄리뜨본인 『정명구론』과 한역본인 『순중론』, 『대승중관석론』, 『반야등론』에서와 같이, ①불멸→②불생→③부단→④불상→⑤불일→⑥불이→⑦불래→⑧불거의 순으로 배열되어 있었다고 보아야 할 것이다. 그리고 다른 주석에서 그 배열을 달리 한 이유는 철학적인 데 있는 것이 아니라 순

Ltd., 1968), p.259.

25) 'don med'는 다음과 같은 뜻을 갖는다: futility, meaninglessness, utter futility, worthless, aimlessly, frivolous, pointless, vain, to bo purpose, useless, in vain, for no purpose, silly manner, without any cause, pointless, fruitlessly , do not succeed(Jim Valby, *Jim Valby Tibetan-English Dictionary for MS-DOS*) / useless, meaningless, futile, aimless, with out purpose, pointless, vain, futility; aimlessly; 1) meaningless, futile, useless, aimless, without purpose. 2) without reason, pointless, vain, futility(*The Rangjung Yeshe Tibetan-English Dharma Dictionary*).

26) tha dad에서 dad는 부가어이기에 강세의 운율이 올 수 없다. 數詞나 助詞 등의 부가어는 약세가 된다. don gcig min의 경우 'gcig'이 수사이기에 약세의 음절로 계산된다.

수 언어학적인 데 있다 하겠다.

Ⅲ. 팔불의 번역

1. a나 an의 번역

anātman(무아)의 접두사 an을 무로 번역해야 하는지 아니면 비로 번역해야 하는지에 대한 문제와 같이[27], 'anirodham anutpādam anucchedam aśāśvatam/ anekārtham anānārtham anāgamam anirgamam'이라는 팔불게에서도 부정의 접두사로 사용된 'a(an)'의 번역이 문제가 된다. 팔불게의 'a(an)'은 한역본에서는 불(不)이나 무(無)로, 티벳역본에서는 'med pa'(無)나 'min'(非)으로 번역된다.

그러나 이 역시 사상적 문제라기보다 언어학적 문제라고 보아야 할 것이다. 인구어에서는 존재에 대한 부정[28]과 인식에 대한 부정[29]이 언어적으로 구분되지 않는다. 예를 들어 영어에서 'be' 동사는 우리말의 '있다'는 의미로도 사용되고 '이다'는 의미로도 사용되며, 그에 대한 부정표현인 'be not' 역시 우리말의 '없다'는 의미로도 사용되고 '아니다'라는 의미로 사용된다. 여기서 '없다'는 존재부정이라고 규정할 수 있고 '아니다'라는 것은 인식부정이라고 규정할 수 있을 것이다. 산스끄리뜨어는 영어와 마찬가지로 인구어족에 속하는 언어이기에, 'na'와 같은 부정의 부사, 또 'a'나 'an'과 같은 부정의 접두사만으로는 존재부정과 인식부정이 명확히 구분되지 않는다. 그러나 한문이

27) 정승석, 「원시불교에서 비아와 무아의 문제」(서울: 『한국불교학』 제17집, 1992), pp.167-189 참조.
28) 이하 '존재부정'이라고 약칭한다.
29) 이하 '인식부정'이라고 약칭한다.

나 티벳어, 한국어에서는 이들 부정을 구분하여 표현한다.[30] 한문의 경우 존재부정은 무라고 표현되고 인식부정은 비라고 표현된다. 티벳어의 경우 존재부정은 'ma yod pa', 또는 'med pa'라고 표현되고, 인식부정은 'ma yin pa' 또는 'min pa'라고 표현된다. 한국어의 경우 존재부정은 없다로 표현되고 인식부정은 아니다로 표현된다. 이에 덧붙여 작용을 부정할 때 한문에서는 '不'이라는 단어를 사용하고 한국어에서는 '~지 않다'라는 표현을 사용한다.

산스끄리뜨문에 쓰이는 부정의 접두사 'a(an)'에는 이러한 '無', '非', '不'의 의미가 모두 내포되어 있다. 따라서 'a'나 'an'을 한문이나 티벳어, 한국어 또는 한문으로 번역할 경우, 無(없다), 非(아니다), 不(~지 않다)이라는 번역어 중 어느 하나만 택해야 하는 것이 아니다. 문맥에 의거해 적절한 번역어가 선택되어야 한다. 『중론』 내 다른 게송에서 팔불의 논리가 구사될 때에도 문맥에 따라 이 세 가지 의미로 사용되는 것이 발견된다. 이를 예시해 보자.

먼저 다음과 같은 게송에서 anutpāda는 무생(無生), 즉 '생(生)'에 대한 존재부정의 의미로 사용된다.

> 그 어떤 것이든 그 어디서든, 자체로부터든 남(他)에서든 그 양자에서든 無因으로든 사물들의 발생은 결코 존재하지 않는다.[31]

『청목소』의 번역가 구마라습 역시 이를 무생으로 번역한다. 그런데 다음과 같은 게송에서 anutpāda는 '생'에 대한 작용부정, 즉 불생의 의미로 사용된다.

---

30) 한문: 無, 非. 티벳어: ma yod pa(= med pa), ma yin pa(= min), 한국어: 없다, 아니다.

31) na svato nāpi parato na dvābhyāṃ nāpyahetutaḥ/ utpannā jātu vidyante bhāvāḥ kvacana ke cana// 諸法不自生 亦不從他生 不共不無因 是故知無生(*MK.*, 1-1).

생하는 중인 것, 생한 것, 생하지 않은 것은 결코 발생하지 않는다. 거시(去時), 이거(已去), 미거(未去)에 의해 그와 같이 파악된다.[32]

anirodha(不滅)의 경우 7-27, 17-21 등에서 부정은 '멸'에 대한 작용부정, 즉 불멸을 의미하고, 7-33 등에서 부정은 존재부정, 즉 무멸을 의미한다.

그러면 불상부단의 용례를 보자. 적대자의 게송이긴 하지만 『중론』 제17 관업품의 제8게[33]를 우리말로 번역할 경우 '상과' '단은' 인식부정으로 표현할 수도 있고 존재부정으로 표현할 수도 있다.

〈인식부정〉

종자로부터 상속이, 또 상속으로부터 열매가 생기(生起)하며 종자가 선행하는 열매이기에, [종자와 열매는] 끊어진 것도 아니고 이어진 것도 아니다(비단비상).

〈존재부정〉

종자로부터 상속이, 또 상속으로부터 열매가 생기하며 종자가 선행하는 열매이기에, [종자와 열매 간에는] 끊어짐도 없고 이어짐도 없다(무단무상).

관거래품은 불래불거(출) 중 불거를 논증하는 품이라고 말할 수 있다. 그런데 다음과 같은 게송의 전반부에서는 '거'에 대한 작용부정,

---

32) notpadyamānaṃ notpannaṃ nānutpannaṃ kathaṃ cana/ utpadyate tathākhyātaṃ gamyamānagatāgataiḥ// 生非生已生 亦非未生生 生時亦不生 去來中已答(*MK.*, 7-14).

33) bījācca yasmātsaṃtānaḥ saṃtānācca phalodbhavaḥ/ bījapūrvaṃ phalaṃ tasmānnocchinnaṃ nāpi śāśvatam// 種有相續 從相續有果 先種後有果 不斷亦不常(*MK.*, 17-8).

즉 불거를 노래하며, 후반부에서는 존재부정 즉 무거를 노래한다.

> 실재하며 실재하지 않는 것은 가는 작용 세 가지를 가지 않는다. 그러므로 가는 것이나 가는 놈이나 가야 할 곳은 존재하지 않는다.[34]

앞에서 말했듯이 티벳역문에서 불일불이는 비일비이, 즉 인식부정의 의미를 갖는 것으로 번역되어 있으나 다음과 같은 게송에서는 '이(異)'에 대한 존재부정을 노래한다.

> 다른 것이 다른 것과 결합하는 것이다. 그런데 '보이는 대상' 등의 경우 다름은 존재하지 않는다(無異). 그러므로 그것은 결합에 이르지 못한다.[35]

물론 이 게송에서 '다름'의 의미로 사용되는 anyatva는 귀경게에서 '다름(異)'의 의미로 사용되는 nānārtha와 다른 단어이다. 그러나 이렇게 술어(technical term)가 다르다는 점은 문제가 되지 않는다. 왜냐하면 『중론』 전반에 걸쳐 수많은 이음동의어가 사용되고 있는 것을 볼 수 있기 때문이다.[36] 또, 다음 게송 중의 전반부의 'na anyat'는 존재

---

34) gamanaṃ sadasadbhūtaḥ triprakāraṃ na gacchati/ tasmādgatiśca gantā ca gantavyaṃ ca na vidyate/ 去法定否定 去者不用三 是故去去者 所去處皆無(*MK*. 2-25).

35) anyenānyasya saṃsargastaccānyatvaṃ na vidyate/ draṣṭavyaprabhṛtīnāṃ yanna saṃsargaṃ vrajantyataḥ// 異法當有合 見等無有異 異相不成故 見等云何合(*MK*., 14-3).

36) 예를 들어 다음과 같은 게송에서 용수는 Śloka의 음절 수를 맞추기 위해 3음절어인 vijñāna(識)를 2음절어인 citta(心)로 대체한다: '受와 心과 想들은 또 行들은, 즉 모든 존재들은 철저하게 色과 똑같은 절차를 밟는다'(vedanāc ittasaṃjñānāṃ saṃskārāṇāṃ ca sarvaśaḥ/ sarveṣāmeva bhāvānāṃ rūpeṇai

부정으로도 해석 가능하고 인식부정으로도 해석 가능하다.

> 다른 것은 다른 것을 연하여 다른 것이다. 다른 것이 다른 것을 떠나서 다른 것이 아니다(다름은 없다). 어떤 것이 또 어떤 것을 연할 때 그것과 그것이 다름은 성립하지 않는다.[37]

팔불을 한문이나 티벳어, 또 한국어로 번역하는 경우, 무(無)나, 비(非), 혹은 불(不)이라는 세 가지 의미를 갖는 번역어 중 어느 하나만 선택해야 하는 것이 아니다. 각 언어의 어법에 맞을 경우 셋 중 그 어떤 번역어를 사용해도 무방하다.

2. artha의 문제

또, 팔불 중 다른 부분과 달리 불일불이에는 artha(義)라는 말이 삽입되어 있다. artha는 의미, 대상, 목적 등의 뜻을 갖는다. 다른 육불과 달리 유독 불일불이에만 artha가 삽입되어 있는 이유는 무엇일까? 그런데 팔미(八迷)의 어의에 대한 『반야등론』의 주석에서는 artha(don)가 붙지 않은 채 일(一)과 이(異)에 대한 설명이 나열되는[38] 문장이 발견된다. 또 구마라습의 경우 artha에 대한 번역을 무시하였고, 다른

---

va samaḥ kramaḥ// 受陰及想陰 行陰識陰等 其餘一切法 皆同於色陰: *MK.*, 4-7). 구마라습은 용수의 의도를 간파하여 citta를 心이 아니라 識으로 복원하여 한역한다.

37) anyadanyatpratītyānyannānyadanyadṛte 'nyataḥ/ yatpratītya ca yattasmā ttad anyan nopapadyate// 異因異有異 異離異無異 若法從因出 是法不異因 (*MK.*, 14-5).

38) tha dad ces bya ba ni don tha dad pa'o, don gcig ces bya ba ni don tha mi dad pa ste: Bhāvaviveka, "Prajñāpradīpa"(『西藏大藏經』 北京版 95,(東京·京都: 西藏大藏經硏究會, 昭和32年), p.154, 제3엽 제6행.

제 주석서에서도 artha에 대해 특별한 의미를 부여하지 않았다. 따라서 artha는 특별한 의미를 부여하기 위해 불일불이에 첨가된 것이 아니라 Śloka시의 운율에 맞추기 위해 삽입된 조음어라고 생각된다. 즉, nirodha(滅), utpāda(生), uccheda(斷), śāśvata(常), āgama(來), nirgama(出/去) 등이 모두 3음절의 단어인데 一과 異를 의미하는 eka나 nānā의 경우는 2음절어이기에 그 앞에 부정의 접두사를 붙여도, 4음절로 이루어진 다른 육불과 달리 음절수가 3음절에 그치고 만다. 그러나 artha라는 단어를 삽입할 경우 anekārtha(不一)와 anānārtha(不異)와 같이 4음절어가 될 뿐만 아니라, Śloka의 운율에도 부합된다. 즉, 팔불에 쓰인 artha는 음절수를 맞추기 위해 삽입된 것으로 특별한 사상적 의미를 갖는 말이 아니다.

3. nirgama의 문제

또 팔불 중 마지막의 nirgama를 구마라습은 출(出)로 번역하였고 다른 한역자들은 거(去)로 번역하였다. 'nir'는 'away'의 의미를 갖는 접두사이다. 따라서 nirgama란 엄밀하게 말해 'go away'의 의미일 것이다. 불거를 논증하는 품인 제2 관거래품에서 거(去)의 의미를 갖는 단어는 gati와 gamana와 gantum이다. 제1 관인연품에서 불생을 논증할 때 쓰인 utpāda가 귀경게 팔불에서 그대로 사용되듯이, 관거래품에서 불거를 논증할 때에 쓰인 이 세 단어 중 하나가 팔불 중 불거를 표현할 때 사용되는 것이 옳을 것이다. 그런데 gati와 gatum으로 불거를 표현할 경우 agati와 agantum이 되어 3음절 단어가 만들어질 뿐이다. 따라서 4음절의 Pāda를 만들고자 할 경우 이 두 단어는 선택의 범주에서 제외된다. 또, gamana에 부정의 접두어 'a'를 부가할 경우 agamanam으로 되어 4음절의 Pāda가 만들어지긴 하지만, 그 운율이 '⏑ ⏑ ⏑ ⏑'로 되어 Śloka 시형식에 어긋나고 만다. 앞에서 보았듯이 Pathyā형이든 Vipulā형이든 Śloka에서 마지막 Pāda의 운율은 '⌣ – ⌣ ·'이 되어야 한다. 즉 두 번째 음절에 장모음이 와야 한다. 따라서 agamanam 역시 불거를 표현하는 술어로 채택될 수 없다. 이렇게 관거래품에서 거를 표현하는 데 사용된 술어는 모두 불거를 표현하는 하나의 Pāda를 만들 수 없다.

그러나 귀경게 팔불에서 사용된 anirgamam의 운율은 '⌣ – ⌣ ⌣'이기에 Śloka의 운율 규칙에 부합된다. 따라서, 용수가 귀경게를 작성하면서 제2 관거래품에 용례가 없는 anirgamam이라는 새로운 단어에 의해 불거를 표현해 낸 것 역시, 불일불이에 'artha'를 삽입한 의도와 마찬가지로 운율을 맞추기 위한 것이라고 생각된다. 그리고 구마라습은 gamam에 부가된 'nir'의 의미를 살려 '거'보다 강한 표현인 '출'을 번역어로 선택했던 것이다. 불거에서 사용된 'nir'란 2음절어인 'gama'를 3음절 단어로 만들기 위해 삽입된 조음어로 특별한 의미를 갖지 않는다. 불출은 단순히 불거를 의미할 뿐이다.

Ⅳ. 종합적 고찰

지금까지 팔불의 배열순서와 번역의 문제에 대해 고찰해 보았다. 우리는 이상의 논의를 통해 『중론』에 대한 제 주석서와 그에 대한 번역본에서 팔불의 배열과 번역에 차이를 보이는 이유는 사상적인 데 있지 않고 언어적인 데 있다는 점을 알 수 있었다.

먼저 배열의 문제를 보자. 팔불의 원형은 『정명구론』 등에서와 같이 '불멸불생 부단불상 불일불이 불래불거'이었다. 그러나 『청목소』의 한역자 구마라습의 경우는 이미 유포되어 있던 불전의 배열 순서를 따르기 위해, '불생불멸 불상부단 …'으로 전 사불의 배열을 바꾸었으며, 티벳역자들의 경우는 티벳 시송(詩頌)의 운율에 맞추기 위해 '불래불거 불이불일'로 후 사불의 배열을 바꾸었던 것이다.

번역의 문제는 다음과 같이 종합된다. 인구어족인 산스끄리뜨어의 'a'나 'an'이란 접두사에는 존재부정과 인식부정의 의미가 모두 담겨 있다. 게다가 작용을 부정할 경우도 'a'나 'an'이 사용된다. 그러나 한문에서는 일반적으로 존재를 부정할 경우는 '무', 인식을 부정할 경우는 '비', 작용을 부정할 경우는 '불'이라는 용어를 사용한다. 티벳어에서는 존재의 부정과 인식의 부정을, 각각 'ma yod pa(= med pa)'와 'ma yin pa(= min pa)'로 구분한다. 우리말도 이는 마찬가지다. '무'와 '비'와 '불'은 각각 '없다', '아니다', '~지 않다'로 표현된다. 따라서 산스끄리뜨문의 a나 an을 한문이나 티벳어 또 우리말로 번역할 경우 위의 모든 번역이 허용될 수 있다.

또 산스끄리뜨문 귀경게의 'anekārtham anānārtham'(不一不異)에 쓰인 'artha'나 'anirgamam'(不去)에 쓰인 'nir'는 특별한 의미를 부여하기 위해 사용된 것이 아니라 Śloka의 음절 수를 맞추기 위해 삽입된 조음사이기에 번역문에서 굳이 이 단어를 살릴 필요가 없을 것이다.

이상과 같은 논의에 입각해 팔불을 우리말로 번역할 경우 다음과 같은 세 가지가 모두 가능하게 된다.

소멸하는 것도 없고 발생하는 것도 없으며(無滅無生)
단멸하는 것도 없고 상주하는 것도 없으며(無斷無常)
같은 것도 없고 다른 것도 없으며(無一無異)
오는 것도 없고 가는 것도 없으며(無來無去)

소멸하는 것도 아니고 발생하는 것도 아니며(非滅非生)
단멸하는 것도 아니고 상주하는 것도 아니며(非斷非常)
같은 것도 아니고 다른 것도 아니며(非一非異)

오는 것도 아니고 가는 것도 아니며(非來非去)

소멸하지도 않고 발생하지도 않으며(不滅不生)
단멸하지도 않고 상주하지도 않으며(不斷不常)
같지도 않고 다르지도 않으며(不一不異)
오지도 않고 가지도 않으며(不來不去)

그리고 이러한 존재부정(無), 인식부정(非), 작용부정(不) 중에서 어떤 것을 선택해야 할지는 문장의 맥락에 의거해 판단되어야 할 것이다.

(한국불교학 제30집, 2001년)

『중론』 슐로까(Śloka)의 제작방식과 번역

I. 들어가는 말

용수(Nāgārjuna, 150-250경)의 『중론』(Madhyamaka Kārikā)이 난해한 것은 『중론』에서 구사되는 '공의 논리'가 난해하기 때문이기도 하지만 『중론』에서 비판의 대상으로 삼았던 아비달마 교학이 난해하기 때문이기도 하다. 게다가 『중론』의 각 게송이 산스끄리뜨 정형시인 Śloka로 이루어져 있다는 점 역시 『중론』을 난해하게 만드는 이유 중 하나다.

『중론』에서 그렇듯이, '언어와 사고에 의해 언어와 사고의 한계를 지적하는 것'은 지난한 일이 아닐 수 없다. 그리고 그러한 지적이 산문이 아니라 운문으로 작성되어 있는 경우 그 형식의 제약으로 인해 문장에 왜곡이 일어나기에 그 의미를 이해하기가 더욱 더 어려워진다. 따라서 『중론』을 올바로 이해하려면, 우리는 '용수가 Śloka라는 시형식에 맞추어 중관사상을 표출해 내기 위해 단어와 어순에 많은 조작을 가하며 『중론』을 저술했다'는 점을 염두에 두면서 『중론』을 읽어야 한다. Śloka가 어떤 형식의 시이며, 이를 작성하기 위해 『중론』에서 어떤 조작이 가해졌는지 명확히 파악될 경우 『중론』을 오해하거나 오역하는 일은 보다 적어질 것이다.

본고에서는 Śloka 형식을 빌어 『중론』이 저술되는 과정에서 어떤 언어적 조작이 사용되었는지 검토함으로써 바람직한 『중론』 번역이란 어떠해야 하는지 모색해 보고자 한다. 이를 위해 먼저 일반적인 Śloka 시형식에 대해 개관하였다(제Ⅱ장). 그리고 용수가 『중론』을 저술하면서 Śloka 운율을 맞추기 위해 가한 음운적 조작들을 추출, 분류해 보았다(제Ⅲ장). 그리고 이러한 예비지식에 근거할 경우 『중론』 Śloka에 대한 바람직한 번역이란 어떠해야 하는지 제시해 보았다(제Ⅳ장).

Ⅱ. Śloka 형식 개관

산스끄리뜨 시인의 작품(Kāvya)에는 산문(Gadya: prose)과 운문(Padya: verse)이 있으며, 운문은 네 개의 구(Pāda: quarter)로 이루어져 있다. 각 구의 길이는 박자(Mātrā: syllabic instant, mora)의 수나 음절(Varṇā: syllable)의 수에 의해 결정된다. 운문의 운률(Vṛtta: verse rhythm)은 크게 박자운(Mātrāvṛtta= Jāti)과 음절운(Varṇavṛtta= Vṛtta)으로 나누어지는데, 박자란 하나의 음절을 발음할 때 걸리는 시간을 나타낸다. 'a, i, u, ṛ, ḷ'는 단음(hasva: short)이기에 오직 한 박자만을 가지며, 'ā, ī, ū, ṝ, ḹ, e, ai, o, au'는 장음(dīrgha: long)이기에 두 박자를 갖는다. 또, 둘 이상의 자음이 겹치는 경우에는 그 앞의 모음을 장음으로 보며, 필요한 경우 구의 말미에서는 단음을 장음으로 계산하기도 한다. 또 Anusvāra(ṃ)와 Visarga(ḥ)는 자음에 속한다.

산스끄리뜨 운문들 중 용수의 저술과 관계가 있는 것은 Śloka와 Āryā이다. Śloka는 Veda의 Anuṣṭbh(4×4조)에서 발달한 서사시 형식인데, 8음절 짜리 구(Pāda) 넷으로 이루어져 있는 총 32음절의 운문이며, Āryā는, 첫째 구와 셋째 구는 12박자, 둘째 구는 18박자, 넷째 구는 15박자로 이루어져 있는 총 57박자의 운문이다. 『회쟁론』 본송의 경우 70여 시송(詩頌) 모두가 57박자의 Āryā형식으로 작성되었으며, 약 450여 수에 이르는 『중론송(Mādhyamika Kārikā)』은 32음절의 Śloka형식으로 작성되었다.

Śloka는 크게 Pathyā(정상)형과 Vipulā(확장)형의 두 가지 종류로 구분되며, Vipulā형은 다시 네 가지 형식으로 나누어지는데, 각 형식들의 운율은 다음과 같다.[1)]

Pathyā형
. . . . ⌣ – – . . . . . ⌣ – ⌣.

Vipulā형
. – ⌣ – ⌣ ⌣ ⌣ . . . . . ⌣ – ⌣. ①
. ⌣ – – ⌣ ⌣ ⌣ . . . . . ⌣ – ⌣. ②
. – ⌣ – – ⌣ ⌣ . . . . . ⌣ – ⌣. ③
. – ⌣ – –,– – . . . . . ⌣ – ⌣. ④
(부호설명: · 장음이나 단음 모두 가능 / – 장음 / ⌣ 단음)

이상과 같은 예비지식에 토대를 두고 『중론』 제2 관거래품 제1게의 운율을 분석해 보자.

gataṃ na gamyate tāvadagataṃ naiva gamyate/
gatāgatavinirmuktaṃ gamyamānaṃ na gamyate//*(MK.*, 2-1)
단장 단 장단장 장단단단장 장단 장단장
단장단단단장장단 장단장장 단 장단장
⌣ – ⌣ – ⌣ – – ⌣ ⌣ ⌣ – – ⌣ – ⌣ –
⌣ – ⌣ ⌣ ⌣ – – ⌣ – ⌣ – – ⌣ – ⌣ –

1) 이상, Macdonell, *A Sanskrit Grammar for Students*, Oxford University Press, 1927, Appendix 참조.

이는 Pathya형 Śloka이다. 그리고 다음과 같은 게송의 전반부는 Vipulā형(④) Śloka이다.

satasca tāvadbhāvasya nirodho nopapadyate/
ekatve na hi bhāvaśca nābhāvaścopapadyate//(*MK.*, 7-30)
단장단 장장장장단 단장장 장단장단장
장장장 단 단 장장단 장장장장단장단장
◡ – ◡ – – – – ◡ ◡ – – – ◡ – ◡ –
– – – ◡ ◡ – – ◡ – – – – ◡ – ◡ –

Ⅲ. 『중론』 Śloka의 제작방식

이상과 같은 형식적 제약에도 불구하고 심오한 공 사상을 Śloka로 표출한 『중론』이 저술되었다는 것은 놀라운 일이 아닐 수 없지만, 다른 측면에서 본다면 Śloka형식에 맞추어 『중론』을 저술하려다 보니 피치 못하게 난삽, 난해한 문장들의 출현을 보게 되었다고 말할 수 있을 것이다. 제약이 가장 적은 Pathyā형 Śloka를 제작할 경우에도 총 16음절을 만들어야 한다는 점, 그리고 그 중 제5, 6, 7 음절과 제 13, 14, 15 음절만은 일정한 음절운(Varṇavṛtta)을 가져야 한다는 점만은 지켜야 한다. Śloka의 이런 형식적 제약을 어기지 않으면서 『중론』을 저술하기 위해 용수는 다음과 같은 네 가지 방법을 사용했던 것으로 조사된다.

1. 어순의 도치 2. 단어의 교체 3. 단어의 변형 4. 허사의 삽입

그러면 이 각각의 용례를 『중론』에서 찾아보자.

1. 어순의 도치

산스끄리뜨어의 특징 중 대표적인 것의 하나가 '정해진 어순이 없다'는 점이다. 그러나 보통의 경우 다음과 같은 규칙이 지켜진다.2)

① 주어는 문장의 처음에 놓이며, 동사적 술어는 문장의 말미에 두고, 그 양자의 중간에 다른 요소가 놓인다.
② 명사, 또는 그에 상당하는 단어에 의해 구성되는 명사문에 있어서는 주어와 술어의 위치가 자유로워서, 어느 것을 앞에 두어도 좋다.
③ 명사문에 있어서 asti, bhavati 등의 계사(copula)는 3인칭 이외의 인칭 및 현재 이외의 시제, 법의 의미를 분명히 나타낼 때를 제하곤 생략할 수 있다.

다음과 같은 Śloka를 보자.

na hi svabhāvo bhāvānāṃ pratyayādiṣu vidyate/
avidyamāne svabhāve parabhāvo na vidyate//(*MK.*, 1-2)
실로 사물의 자성은 연 등에 존재하지 않는다.
자성이 존재하지 않기 때문에 타성은 존재하지 않는다.

여기서 후반 게송 중 'avidyamāne svabhāve'는 처격의 절대구(絶對句, Locative absolute), 즉 절대처격으로 '자성이 존재하지 않기 때문에'(원인), 또는 '자성이 존재하지 않는다면'(조건), '자성이 존재하지 않는 경우에'(상황) 등으로 번역 가능하다. 그러나 절대처격의 경우 '명사의 처격 + 분사의 처격'의 순으로 배열되는 것이 원칙이기

2) 스가누마 아키라, 이지수 역, 『산스끄리뜨의 기초와 실천』, 민족사, 1990, p.209.

에 'svabhāve + avidyamāne'로 기술되는 것이 옳다. 이어지는 'para bhāvo na vidyate'라는 문장은 '주어 + 불변화사 + 동사'의 형식을 갖춘 지극히 정상적인 문장이다. 따라서 상기한 후반 게송은 다음과 같이 기술되었어야 옳다.

svabhāve 'vidyamāne parabhāvo na vidyate//

그러나 이 경우 sandhi[연성(連聲)]법칙으로 인해 avidyamāne의 'a'음이 소실되어 총 음절수는 15음절로 줄어들고 만다. 이를 방지하기 위해 용수는 위에서 보듯이 'avidyamāne svabhāve'로 도치시켰던 것이다.

전반 게송의 경우도 다음과 같이 기술되는 것이 원칙일 것이다.

bhāvānāṃ svabhāvaḥ pratyayādiṣu na hi vidyate/
장장장 단장장 장단장단단 단 단 장단장
– – – ⏑ – – – ⏑ – ⏑ ⏑ ⏑ ⏑ – ⏑ –

이 경우 역시 상기한 Śloka의 운율 중 그 어느 것에도 해당하지 않는다. 그러나 상기한 '*MK.*, 1-2'의 전반 게송은 Vipulā형의 Śloka이다.

Śloka의 운율을 지키기 위한 어순의 도치가 가장 극명하게 드러나는 것은 귀경게 중의 팔불일 것이다. 용수는 불생불멸, 불상부단, 불일불이, 불래불거의 팔불 중 전 사불을 도치시킨다.[3] 『중론』 귀경게 중의 팔불을 보자.

---

3) 김성철, 「『중론』 귀경게 팔불의 배열과 번역」, 『한국불교학』 제30집, 2001, pp.73-95 참조.

anirodham-anutpādam-anucchedam-aśāśvataṃ/
(不滅不生 不斷不常)
anekārtham-anānārtham-anāgamam-anirgamaṃ//
(不一不異 不來不出)

이 중 전 사불을 『반야경』에서의 용례와 같이 '불생불멸 불상불단' 이라고 기술한 후 음절운을 분석해 보자.

anutpādam anirodham aśāśvatam anucchedam
(不生 不滅 不常 不斷)
단장장단 단단장단 단장단단 단장장단
⏑ – – ⏑ ⏑ ⏑ – ⏑ ⏑ – ⏑ ⏑ ⏑ – – ⏑

이 역시 상기한 어떤 형식의 Śloka에도 해당하지 않는다. 그러나 '불멸→불생→부단→불상'으로 도치시킬 경우 Pathyā형 Śloka가 된다.

이 이외에도 『중론』의 거의 대부분의 게송에서 Śloka라는 정형시의 형식에 맞추기 위해 어순의 도치가 이루어지고 있다.

2. 단어의 교체

용수의 『중론』에서는 관례에서 벗어난 불교용어가 사용된 게송이 적지 않게 발견된다. 그 예 중 하나로 제4 관오음품 제7게를 들 수 있다. 다음을 보자.

vedanācittasaṃjñānāṃ saṃskārāṇāṃ ca sarvaśaḥ/
sarveṣāmeva bhāvānāṃ rūpeṇaiva samaḥ kramaḥ//(MK., 4-7)
수(受)와 심(心)과 상(想)들, 또 제행과 같은 모든 존재들은 모든 면에서 색(色)과 아주 똑같은 절차를 밟는다.

『중론』 제4 관오음품에서 용수는 공의 논리를 구사하며 먼저 색온의 독립적 실재성을 논파한 후, 상기한 제7게를 통해 오온 중 나머지 네 가지 온(skandha)도 색온과 같은 방식으로 그 실재성이 논파된다고 설명하고 있다. 『반야심경』에서 '색즉시공 공즉시색'을 설한 후 '수상행식도 마찬가지다'(受想行識 亦復如是)라고 선언하는 것과 동일한 맥락이다. 그런데 제7게에서 오온 중 색온을 제외한 나머지 4온 중 수, 상, 행은 관례적 용어로 기술되어 있는데 식온의 경우는 vijñāna(識)가 아니라 citta(心)로 기술된다. 테라모토엔가(寺本婉雅)가 지적하듯이[4] 원시불교에서는 citta(心)와 manas(意)와 vijñāna(識)이 같은 의미로 쓰였기에 별 문제가 되지 않는다고 볼 수도 있겠으나, vijñāna를 굳이 citta로 대체한 것은 Śloka 음절운에 맞추기 위한 조작으로 짐작된다. vijñāna는 3음절어이기에 음절운을 Śloka의 16음절에 맞추기 위해서는 2음절어인 citta가 사용되지 않을 수 없었을 것이다.

이러한 예는 제7 관삼상품에서도 발견된다. 아비달마 교학에서는, 초기불전에 기술된 삼법인 중 제행무상(sarve saṃskārā anityāḥ)의 교설을, '모든 유위법(saṃskṛtāḥ)은 생주멸한다'는 명제를 통해 보다 구체적으로 설명한다. 그리고 여기서 '생·주·멸'은 각각 'jāti(生), sthiti(住), nirodha(滅)'로 표현된다. 이러한 생주멸은 유위법의 삼상(三相인데 이런 삼상(tri-lakṣaṇī) 역시 유위법에 속하기에 다시 생주멸해야 하며, 그런 2차적인 생주멸을 삼수상(三隨相, tri-anu-lakṣaṇī)이라고 한다. 또 삼수상 각각은 다시 jāti-jāti(生生), sthiti-sthiti(住住), nirodha-nirodha(滅滅)이라고 명명된다. 『중론』 제7 관삼상품에서는 이런 삼상설이 범하게 되는 논리적 오류를 지적하는데, 이 때 생을 jāti가 아니라 utpāda로 기술하고 있다. 그 한 예를 보자.

---

4) 寺本婉雅 譯, 『中論 無畏疏』, p.78.

utpādotpāda utpādo mūlotpādasya kevalam/
utpādotpādamutpādo maulo janayate punaḥ//(MK.,7-4)
생생은 오직 근본적인 생의 생일 뿐이며
근본적인 생이 다시 생생을 생한다.

utpāda는 3음절어이지만 jāti는 2음절어이다. 이런 게송을 작성하면서 '생'을 표현하는 용어로 2음절어인 'jāti'를 사용했다면 Śloka의 16음절을 맞추기가 쉽지 않았을 것이다.

제15 관유무품에서는 Śloka 형식에 맞추기 위해 svabhāva(자성, 自性) 대신에 prakṛti(본성, 本性)가 사용되기도 한다. 다음을 보자.

yadyastitvaṃ prakṛtyā syānna bhavedasya nāstitā/
prakṛteranyathābhāvo na hi jātūpapadyate//(MK., 15-8)
장장장장 단장장 장단 단장장단 장단장
단단장장단장장장 단 단 장장단장단장
‒ ‒ ‒ ‒ ◡ ‒ ‒ ‒ ◡ ◡ ‒ ‒ ◡ ‒ ◡ ‒
◡ ◡ ‒ ‒ ◡ ‒ ‒ ‒ ◡ ◡ ‒ ‒ ◡ ‒ ◡ ‒

이는 Pathyā형 Śloka이다. 그러면 여기서 prakṛti를 svabhāva로 대체하여 위 게송을 다시 기술해 보자.

yadyastitvaṃ svabhāvena syānna bhavedasya nāstitā/
svabhāvasyānyathābhāvo na hi jātūpapadyate//

이렇게 재구성된 게송의 경우 전반부든 후반부든 음절수가 17음절이 되어 Śloka 형식을 어기고 만다. 따라서 여기서 svabhāva(자성) 대신 사용된 prakṛti(본성)에 대해 독특한 의미를 갖는다고 오해해서는 안 된다.

이상에서 보듯이 Śloka 작성을 위해 단어를 바꿔 쓴다는 점에 대해 무지할 경우, 우리는 citta와 vijñāna의 차이, utpāda와 jāti의 차이, prakṛti와 svabhāva의 차이에서 어떤 사상적, 사상사적 의미를 찾아내기 위해 고심하는 헛수고를 하게 될지도 모른다.

이 이외에 adhipati[증상(增上)] 대신 사용되는 adhipateya[5], gamana[거법(去法)]와 gati의 혼용[6], pra√dā(與: 주다)와 pra√hi(授: 넘기다)의 혼용[7] 등도 이런 예들 중의 하나이다.

3. 단어의 변형

용수는 Śloka의 16음절을 만들기 위해 단어에 접두어를 첨가하기도 하고 의미에 큰 변화를 일으키지 않는 단어와 결합시켜 복합어를 만들어내기도 한다. 이렇게 단어에 변형을 일으킨 예 중 대표적인 것이 귀경게 팔불 중 '불일역불이'로 번역되는 'anekārtham-anānārtham'과 불출로 번역되는 'anirgamam'이다. 귀경게의 팔불 중 후 사불은 다음과 같다.

anekārtham-anānārtham-anāgamam-anirgamaṃ//
(不一亦不異 不來亦不出)

이 중 '불일불이'에 해당하는 'anekārtham-anānārtham'를 직역하면 '동일한 의미도 아니고 다른 의미도 아님'으로 번역되는데, 한역 『순중론(順中論)』에서는 '불일불이의'[8]라고 번역하고 티벳역에서는 'th

5) *MK.*, 1-2.
6) *MK.*, 2-18, 2-20 등.
7) *MK.*, 12-5, 12-6.
8) 大正藏30, p.39c.

a dad don min don cig min'(비이의비일의)이라고 번역하는 바, 양자 모두 산스끄리뜨문에 쓰인 'artha'(義: 의미, 사물)의 의미를 살려 번역해 내고 있다. 그 이외의 한역본에서는 'artha'를 번역하지 않는다. 어쨌든 그 어떤 주석에서도 'artha'에 대해 별도의 설명을 하지 않는 것으로 미루어 볼 때, 여기에 사용된 'artha'는 특별한 의미를 갖는 것이 아니라, eka(一)와 nānā(異)라는 2음절어를 ekārtha와 nānārtha라는 3음절어로 만들기 위해 동원된 조음어라고 생각된다.

또 불출을 의미하는 'anirgamam'에 사용된 'nir' 역시 'agamam'이라는 3음절어를 4음절의 Pāda로 만들기 위해 삽입된 조음사일 뿐 특별한 의미를 갖지 않는다. 그러나 구마라습은 'nir'(away)의 의미를 살려 'anirgamam'을 '불거'(don't go)가 아니라 '불출'(don't go away)이라고 번역하였다.[9)]

다음과 같은 게송에 등장하는 saṃvidyate 역시 vidyate와 다른 의미를 갖지 않는다. Śloka 형식에 맞추기 위해 음절수를 늘이려고 'saṃ'이라는 접두사를 첨가한 것일 뿐이다.

> tasmānna pratyayamayaṃ nāpratyayamayaṃ phalam/
> saṃvidyate phalābhāvātpratyayāpratyayāḥ kutaḥ//(MK., 1-14)
> 그러므로 緣에서 만들어지거, 非緣에서 만들어진 결과는 존재하지 않는다.
> 결과가 없는데 연이라거나 비연이라는 것이 어디에 있겠느냐?

아래의 두 게송에서 사용된 'nirmukta'와 'vinirmukta' 역시 음절운을 맞추기 위해 선택된 용어로 그 의미가 다르지 않다.

> rūpakāraṇanirmukte rūpe rūpaṃ prasajyate/

---

9) 이상, 김성철, 앞의 책 참조.

āhetukaṃ na cāstyarthaḥ kaścidāhetukaḥ kva cit//(MK., 4-2)
색이 색인에서 벗어나 있다면 무인의 색이 있는 꼴이 된다.
그러나 무인인 사물은 어떤 것이건 어디에건 존재하지 않는다.

rūpeṇa tu vinirmuktaṃ yadi syādrūpakāraṇam/
akāryakaṃ kāraṇaṃ syād nāstyakāryaṃ ca kāraṇam//(MK., 4-3)
반대로 만일 색에서 벗어나 〈색의 인〉이 있다면
결과 없는 인이 있으리라. 그러나 결과 없는 인은 없다.

이 이외에도 buddha(佛) 대신 사용되는 saṃbuddha(정각자)[10], pravṛtti[유전(流轉)] 대신 사용되는 saṃpravṛtti[11] 등이 음절수를 늘이기 위해 채택된 단어들이라고 볼 수 있다.

4. 허사의 삽입

산스끄리뜨어의 불변화사 중 hi(really, because), ca(and), vā(or), tu(but) 등과 같은 단어는 그 본래적인 의미와 무관하게 단지 운율을 맞추기 위해 문장 중에 삽입되는 경우가 많다. 이를 허사(虛辭, expletive)라고 부르는데 이런 용례는 『중론』 도처에서 발견된다. 다음을 보자.

(1) 'hi'의 삽입

'hi'는 '왜냐하면(for), 실로(indeed), 예를 들어(for example), 오직(only)' 등의 뜻을 갖는 불변화사인데,[12] 이 중 '강조의 부사'(실로: i

10) 귀경게와 *MK.*,18-12.
11) *MK.*, 2-17.

ndeed)로 쓰인 경우와 '허사'로 쓰인 경우를 명확히 구별하기는 힘들지만 다음과 같은 용례는 허사로 쓰인 것으로 생각된다.

> pratītya yadyadbhavati na **hi** tāvattadeva tat/
> na cānyadapi tasmānnocchinnaṃ nāpi śāśvatam//(MK., 18-10)
> 어떤 것이 어떤 것에 연하여 존재하는 그런 상황 하에서 〈실로〉 그 것이 그대로 그것인 것은 아니며 또 다른 것도 아니다. 그러므로 [그 양자는] 끊어진 것도 아니고 이어진 것도 아니다.

> pratyutpanno 'nāgataśca yadyatītamapekṣya hi/
> pratyutpanno 'nāgataśca kāle 'tīte bhaviṣyataḥ//(MK., 19-1)
> 만일 현재와 미래가 〈실로〉 과거에 의존하고 있다면
> 현재와 미래는 과거의 시간 속에 존재하는 것이 되리라.

> nājātasya hi jātena phalasya saha hetunā/
> nājātena na naṣtena saṃgatirjātu vidyate//(MK., 20-14)
> 아직 생하지 않은 결과는 이미 생한 원인과 〈실로〉 함께 하지 않는다. [아직 생하지 않은 결과가] 아직 생하지 않은 것과 이미 멸한 것과 결합함은 결코 존재하지 않는다.

이 세 수의 게송에서 〈실로〉라는 번역어를 제거하여도 의미에 큰 변화가 일어나지 않는다.

(2) 'ca'의 삽입

'ca'는 '그리고(and), 그러나(but), 확실히(certainly)' 등을 의미하는 불변화사이지만,[13] 허사로 사용되는 경우도 많다. 다음을 보자.

---

12) Apte, *The Practical Sanskrit-English Dictionary.*

na ca vyastasamasteṣu pratyayeṣvasti tatphalam/
pratyayebhyaḥ kathaṃ tacca bhavenna pratyayeṣu yat//
(MK., 1-11)
따로 따로건 모두 합해서건 연들에 그 결과는 없다. 연들에 없는 것, 그것이 어떻게 연들에서 비롯되겠는가?

이 게송에서 'ca'는 전반부와 후반부에 각각 1회 등장한다. 앞의 'MK., 1-7-MK., 1-10'까지의 게송에서 인연, 연연, 차제연, 증상연의 사연 각각의 실재성을 논파한 다음에 MK., 1-11이 등장하기에 전반부에 등장하는 'ca'의 경우 '그리고'라는 번역이 가능할 수도 있다. 그러나 후반부에 기술된 'ca'는 그 어떤 의미로 해석해도 어울리지 않는다. 후반부는 'yat(n) na pratyayeṣu tat kathaṃ pratyayebhyaḥ bhavet'로 재배열할 수 있는 'yad-tad …' 형식의 문장인데, 'ca'가 kathaṃ과 bhavet 사이에 삽입이 되어 있기에 '그리고', 혹은 '그러나' 등의 뜻을 가질 수가 없다. 따라서 후반부에 쓰인 'ca'는 음절수를 맞추기 위해 삽입된 허사라고 보아야 한다.

pratītya yadyadbhavati tattacchāntaṃ svabhāvataḥ/
tasmādutpadyamānaṃ ca śāntamutpattireva ca//(MK., 7-16)
연에 의해 존재하는 것은 무엇이건 그것은 자성으로서는 적멸이다. 그러므로 생시(生時)도 적멸이고 또 생도 마찬가지다.

이 게송에서 'ca'는 후반부에 두 번 등장하는데, 마지막의 'ca'는 '그리고'의 의미로 사용되었다고 볼 수 있다. 그러나 앞에 쓰인 'ca'는 음절수를 맞추기 위한 허사이다. 'ca'의 본래적인 의미 그 어느 것으로 번역하여도 의미가 통하지 않기 때문이다.

---

13) Apte, 위의 책.

(3) 'vā'의 삽입

'vā'는 '혹은(or)'을 의미하는 불변화사이다. 그러나 다음과 같은 게송에 쓰인 'vā'에서는 그런 의미가 도출되지 않기에 모두 음절수를 늘이기 위해 삽입된 허사로 보아야 한다.

siddhaḥ pṛthakpṛthagbhāvo yadi **vā** rāgaraktayoḥ/
sahabhāvaṃ kimarthaṃ tu parikalpayase tayoḥ//(MK., 6-7)
또는 만일 〈탐욕〉과 〈탐욕인〉 양자가 서로 다른 각각의 존재로 성립해 있다면,
그대는 무슨 목적으로 기어이 그 양자가 결합된 존재라고 상정하는가?

prahāṇato na praheyo bhāvanāheya eva **vā**/
tasmādavipraṇāśena jāyate karmaṇāṃ phalam//(MK., 17-15)
[견도(見道)의 사제(四諦) 관찰을 통한 끊음인] 단(斷)에 의해 끊어지지 않고 실로 수도(修道)에 의해서 끊어진다. 그러므로 불실법(不失法)에 의해 업들의 과보가 발생된다.

(4) 'tu'의 삽입

'tu'는 '그러나', '그럼에도 불구하고' 등을 의미하는 불변화사이다. 그런데 다음과 같은 게송에 쓰인 'tu'는 그 본래적 의미를 살려 이해할 수가 없다.

kutaścidāgataḥ kaścitkiṃ cidgacchetpunaḥ kva cit/
yadi tasmādanādis**tu** saṃsāraḥ syānna cāsti saḥ//(MK., 27-19)
만일 그 무엇인가가 그 어디에서 와서 다시 그 어딘가에서 그 어디로 가는 것이라면, 그렇기 때문에 윤회는 시작이 없는 꼴이 되리라.

그러나 그런 일은 없다.

Ⅳ. 『중론』 Śloka의 번역

지금까지 우리는 용수가 『중론』을 저술했을 때 Śloka라는 시형식에 맞추기 위해, 어순을 바꾸어 장음과 단음의 배열을 조절하기도 했고, 관례적 용어를 음절수가 다른 이음동의어로 교체하기도 했으며, 접두어를 부가하거나 hi, ca, vā, tu와 같은 허사를 적절한 위치에 삽입함으로써 음절수에 조정을 가했다는 점에 대해 알아보았다.

언어는 음운, 통사, 의미라는 세 가지 층위를 갖는다. 음운이란 언어의 '소리의 차원'을 가리키고, 통사란 '의미를 가진 단위들의 결합'과 관계되고, 의미란 문자 그대로 '문장의 의미'이다.[14] 저술가는 자신이 나타내고자 하는 어떤 '의미'를, 자신이 구사할 수 있는 언어의 '통사(syntax)' 규칙에 맞추어 '문자나 음성'으로 나타내게 된다. 저자가 표출하고자하는 '문자나 음성'이 정형시의 형식을 가져야 한다면 저자는 애초의 의미를 크게 해치지 않는 범위 내에서 그 형식에 맞는 운문을 창출해 내려 할 것이다. 『중론』의 Śloka 역시 이러한 과정을 거쳐 저술되었다.

그런데 Śloka가 되기 위해서는 총 16음절이라는 음절의 수도 지켜져야 하지만, 일정한 위치의 음절이 일정한 장단을 가져야 한다는 규정도 지켜져야 한다. Śloka는 음절수에 제약도 있지만 그와 함께 일정 위치의 음절이 갖는 성조도 지켜야 한다는 점에서 한시에 대비된다.

그러면 이러한 Śloka를 타국어로 번역할 경우 어떻게 해야 할 것

---

14) L. Ben Crane 외 지음, 이기동 외 옮김, 『언어학개론』, 한국문화사, 1994, p.22 참조.

인가? 가장 중요한 것은 그 의미가 정확히 번역되어야 한다는 점이다. 그리고 가능한 한도 내에서 그 형식도 복원되면 좋을 것이다.

『중론』 Śloka의 경우, 한역에서는 오언고체시로 번역되고, 티벳에서는 마지막에 Synalepha[15]를 갖는 3 Pāda의 시로 번역되었다.[16] 다음은 귀경게 중의 팔불에 대한 티벳역문이다.

> 'gag pa med pa skye med pa, chad pa med pa rtag med pa/(無滅無生, 無斷無常/)
> 'ong ba med pa 'gro med pa, tha dad don min don cig min//(無來無去, 非異義非一義//)

이렇게 한역자든 티벳역자든 운문은 자국어의 운문의 형식을 빌어 번역하였다. 그러나 『중론』은 물론이고, 다른 불전을 번역할 때, 우리는 아직 이 점까지 고려하지 못하고 있다. 앞으로 『중론』을 우리말로 새롭게 번역할 경우, 시조나 가사와 같은 음절시로 번역하는 것이 바람직할 것이다.

의미 번역의 경우 우리는 구마라습에게서 가장 뛰어난 번역을 보게 된다. 『중론』 귀경게 중의 팔불을 번역할 때 한역이든, 티벳역이든 다른 모든 번역자들은 범문의 배열을 그대로 번역하였지만 구마라습은 저자의 의도까지 파악하여 번역하였다. 팔불 중 전(前) 사불(四不)의 경우 원문은 anirodham-anutpādam-anucchedam-aśāśvataṃ/(불멸

15) 두 음절이 하나의 음절로 결합되는 현상을 말한다.

16) 티벳의 시 중 주기적 운율(periodical metre)을 갖는 시송의 경우, 다음과 같은 기본형으로 이루어져 있다; [강(1) 약(0)] [강(1) 약(0)] [강(1) 약(0)]. 그런데 Śloka는 통상적으로 이 중 세 번째 詩脚(Pāda)의 마지막 음절에 Synalepha를 갖는 운율시로 번역되었다. 이는 다음과 같다; [강(1) 약(0)] [강(1) 약(0)] [강(1) 약(00)]. Stephan V. Beyer, The Classical Tibetan Language(Sri Satguru Publication, 1992), p.410.

불생 부단불상)의 순으로 『반야경』의 관례적 배열과 반대로 되어 있지만, 이것이 Śloka 형식에 맞추기 위해 이루어진 불가피한 도치였음을 간파한 구마라습은 산스끄리뜨 원문에 대한 축자역(逐字譯)을 넘어서 용수의 의도를 그대로 복원하여 '불생역불멸 불상역부단'이라고 한역하였던 것이다. 제4 관오음품 제7게에서 'citta'를 심(心)이 아니라 식(識)이라고 번역한 것, 제15 관유무품의 주석문[17]에서 prakṛti를 svabhāva와 마찬가지로 자성이라고 한역한 것 역시 구마라습의 이러한 통찰에 근거한 것이라고 볼 수 있다.

구마라습은 원문의 축자역을 넘어서 작자의 원 뜻에 보다 충실한 번역을 하고자 노력하였다. 이는 Śloka라는 시형식에 대한 정확한 이해가 있었기에 그러한 번역이 가능했을 것이다. 앞으로 『중론』의 산스끄리뜨문을 우리말로 새롭게 번역할 경우 우리는 이렇게 저자의 의도를 간파하여 번역해 내었던 구마라습의 번역 태도를 교훈으로 삼아야 할 것이다. Śloka 형식에 맞추기 위해 가해진 불가피한 조작들을 과감하게 제거하고 용수의 참 뜻을 살리는 번역!

V. 맺는말

『중론』은 Śloka라는 산스끄리뜨 정형시로 쓰여 있다. Śloka는 게송의 문장이 전후 각각 16음절이 되어야 한다는 제약과 함께, 일정한 위치의 음이 일정한 장단을 가져야 한다는 제약 역시 갖는다. 따라서 이렇게 형식적 제약이 많은 시송을 작성하기 위해서는 문의(文意)를 해치지 않는 범위 내에서 단어의 도치, 변형, 삽입 등 많은 조작을 가

17) 若法實有性/ 後則不應異/ 性若有異相/ 是事終不然/ 若諸法決定有性 終不應變異 何以故 若定有自性 不應有異相 如上眞金喩 今現見諸法有異相故 當知無有定相(大正藏30, 『中論』, p.20b).

해야 한다. 그리고 이렇게 많은 조작을 통해 산출된 『중론』의 게송들을 정확히 이해하고 번역하기 위해서는 문의와 무관한 조작들을 과감하게 제거한 후 작자인 용수의 애초의 의도만을 채취하여 이해, 번역해야 할 것이다.

앞에서 검토해 보았듯이 Śloka 운율을 맞추기 위해 『중론』에서 용수는 총 4가지 방식의 테크닉을 사용한다. 'anutpādam-anirodham'(불생불멸)과 같은 관례적 불교용어를 'anirodham-anutpādam'(불멸불생)으로 도치시키기도 하고, '주어 + 동사'라는 통상적 어순을 어기고 운율규칙에 부합되도록 단어들을 재배열하기도 한다. 필자는 이를 '어순의 도치'라고 명명하였다. 또 음절수가 너무 많거나 너무 적은 단어의 경우는 그 의미는 같지만 음절수가 다른 동의이음어로 대체되는 것을 발견할 수 있다. 오온 중 식의 원어이며 3음절어인 'vijñāna'가 2음절어인 'citta'로 대체된다든지, 유위법의 삼상(三相) 중 생을 의미하는 2음절어 'jāti'가 3음절어인 'utpāda'로 교체되었던 것, 또 a dhipati(增上) 대신 adhipateya를 사용한 것 등이 그 예이다. 또, 음절수를 늘이기 위해 접두어를 첨가하는 경우도 많이 볼 수 있었다. bud dha(佛)와 saṃbuddha의 혼용, vidyate(존재하다)와 saṃvidyate의 혼용 등이 그 예이다. 마지막으로 hi, ca, vā, tu와 같은 허사를 삽입하여 음절수를 늘이는 경우도 많이 볼 수 있었다.

이런 네 가지 방식의 조작들이 단지 Śloka의 음절수와 장단을 맞추기 위해 이루어진 것이지 각 게송의 의미에는 전혀 영향을 주지 않는다는 점을 숙지하게 될 때 우리는 원저자인 용수의 의도에 부합되는 보다 정확한 번역을 할 수 있을 것이다.

(전자불전 제5권, 2003년)

찾아보기

역설과 중관논리 - 반논리학의 탄생

초 판 2019. 11. 29.
개정판 2021. 10. 19.
지은이 김성철
펴낸이 김용범
펴낸곳 도서출판 오타쿠
www.otakubook.org / otakubook@naver.com
주소 (우)04374 서울특별시 용산구 이촌로 18길 21-6 이촌상가 2층 203호
전화번호 02) 6339-5050
출판등록 2018.11.1.
등록번호 2018-000093
ISBN 979-11-965849-9-3 (93220)

가격 22,000원 [Google 등의 eBook(가격: 12,000원)으로도 판매합니다]

이 도서의 국립중앙도서관 출판예정도서목록(CIP)은 서지정보유통지원시스템 홈페이지(http://seoji.nl.go.kr)와 국가자료종합목록시스템 (http://www.nl.go.kr/kolisnet)에서 이용하실 수 있습니다.

※ 이 책에는 네이버 글꼴이 적용되어 있습니다.